Michael GLANTSCHNIG
Ralf MÜHLBÖCK

SPORTKUNDE 1

Verlag Hölder-Pichler-Tempsky GmbH
www.hpt.at

Mit Schreiben des Bundesministeriums für Bildung, Wissenschaft und Forschung vom 29. November 2019, BMBWF-5.034/0037-IT/3/2018, als für den Unterrichtsgebrauch für die 5. – 6. Klasse an allgemein bildenden höheren Schulen – Oberstufe im Unterrichtsgegenstand Sportkunde (Lehrplan 2018) geeignet erklärt.

Änderungen aufgrund von Veränderungen der Rechtsordnung und des Normenwesens, in der Statistik und im Bereich von Wirtschaftsdaten sowie Software-Aktualisierung liegen in der Verantwortung des Verlages und werden nicht neuerlich approbiert.

Dieses Schulbuch wurde auf Grundlage eines Rahmenlehrplans erstellt; die Auswahl und die Gewichtung der Inhalte erfolgen durch die Lehrerinnen und Lehrer.

Schulbuchnummer Buch: 195011   **Schulbuchnummer Buch + E-Book: 195826**

Liebe Schülerin, lieber Schüler, Sie bekommen dieses Schulbuch von der Republik Österreich für Ihre Ausbildung. Bücher helfen nicht nur beim Lernen, sondern sind auch Freunde fürs Leben.

Haftungshinweis
Trotz sorgfältiger inhaltlicher Kontrolle können wir für die Inhalte externer Links keine Haftung übernehmen. Für den Inhalt der verlinkten Seiten sind ausschließlich deren Betreiber verantwortlich.

Die Autoren und der Verlag bitten, alle Anregungen und Vorschläge, die dieses Schulbuch betreffen, an folgende Adresse zu senden:
Verlag Hölder-Pichler-Tempsky GmbH
Frankgasse 4, 1090 Wien
E-Mail: service@hpt.at

Wir bedanken uns sehr herzlich bei den Schülerinnen und Schülern des Bundesoberstufenrealgymnasiums für Leistungssport in Spittal/Drau Simon Keuschnig, Victoria Lederer, Nico Steinwender, Marie Zojer und Sara Zweibrot, die uns freundlicherweise für Fotos und Videos zur Verfügung gestanden sind.

Schulbuchvergütung/Bildrechte © Bildrecht GmbH

1. Auflage 2020 (1,00)

Vorwort

Liebe Schülerinnen und Schüler!

Dieses Schulbuch wird Sie unterstützen, Wissen und Kompetenzen im Gegenstand Sportkunde zu erwerben. Möglicherweise fragen Sie sich, wie Sie mit diesem Buch am besten lernen können. Wir wollen Ihnen *Sportkunde. Band 1* vorstellen.

Warum *Sportkunde?*

Sport ist für viele Menschen ein willkommener Ausgleich, um Stress abzubauen und Krankheiten vorzubeugen, und eine schöne Nebenbeschäftigung. Sie besuchen eine Schule, in der Sport und Sportkunde eine wichtige Rolle einnehmen. Sport ist für Sie deshalb mehr als nur Ausgleich und Nebenbeschäftigung. Für viele von Ihnen nimmt die sportliche Tätigkeit einen wichtigen Teil Ihres Lebens ein. Sportkunde bildet eine wichtige Basis, um Ihre Kenntnisse über Sport, Spiel und Bewegung zu erweitern und sie für die Verbesserung Ihrer sportlichen Fähigkeiten zu nutzen.

Wie funktioniert dieses Buch?

Die Themen von *Sportkunde. Band 1* basieren auf dem derzeit gültigen Lehrplan und beziehen sich auf die ersten vier Semester der Oberstufe. Der Lehrstoff des Unterrichtsfaches ist in die vier Kompetenzbereiche Bewegung und sportliche Techniken, Optimierung sportlicher Leistungen, Themen und Wertfragen des Sports und **Gesellschaftliche Dimensionen des Sports** gegliedert. Jedes Kapitel dieses Buches ist einem der genannten Kompetenzbereiche zugeordnet. Sie erkennen das an der farblichen Gestaltung und an den Fußzeilen in den Kapiteln. Bei der thematischen Aufbereitung wurde darauf geachtet, Inhalte auf verständnisvolle Art und Weise zu formulieren.

Was bedeuten die vier Kompetenzbereiche?

Kompetenzbereich 1: Bewegung und sportliche Techniken
Dieser Kompetenzbereich umfasst das Beschreiben, Systematisieren und Erklären von Alltagsbewegungen und sportlichen Techniken.

Kompetenzbereich 2: Optimierung sportlicher Leistungsfähigkeit
Dieser Kompetenzbereich umfasst die Planung, Gestaltung und Steuerung des sportlichen Trainings.

Kompetenzbereich 3: Themen und Wertfragen des Sports
Dieser Kompetenzbereich umfasst Themen, die sich u. a. mit Normen und Werten im Sport auseinandersetzen, z. B. Doping, Fairness, Vielfalt.

Kompetenzbereich 4: Gesellschaftliche Dimensionen des Sports
Dieser Kompetenzbereich befasst sich mit dem Zusammenhang von Sport und unserer Gesellschaft, z. B. Sport und Kultur, Wirtschaft, Politik, Medien.

Wie sind die einzelnen Kapitel aufgebaut?

Alle Kapitel sind nach einem einheitlichen Konzept aufgebaut:

Der Lernende/Die Lernende soll …	WARM-UP
Die jeweils erste Seite stellt das Thema überblicksmäßig vor und zeigt Ihnen, was Sie am Ende können sollen. Die von Ihnen nachzuweisenden Kompetenzen sind in den farbigen Kästen **„Der Lernende/Die Lernende soll …"** ausgewiesen. An der Farbe der Kästen erkennen Sie den jeweiligen Kompetenzbereich.	Bevor Sie sich inhaltlich vertiefen, führt Sie der Abschnitt *WARM-UP* auf unterschiedliche Weise an das Thema heran. Dabei wurden Aufgaben aus dem Lebensumfeld von Jugendlichen gewählt, welche Sie eigenständig, mit einem Partner/einer Partnerin oder in Gruppen behandeln.

GET ACTIVE

GET ACTIVE bedeutet, dass Sie im Unterricht aktiv werden sollen. Damit dies so abwechslungsreich und spannend wie möglich abläuft, wurde bei diesen Arbeitsaufträgen auf abwechslungsreiches Lernen achtgegeben. Die Aufgabenstellungen sprechen dabei unterschiedliche Lerntypen an. So haben Sie die Möglichkeit, Ihr Potential voll zu entfalten.

KOMPETENZCHECK

In dem Abschnitt *KOMPETENZCHECK* können Sie sich am Ende eines Kapitels einen Überblick verschaffen, wie gut Sie sich bereits mit dem Lehrstoff des jeweiligen Kapitels auskennen und die vorgeschriebenen Teilkompetenzen nachweisen können. An der Farbe der Kästen erkennen Sie den jeweiligen Kompetenzbereich.

RP-TRAINING

Der Abschnitt *RP-TRAINING* hilft Ihnen, sich mit wesentlichen Inhalten erneut auseinanderzusetzen und sich optimal auf die Reifeprüfung vorzubereiten. Die Aufgabenstellungen wurden wie die Aufgaben der Reifeprüfung mit sogenannten Operatoren formuliert. Operatoren sind bestimmte Verben, die angeben, was Sie tun sollen. Sie spiegeln die drei Anforderungsniveaus wider, die Sie beherrschen sollen (A 1 = Wiedergeben und Verstehen von Wissen; A 2 = Anwenden von Wissen; A 3 = Begründen und Bewerten). An der Farbe der Kästen erkennen Sie den jeweiligen Kompetenzbereich.

THEORIE ······➡ PRAXIS

In diesen Kästen werden zu bestimmten Themenfeldern Beispiele aus der Praxis gebracht, die Ihnen die Verbindung von Theorie und Praxis im Sport zeigen. Dabei können u. a. Fragen behandelt werden, die engen Bezug zu Ihrer eigenen sportlichen Praxis haben.

Einige Abschnitte sind am **Seitenrand mit einem roten Balken** gekennzeichnet. Dieser Lehrstoff ist Teil des Lehrplans für Oberstufenrealgymnasien für Leistungssport, der sich in einigen Bereichen noch intensiver mit Sportkunde-Themen befasst. Diese Inhalte sind aber sicher für alle Schüler/Schülerinnen interessant, die ihr Wissen und ihre Kompetenzen in Sportkunde erweitern wollen.

Im Text sind einzelne **Wörter** markiert. Diese Fachbegriffe der Sportkunde wurden ins **Glossar** am Ende des Buches aufgenommen und verständlich erklärt. Die Bedeutung dieser Fachbegriffe sollten Sie wissen.

Dieses Schulbuch orientiert sich an Erkenntnissen der Sportwissenschaft. Fachbücher und wissenschaftliche Untersuchungen, die dafür verwendet wurden, finden Sie im Literaturverzeichnis. Wurde aus fremden Texten wörtlich zitiert, dann steht dieses Textzitat in Anführungszeichen. Danach ist die Quelle, aus der zitiert wurde, in Form eines Kurzzitates angegeben. Dieses Kurzzitat steht in Klammer und führt den Autor/die Autorin, das Erscheinungsjahr und die Seite des Buches, der Zeitschrift oder einer anderen Publikation an, z. B. *(Röthig u. a. 2003: S. 493 – 495)*. Die vollständigen Quellenangaben können Sie im Literaturverzeichnis nachlesen. Wie Sie in Ihren eigenen schriftlichen Arbeiten richtig zitieren, werden Sie z. B. im Unterrichtsgegenstand Deutsch ausführlich lernen.

Dieses Symbol bedeutet, dass es auf der Verlagswebsite Zusatzmaterialien gibt, z. B. eine Video- oder Audiodatei. Sie finden sie unter www.hpt.at/195011.

Welche Ziele verfolgt dieses Buch?

Wir haben uns bemüht, das Buch so aufzubereiten, dass Sie zentrale fachliche Kompetenzen des Gegenstands mit Hilfe von ausgewählten Lehrstoffinhalten aufbauen und entwickeln können. Dieses Schulbuch unterstützt Sie optimal bei der Vorbereitung auf die Reifeprüfung im Gegenstand Sportkunde.

Wir wünschen Ihnen Freude beim Arbeiten mit diesem Buch.

Die Autoren

Inhaltsverzeichnis   5. KLASSE

Inhaltsverzeichnis 5. KLASSE

Inhaltsverzeichnis   6. KLASSE

3. Semester

4. Semester

Inhaltsverzeichnis 6. KLASSE

4. Semester

Definition
Bewegung und Sport

Sport, ob aktiv ausgeübt oder passiv konsumiert, ist ein wichtiger Bestandteil unserer Gesellschaft. Er wird gerne von Kindern, Jugendlichen, Erwachsenen und Senioren betrieben. Er ist eine beliebte Freizeitaktivität, die alleine oder in Gruppen ausgeführt wird. Viele Menschen widmen sogar einen Großteil ihrer Freizeit einer bestimmten Sportart, ohne diese professionell zu betreiben. Sport fasziniert – ob als aktiver Sportler/aktive Sportlerin oder einfach nur als Zuseher/Zuseherin im Stadion oder vor dem Fernseher.

Viele verbinden das Wort „Sporttreiben" mit Schweiß, anstrengenden körperlichen Belastungen, Sieg und Niederlage. Auf den ersten Blick möchte man meinen, dass die Definition von Sport eindeutig sei. Das ist nicht der Fall: Bereits die erste Aufgabe wird Ihnen zeigen warum.

Diese Einführung gibt eine Definition von Sport und zeigt Motive für sportliche Betätigung auf.

Der Lernende/Die Lernende soll ...

- Sport aus unterschiedlichen Perspektiven definieren können,
- Motive für sportliche Betätigung nennen,
- Eckdaten zu einem Leistungssportler/einer Leistungssportlerin kennen.

Lesen Sie sich die untenstehenden Begriffe (1 – 6) durch und machen Sie sich zu folgender Frage Notizen:

- Welche der Begriffe würden Sie als sportliche Handlung/Sport bezeichnen? Begründen Sie Ihre Aussage.

Bilden Sie anschließend Vierergruppen und diskutieren Sie folgende Fragen:

- Wo stimmen Sie mit Ihrer Gruppe überein und wo nicht?
- Unter welchen Gesichtspunkten haben Sie jeweils Ihre Entscheidungen getroffen?
- Wie würden Sie als Gruppe Sport definieren? Schreiben Sie Ihre gemeinsame Definition auf und vergleichen Sie diese anschließend mit Definitionen anderer Gruppen.

Begriffe	Bezeichnen Sie diese Begriffe als sportliche Handlung/Sport?	Begründen Sie Ihre Aussage in Stichworten.
1. Fußball		
2. Yoga		
3. Schach		
4. Pantomime		
5. Fischen		
6. Gerätturnen		

Unsere Definition von Sport:

_____

_____

_____

_____

_____

Die **Definition des Begriffes „Sport"** hängt entscheidend davon ab, was unter Sport verstanden wird. Möglicherweise würden manche Personen Sportarten, wie zum Beispiel Schach oder Pantomime, entweder nur als Teil des Sports sehen oder sich ganz dagegen aussprechen.

Der *Duden (2017)* definiert Sport als eine „nach bestimmten Regeln [im Wettkampf] aus Freude an Bewegung und Spiel, zur körperlichen Ertüchtigung ausgeübte körperliche Betätigung".

Die Definition laut *Duden* beinhaltet zwei weitere wichtige wiederkehrende Wörter im Sport, nämlich **Bewegung** und **Spiel**. Ohne Bezug zu Sport sind die beiden Begriffe sehr dehnbar. Somit könnten ein Salto rückwärts oder der Griff zum Handy als Bewegung und eine Runde Völkerball oder eine Runde des Kartenspiels UNO als Spiel bezeichnet werden.

Für den Begriff **„Bewegung"** in Zusammenhang mit Sport gesehen gibt es unterschiedliche Definitionsansätze:

- Bei der Definition, die von einem physikalischen Standpunkt ausgeht, spielen Veränderungen von Ort, Position und Geschwindigkeit des menschlichen Körpers (oder von Körperteilen) eine wichtige Rolle.
- Wird Bewegung als eine Handlung gesehen, dann würde Bewegung definiert werden als ein Prozess, der auf ein Ziel ausgerichtet ist und sich in einer räumlichen und zeitlichen Veränderung ausdrückt.

Unabhängig von der Sichtweise verfolgen Bewegungen im Sport immer ein bestimmtes Ziel, wie zum Beispiel das Erreichen einer besseren Zeit, das Erzielen möglichst vieler Treffer, die Reduktion von Fehlern oder die Verbesserung der Ausführung.

Spielen im Sport ist aufgrund des natürlichen Spieltriebes in jeder Altersgruppe sehr beliebt. Es gibt eine große Vielfalt an Bewegungs- und Sportspielen. Wesentliche Merkmale, die zur Beliebtheit des Spielens beitragen, sind:

Offenheit	Der Ausgang eines Spieles, einer Aktion, einer Reaktion des Gegners/der Gegnerin ist offen. Besondere Offenheit und Spannung ist gegeben, wenn zwei gleich starke Athleten/Athletinnen bzw. Mannschaften aufeinandertreffen.
Freiheit	Sportler/Sportlerinnen haben mehrere Möglichkeiten bzw. Freiheiten, in einem Spiel Handlungen zu setzen, um das Ziel zu erreichen, z. B. ein Tor zu schießen.
Dialektik (im Sinne von Gegensätzlichkeit)	Spielende setzen eine Handlung und können durch das Rückspiel des Gegners/der Gegnerin wieder reagieren. Es entsteht dadurch eine erneute Herausforderung, die für Sportler/Sportlerinnen besonders reizvoll ist.
Wahrnehmen	Neben der Wahrnehmung des eigenen Körpers bieten Sport und Spiel auch die Möglichkeit, die Natur und ihre atemberaubende Schönheit wahrzunehmen.
Gestalten	Durch das Gestalten von Bewegungen rücken kreative Ausdrucksformen in den Vordergrund. Rollenspiele, Pantomime, Variieren, Kombinieren, Erfinden von Bewegungen, Ausleben von Emotionen etc. sind Teil von Kreativität und des Gestaltens.
Riskieren	Durch das Eingehen von Risiken kommt es zur Ausschüttung von **Endorphinen**, wenn diese Risiken erfolgreich überwunden werden.

(vgl. Kornexl 2010, S. 35 – 39)

Die oben genannten Gründe, warum Sportler/Sportlerinnen mit Begeisterung dem Spiel bzw. einer Sportart nachgehen, sind überlappend und können durch weitere Beweggründe ergänzt werden.

Neben der Befriedigung des natürlichen Spieltriebs bietet die spielerische Gestaltung des Trainings weitere Vorteile. Kinder und Jugendliche gehen mit mehr Spaß und Motivation an die Aufgabe heran, konzentrieren sich weniger auf die Anstrengung und erbringen trotzdem eine große sportliche Leistung.

Um die Kondition beim Laufen zu verbessern, könnte man als Trainingsvorgabe die Trainierenden eine Strecke von 1 000 Metern laufen lassen oder die gleiche Distanz beispielsweise in Form einer Memorystaffel durchführen.

Memorystaffel: Alle Teams haben an ihrem Startpunkt einen Zettel mit leerem Raster. Ziel ist es, das eigene Raster so schnell wie möglich korrekt auszufüllen. Dazu läuft jeder Schüler/jede Schülerin zum Zielpunkt, merkt sich eines der Symbole des dort liegenden ausgefüllten Rasterzettels, läuft zurück und trägt das Symbol in das Gruppenraster ein. (vgl. z. B. sportpädagogik-online.de)

Besonders beliebt sind Spiele, in denen Mannschaften gegeneinander antreten oder in einer spielerischen Art des Wettstreits miteinander stehen.

Bilden Sie Dreiergruppen und tauschen Sie sich in Hinblick auf spielerische Trainingsformen aus. Besprechen Sie dabei folgende Fragen:

1. Welche spielerischen Trainingsformen werden in Ihrem derzeitigen Training eingesetzt?
2. Welche spielerischen Trainingsformen haben Sie gerne als Kind „gespielt"?
3. Welche spielerischen Trainingsformen fallen Ihnen als Gruppe ein, um die konditionelle Leistungsfähigkeit zu verbessern?

Sport im Sinne einer Sammelbezeichnung aller Bewegungen weist folgende **Merkmale** auf:

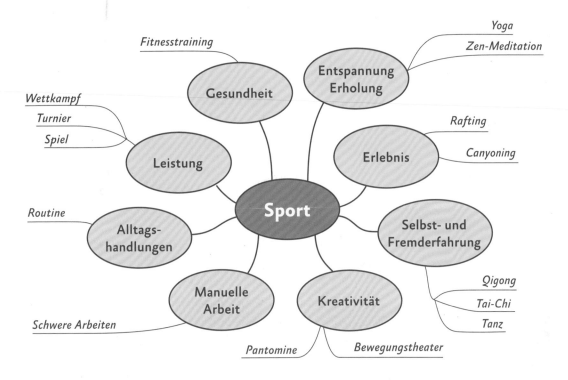

Weitere Gesichtspunkte, unter welchen Sport definiert werden könnte, reduzieren sich auf:

- Leistung demonstrieren
- Leistung untereinander vergleichen

Es ist sehr schwierig, Sport zu definieren – auch für Sportwissenschafter/Sportwissenschafterinnen. Aus diesem Grund gibt es in der Fachliteratur auch keine einheitliche Definition.

Die Sportwissenschafter Röthig und Prohl beschreiben das Definitionsproblem folgendermaßen: „Seit Beginn des 20. Jahrhunderts hat sich S. [Sport] zu einem umgangssprachlichen, weltweit gebrauchten Begriff entwickelt. Eine präzise oder gar eindeutige begriffliche Abgrenzung lässt sich deshalb nicht vornehmen." *(Röthig u. a. 2003: S. 493 – 495)* Der Begriff „Sport" könnte jedoch unter dem Gesichtspunkt der **Leistungsdemonstration** und des **Leistungsvergleich**s als „Sport im engeren Sinne" bezeichnet werden.

Im weiteren Verlauf dieses Buches sind bei Verwendung des Begriffes „Sport" **alle Bewegungsformen** gemeint.

GET ACTIVE 2

Wählen Sie einen Athleten/eine Athletin aus dem Bereich des Hochleistungssports. Erstellen Sie eine dreiminütige Präsentation, für die Sie folgende Punkte erarbeiten:

- Informieren Sie über biographische Eckdaten (Alter, Herkunft, Sportart etc.).
- Analysieren Sie den sportlichen Werdegang (Karrierebeginn, Karriereentwicklung, Erfolge, Rückschläge, Karriereende etc.).
- Begründen Sie die Wahl des Athleten/der Athletin (Faszination, Vorbildwirkung etc.).

Unterstützen Sie Ihre Präsentation visuell (PowerPoint, Prezi, Bilder, kurze Videos etc.).

RP-TRAINING

Anforderungsniveau 1

Nennen Sie Ziele, die Menschen zur Ausübung von Sport motivieren, und führen Sie Beispiele an, wie diese Ziele erreicht werden können.

Anforderungsniveau 2

Erklären Sie Ihre persönliche Definition von Sport.

Anforderungsniveau 3

Begründen Sie die Beliebtheit des Spielens in einem sportlichen Zusammenhang.

Merkmale von Bewegungen

Das Ausüben einer bestimmten Sportart erfordert eine grundlegende Beherrschung von sportartspezifischen Bewegungen. Beim Erlernen dieser Bewegungen treten immer wieder erhebliche Schwierigkeiten auf und nicht selten werden dabei falsche Bewegungsabläufe eingelernt. Idealerweise begleitet diese Phase ein Trainer/eine Trainerin, der/die im Rahmen eines Techniktrainings auf die richtige Bewegungsausführung achtet und diese bei Bedarf korrigiert.

Das Korrigieren der Technik ist der letzte Schritt in einer Reihe von Maßnahmen, die gesetzt werden muss, um überhaupt ein Techniktraining durchführen zu können. Zuerst muss dem Athleten/der Athletin bewusst gemacht werden, welche Bewegungsabläufe während des Ausführens der Technik gemacht werden sollen. Danach sollte mit Hilfe einer geeigneten Methode im Gehirn eine Vorstellung von der optimalen Bewegung verankert werden. Umso genauer diese Bewegungsvorstellung ist, desto schneller wird sich Erfolg einstellen. Erst dann ist das Einüben der Technik sinnvoll.

In diesem Kapitel liegt das Hauptaugenmerk auf der Beschreibung und Analyse von Bewegungen, mit dem Ziel, eine exakte Darstellung und dadurch eine optimale Bewegung zu erhalten. Dieser Teil der Sportwissenschaften würde ein ganzes Buch füllen, Sie erhalten in diesem Kapitel einen groben Überblick über Merkmale von Bewegungen.

Der Lernende/Die Lernende soll ...

- die Schritte, die bei der Analyse von sportlichen Techniken notwendig sind, erläutern können,
- einfache Bewegungen und sportliche Techniken beschreiben und analysieren können,
- ein Grundverständnis für den Prozess des Bewegungslernens entwickeln.

Finden Sie einen Mitschüler/eine Mitschülerin für folgende Partnerarbeit: Filmen Sie sich gegenseitig mit dem Smartphone bei der Durchführung einer beliebigen sportlichen Technik. Teilen Sie diesen Bewegungsablauf in verschiedene Abschnitte und beschreiben Sie diese. Ordnen Sie in einer anschließenden Analyse die einzelnen Teilschritte nach ihrem Schwierigkeitsgrad.

In der Bewegungslehre wird zwischen Alltagsbewegungen und sportlichen Bewegungen unterschieden. Im Gegensatz zu Alltagsbewegungen dienen sportliche Bewegungen immer dem Erhalt oder der Verbesserung der **sportlichen Leistungsfähigkeit**. So wird das Laufen erst dann als sportliche Bewegung aufgefasst, wenn das Ziel eine Verbesserung der eigenen Leistung ist und nicht beispielsweise einem davonfahrenden Zug nachlaufen. Um sportliche Bewegungen verständlich beschreiben zu können, werden sie in **Bewegungsphasen** zerlegt und durch unterschiedliche **Bewegungsmerkmale** beschrieben.

Eine der wichtigsten Aufgaben eines Trainers/einer Trainerin ist es, die sportliche Leistung seiner/ihrer Athleten/Athletinnen mit Hilfe des Trainings zu verbessern. Dafür ist es notwendig, dass die Bewegungsabläufe während der Ausführung einer Bewegung ganzheitlich erfasst und eventuelle Fehler ausgebessert werden. Eine große Rolle beim Erfassen der Bewegung spielt die Erfahrung des Trainers/der Trainerin, aber auch das Wissen über die theoretischen **Grundlagen der Bewegungslehre** ist dabei hilfreich.

Dieser Teil der Sportwissenschaften, die Bewegungslehre, beschreibt Bewegungen aus zwei verschiedenen Blickwinkeln. Bei der **quantitativen Beschreibung** wird die Bewegung nach objektiv messbaren Kriterien untersucht, z. B. mit Messinstrumenten. Die quantitative Beschreibung erfolgt also durch das Anwenden mechanischer Gesetze auf die sportliche Bewegung, z. B. durch Messung der Kraft. Die **qualitative Beschreibung** einer Bewegung wird anhand bestimmter Bewegungsmerkmale vorgenommen (siehe Seite 17 f.). Dabei werden Bewegungen sehr oft in viele kleine Einzelteile zerlegt, die dann als Phasen der Bewegung bezeichnet werden. Diese **Phasenstruktur** dient dazu, genaue Beschreibungen einzelner Teilbewegungen zu erhalten, um das Erlernen des optimalen Bewegungsablaufes zu erleichtern. Sie helfen auch bei einer exakten diagnostischen Beurteilung und ermöglichen dem Athleten/der Athletin eine Vorstellung von der richtigen Bewegung. Diese Bewegungsvorstellung wird von jedem Sportler/jeder Sportlerin unterschiedlich schnell in einen Bewegungsablauf umgesetzt.

Jeder Athlet/Jede Athletin hat aufgrund seiner/ihrer körperlichen Voraussetzungen wie Körpergröße, Körperbau und Trainingszustand unterschiedliche Möglichkeiten für die Umsetzung des Bewegungsablaufes. Diese Tatsache wird noch ausführlich im Bereich des Techniktrainings behandelt (siehe Band 2, Kapitel 3 und 6).

In der Sportkundeliteratur wird im Wesentlichen zwischen zwei Arten von Bewegungsabläufen unterschieden:

- Zyklische Bewegungen
- Azyklische Bewegungen

Zyklische Bewegungen	Azyklische Bewegungen
Laufen *Schwimmen* *Radfahren* *Rudern* *Langlaufen*	*Kugelstoßen* *Angriff beim Volleyball* *Salto* *Handstand abrollen* *Service beim Tennis*

Beispiele für zyklische und azyklische Bewegungen

Wie die angeführten Beispiele zeigen, versteht man unter **zyklischen Bewegungen** alle Bewegungsabläufe, die sich nach einer bestimmten Zeit wiederholen. Sie bestehen aus immer wiederkehrenden Abläufen, die man als **Hauptphasen** bezeichnet. Die dazwischenliegenden, überleitenden Phasen werden **Zwischenphasen** genannt. Beim Laufen beispielsweise ist die Hauptphase jener Teil, bei dem die Füße den Boden nicht berühren. Der Teil, bei dem das Bein den Körper stützt, ist die Zwischenphase (siehe Seite 22, Laufanalyse).

Bei **azyklischen Bewegungen** erfolgt keine Wiederholung im Bewegungsablauf. Der Handstand mit anschließendem Abrollen ist ein Beispiel für einen azyklischen Bewegungsablauf. Das Schwungholen für das Aufschwingen wird als Einleitungsphase bezeichnet. Der Handstand an sich ist die Hauptphase und das Abrollen ist die Endphase (siehe Seite 21).

In vielen Sportarten treten zyklische und azyklische Bewegungen gleichzeitig auf. Bei einem Fußballer/ einer Fußballerin überwiegt durch die hohe Laufleistung die zyklische Bewegung, gleichzeitig sind aber auch azyklische Bewegungen wie ein Kopfball oder ein Torschuss für den sportlichen Erfolg notwendig. Sportarten mit zyklischen und azyklischen Bewegungen stellen eine höhere Anforderung an die koordinativen Fähigkeiten des Sportlers/der Sportlerin.

THEORIE ·····■▶ PRAXIS

Der Laufsport erfreut sich in der heutigen Zeit immer größerer Beliebtheit. Aus diesem Grund wird von Sportärzten/Sportärztinnen empfohlen, eine orthopädische Untersuchung mit einer begleitenden Laufbandanalyse vorzunehmen. Auch in vielen Sportgeschäften wird eine videounterstützte Laufbandanalyse mit einer Fußdruckmessung durchgeführt. Mit diesen Untersuchungen können etwaige falsche Bewegungswinkel in den einzelnen beteiligten Gelenken erkannt werden, denen durch spezielle Einlagen entgegengewirkt werden kann. Drohenden Beschwerden wird somit vorgebeugt.

1 Bewegungsmerkmale

Für die Beschreibung von Bewegungsabläufen kann man unterschiedliche, oft sehr einfache Messverfahren verwenden. Zu den einfachen Methoden zählen die Videoanalyse und die Darstellung des Bewegungsablaufes mittels Schaubildern. Zur Beschreibung der **Qualität der Ausführung einer Bewegung** werden die folgenden Bewegungsmerkmale verwendet. Dabei wird jedes Merkmal einzeln in allen Bewegungsphasen einer ausgeführten Technik beobachtet. Dadurch entsteht eine detaillierte, **in Phasen gegliederte Beschreibung**.

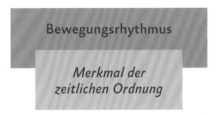

Bewegungsrhythmus

Merkmal der zeitlichen Ordnung

Bewegungsrhythmus: Der Bewegungsrhythmus ist eine charakteristische zeitliche Gliederung eines Bewegungsablaufes in Teilbewegungen. Die Teilbewegungen wechseln periodisch zwischen **Spannung und Entspannung**. Fällt diese rhythmische Bewegungsausführung besonders leicht, werden solche Bewegungen länger durchgehalten und sogar im ermüdeten oder erschöpften Zustand fehlerfrei ausgeführt.

Bewegungskopplung

Merkmal der Kopplung von Teilbewegungen

Bewegungskopplung: Bei vielen Bewegungsausführungen finden **mehrere Teilbewegungen gleichzeitig** statt. Diese Teilbewegungen weisen sowohl zeitliche, räumliche als auch dynamische Bestandteile auf, die miteinander gekoppelt werden müssen.
Beispiel: Im Turmspringen werden Drehbewegungen bei Schrauben über die Bewegung des Kopfes gesteuert. Diese Bewegungsabläufe übertragen sich dann auf den Rumpf des Körpers.

Bewegungsfluss

Merkmal der Kontinuität im Bewegungsverlauf

Bewegungsfluss: Der Bewegungsfluss wird sowohl **räumlich, zeitlich** als auch **dynamisch** betrachtet. Jede Bewegung soll rund und harmonisch ausgeführt werden, abrupte Richtungsänderungen sollen vermieden werden. Der zeitliche Verlauf einer Bewegung und der Verlauf des Krafteinsatzes stehen miteinander in Verbindung und sollen fließend erfolgen.
Beispiel: Beim Kugelstoß wird der Beschleunigungsweg der Kugel mit einer kontinuierlichen Krafterhöhung durchgeführt, mit dem Ziel am Ende der Bewegung eine maximale Geschwindigkeit zu erreichen.

Bewegungspräzision

Merkmal der Ziel- und Ablaufgenauigkeit

Bewegungspräzision: Jede Bewegung muss mit einer bestimmten Exaktheit ausgeführt werden. Es gibt Bewegungen, die einen hohen Spielraum in der Ausführung zulassen, z. B. Pässe im Fußball, und andere, die fast keine Abweichungen zulassen, z. B. Schüsse auf die Zielscheibe im Biathlon. Für die Präzision einer Bewegung ist es notwendig, dass während des Bewegungsablaufes die **Rezeptoren** des Körpers Rückmeldung über die Bewegungsausführung liefern. Durch einfache Korrekturen am Bewegungsablauf erfolgt dann eine Verbesserung der Präzision.

Bewegungskonstanz

Merkmal der Wiederholungs-genauigkeit

Bewegungskonstanz: Die Bewegungsstruktur, das ist die Gliederung in Teilbewegungen, wird mittels Merkmalen, Kennlinien und Kenngrößen, z. B. **Kraftstöße** oder Kraftwirkung, beschrieben. Stimmen diese Faktoren auch bei der **wiederholten Ausführung** überein, spricht man von einer guten Bewegungskonstanz. Bei Sportarten, deren Bewegungen sehr **präzise** ausgeführt werden müssen, ist meistens auch die Bewegungskonstanz entscheidend für eine erfolgreiche Ausführung der Bewegung.
Beispiel: Beim Darts hat die Wurfbewegung nicht nur sehr präzise, sondern auch mehrmals hintereinander exakt gleich zu erfolgen.

Bewegungsumfang

Merkmal der räumlichen Ausdehnung

Bewegungsumfang: Der Bewegungsumfang bezieht sich auf das jeweilige **räumliche Ziel (die Ausdehnung) einer Bewegung**. Um die Qualität einer Bewegung zu bestimmen, beobachtet man deren Ablauf und vergleicht diesen dann mit einer Bewegungsausführung, die man für optimal hält. Je nach den körperlichen Voraussetzungen des Athleten/der Athletin weicht seine/ihre Bewegungsausführung von der optimalen ab. Die Qualität einer Bewegung ist höher, wenn die Bewegungsaufgabe besser und effektiver erreicht wird.

Bewegungstempo

Merkmal der Bewegungsgeschwindigkeit

Bewegungstempo: Das Bewegungstempo ergibt sich aus der **Dauer**, der **Frequenz** und der **Geschwindigkeit** einer Bewegung.

Beispiel: Beim Anlauf eines Weitsprunges verringert sich die Schrittfrequenz mit der Anlaufdauer, um eine höhere Anlaufgeschwindigkeit zu erzielen. Das Erhöhen des Bewegungstempos wird in vielen Sportarten benötigt, bei denen eine sehr hohe Endgeschwindigkeit gefordert ist.

Bewegungsstärke

Merkmal des Krafteinsatzes

Bewegungsstärke: Wie viel **Krafteinsatz** während einer Bewegung erfolgt, wird über die Bewegungsstärke beschrieben. Zur Bestimmung der Bewegungsstärke wird oft die optische Verformung der Muskulatur oder die Messung des Kraftaufwandes mit Hilfe der **Elektromyographie** herangezogen.

THEORIE ······➡ PRAXIS

Im Fußball gibt es eigene Scouts, die Spieler/Spielerinnen einer Mannschaft mit Hilfe von Beobachtungsbögen bewerten und damit den Wert des Spielers/der Spielerin bestimmen. Diese Beobachtungsbögen beinhalten neben den quantitativen Merkmalen wie Laufleistung, Ballkontakte und gewonnene Zweikämpfe auch qualitative Merkmale wie Präzision der Pässe, Bewegungstempo mit dem Ball oder auch die Bewegungskopplung von einzelnen Techniken. Diese Merkmale erleichtern die Einschätzung der Qualität eines Spielers/einer Spielerin.

GET ACTIVE 1

Bilden Sie mit zwei Schülern/Schülerinnen eine Arbeitsgruppe. Die in der Abbildung zu erkennende sportliche Technik umfasst drei verschiedene Phasen: Einleitung der Wende, Rolle und Drehung, Abstoß. Teilen Sie die drei Phasen so auf, dass jeder/jede von Ihnen eine der Teilbewegungen anhand der Bewegungsmerkmale beschreibt.

Fügen Sie anschließend die drei Teilbewegung zu einer Gesamtbeschreibung des Bewegungsablaufes zusammen.

Finden Sie gemeinsam andere sportliche Techniken, die zum Teil ähnliche Teilbewegungen aufweisen.

Einleitungsphase

Rollphase

Abstoßphase

(Sara Zweibrot)

Anforderungsniveau 1

1. Beschreiben Sie die verschiedenen Phasen der folgenden Bewegungen: Kugelstoßen, Laufen, Rolle vorwärts, Rudern.
2. Nennen Sie mehrere Bewegungsabläufe, die sowohl zyklische als auch azyklische Phasenstrukturen aufweisen, und ordnen Sie die Bewegungen nach ihrer Komplexität.

Anforderungsniveau 2

Erläutern Sie mit Hilfe der auf Seite 17 ff. angeführten Bewegungsmerkmale einen der Bewegungsabläufe aus Aufgabe 2 (Anforderungsniveau 1) ausführlich.

Anforderungsniveau 3

Vergleichen Sie Ihren gewählten Bewegungsablauf aus Anforderungsniveau 2 mit einem Weitsprung.

2 Phasenanalyse

Bei einer Phasenanalyse werden sportliche Techniken in einzelne Teilabschnitte zerlegt. Dabei werden Abschnitte mit ähnlichen Bewegungsmerkmalen zusammengefasst und beschrieben. In den folgenden Unterkapiteln werden **zwei Phasenmodelle** vorgestellt.

Zyklische Bewegung:

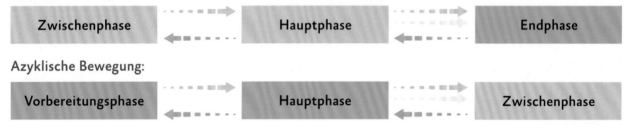

| Zwischenphase | Hauptphase | Endphase |

Azyklische Bewegung:

| Vorbereitungsphase | Hauptphase | Zwischenphase |

Zyklische und azyklische Bewegung

2.1 Phasenmodell nach Meinel und Schnabel *(Meinel/Schnabel 2014)*

Die **dreigliedrige Phasenstruktur** eines zyklischen oder azyklischen Bewegungsablaufes dient als Ausgangspunkt für die Arbeit an der Verbesserung eines Bewegungsablaufes. Dabei ist die Beschreibung der einzelnen Phasen genauso hilfreich wie das Erstellen von Ablaufbildern. Für die **Beschreibung des Bewegungsablaufes** dienen die besprochenen Bewegungsmerkmale, die dabei helfen sollen, zu jeder Zeit einen Gesamtüberblick über die Bewegung zu behalten. Die **Schaubilder des Bewegungsablaufes** werden einer Videoaufnahme entnommen oder ge-

Flugphase: Hauptphase
Flugphase: Hauptphase
Stützphase: Zwischenphase
Stützphase: Zwischenphase

Schaubilder eines Bewegungsablaufs

zeichnet. Bei sehr schnellen Bewegungen funktioniert die Aufnahme nur mit entsprechender technischer Ausrüstung. Wird der Zeitraum zwischen den einzelnen Schaubildern immer konstant gewählt, so ist auch das Tempo, die Dynamik und die Präzision der einzelnen Teilbewegungen sehr genau zu beschreiben.

2.2 Funktionsphasenmodell nach Göhner *(Göhner 2008)*

Beim Funktionsphasenmodell nach Göhner wird den verschiedenen **Phasen eines Bewegungsablaufes eine Funktion zugeordnet**. Die Einteilung eines Bewegungsablaufes in verschiedene Funktionsphasen wird anhand des abgebildeten Bewegungsablaufes – Rolle rückwärts in den flüchtigen Handstand – erläutert.

Vorbereitungsphase	Rollphase	Kipp- und Streckphase	Handstandphase	Endphase
Hilfsfunktionsphase 1. Ordnung	1. Hauptfunktionsphase	Hilfsfunktionsphase 1. Ordnung	2. Hauptfunktionsphase	Übergangsfunktionsphase

Rolle rückwärts in den flüchtigen Handstand

2.2.1 Klassifizierung der einzelnen Funktionsphasen

Hauptfunktionsphasen

Sie sind am leichtesten zu identifizieren, da sie unabhängig von den restlichen Phasen beschrieben werden. In jedem Bewegungsablauf gibt es **mindestens eine Hauptfunktionsphase**, es sind aber auch mehrere möglich. Bei der Rolle rückwärts in den flüchtigen Handstand ist sowohl die Rollphase bei der Rückwärtsrolle als auch der flüchtige Handstand eine Hauptfunktionsphase.

Hilfsfunktionsphasen

Alle Phasen, die keine Hauptfunktionsphasen sind, bezeichnet man als Hilfsfunktionsphasen. Sie stehen **in Abhängigkeit zu den anderen Phasen**. Um Hilfsfunktionsphasen zu beschreiben, muss auf die anderen Phasen Bezug genommen werden.

Die Hilfsfunktionsphasen werden noch weiter unterschieden in:

- Vorbereitende Hilfsfunktionsphasen
- Überleitende Hilfsfunktionsphasen
- Unterstützende Hilfsfunktionsphasen

Die Vorbereitung auf die Rückwärtsrolle ist eine Hilfsfunktionsphase. Da sie direkt auf eine Hauptphase vorbereitet, wird sie auch als vorbereitende Hilfsfunktionsphase bezeichnet. Im Gegensatz dazu folgt die Endphase der Handstandphase und nimmt daher Bezug auf eine schon abgelaufene Phase. Solche Phasen werden auch überleitende Hilfsfunktionsphasen genannt. Die unterstützende Hilfsfunktionsphase, die allerdings im oben genannten Beispiel der Rolle rückwärts in den flüchtigen Handstand nicht vorkommt, nimmt Bezug auf eine andere Phase und läuft gleichzeitig mit dieser ab.

Ordnung der Hilfsfunktionsphasen

Die Ordnung einer Hilfsfunktionsphase wird dadurch bestimmt, ob ihre Wirkung auf eine Hauptfunktionsphase oder Hilfsfunktionsphase zielt.

1. Ordnung	2. Ordnung
wirkt direkt auf eine folgende Hauptfunktionsphase	*wirkt direkt auf eine folgende Hilfsfunktionsphase*

Sowohl die Phase für die Einleitung der Rolle rückwärts als auch die Kipp- und Streckphase sind Hilfsfunktionsphasen 1. Ordnung. Sie wirken direkt auf die beiden Hauptfunktionsphasen ein. Eine Hilfsfunktionsphase, die vorbereitend auf eine andere Hilfsfunktionsphase wirkt, gibt es im Beispiel der Rolle rückwärts in den flüchtigen Handstand nicht.

| Hilfsfunktionsphase 2. Ordnung |
| Hauptfunktionsphase |
| Überleitende Hilfsfunktionsphase |
| Hilfsfunktionsphase 1. Ordnung |

SB
PLUS

Videos
zur
Bewe-
gungs-
analyse

Bewegungsanalyse einer zyklischen Bewegung (Laufen)

Laufen ist eine zyklische Bewegung, die je nach Streckenlänge mit unterschiedlicher Schrittfrequenz und Schrittlänge durchgeführt wird. Beschleunigungsphasen erkennt man an einer Erhöhung der Schrittlänge und der Schrittfrequenz. Eine Verminderung der Laufgeschwindigkeit erfolgt umgekehrt durch Verringerung der Schrittlänge und der Schrittfrequenz.

Stützphase   Flugphase   Stützphase   Flugphase

Lauf/Seitenansicht (Marie Zojer)

Der abgebildete zyklische Bewegungsablauf besteht aus einer **Stützphase** und einer **Flugphase**. Bei höherer Geschwindigkeit wird die Stützphase immer kürzer und die Flugphase immer länger. Die Stützphase spielt insbesondere für die Beschleunigung und Aufrechterhaltung der Geschwindigkeit eine bedeutende Rolle, da nur in dieser Phase Kräfte über die Muskeln auf den Körper übertragen werden können. Die Beine befinden sich abwechselnd in einer Stütz-, Abstoß- bzw. Schwungphase. Die Arme schwingen dabei gegengleich zu den Beinen.

Im ersten Teil der Stützphase werden die Ballen des Fußes aufgesetzt, die dadurch den Körper stützen. Dabei geben das Knie- und das Sprunggelenk leicht nach, um die Belastung bei der Landung etwas abzufangen. Am Ende der Stützphase werden Knie- und Sprunggelenk sowie das Hüftgelenk wieder gestreckt, dadurch wird der Körper schräg nach oben in Bewegungsrichtung beschleunigt. Die Flugphasen beginnen, sobald beide Füße den Boden verlassen haben. In der vorderen Flugphase wird das Knie relativ rasch in einem spitzen Winkel fast waagrecht nach oben gehoben und der Unterschenkel pendelt relativ entspannt nach vorne. In der hinteren Flugphase wird der Oberschenkel wieder abgesenkt und das Abstoßbein pendelt nach hinten aus.

Wird der Kopf zu sehr in den Nacken gezogen, bildet sich ein Hohlkreuz. Weitere Ursachen für die Bildung eines Hohlkreuzes können eine zu schwache Oberschenkel- und Rumpfmuskulatur, eine zu starke Aufrichtung des Oberkörpers oder generell Ermüdung sein. Durch eine falsche Armführung kann es zu einer Pendelbewegung quer zur Bewegungsrichtung des Oberkörpers kommen. Grund dafür ist ein zu weites Entfernen der Arme vom Rumpf des Körpers.

Fehleranalyse Hohlkreuz (Victoria Lederer)

Bewegungsanalyse einer azyklischen Bewegung (Handstand abrollen)

Ein Handstand mit abschließendem Abrollen ist eine azyklische Bewegung mit einer Vorbereitungsphase, einer Hauptphase und einer Endphase. Ausgangsposition beim Handstand ist eine aufrecht stehende Position bei maximaler Körperspannung.

Vorbereitungsphase — Hauptphase — Endphase

Handstand abrollen (Nico Steinwender)

In der Vorbereitungsphase werden die Arme und das Schwungbein nach vorne gebracht. Die Arme werden weit vor dem Körper auf den Boden aufgesetzt, gleichzeitig erfolgt ein Abdrücken des Standbeines. Das Schwungbein wird rasch über den Körperschwerpunkt gebracht und das Standbein schließt nachfolgend die Beine. Die Stabilität im Handstand erfolgt über Korrekturen mittels Schulterstreckung. Der Blick wird normalerweise in Richtung Boden gelenkt. Für die Einleitung zum Abrollen werden die Arme und die Hüfte gebeugt und der Kopf Richtung Brust gezogen. Während des Ausführens der Rolle werden die Arme aktiv in Richtung der Knie gezogen, um das Aufstehen – ohne Hilfe der Hände – durch eine Impulsübertragung zu ermöglichen.

In den meisten Fällen werden die Hände in der Vorbereitungsphase zu wenig oder zu weit vorne aufgesetzt. Dadurch kommt es zu einer Fehlstellung im Schultergelenk und in weiterer Folge zu einer Hohlkreuzbildung. Zur Korrektur dieses Problems können am Boden Markierungen für das richtige Aufsetzen der Hände angebracht werden oder die Übung kann an der Wand trainiert werden. Viele Turner/Turnerinnen bauen nicht genügend Körperspannung für einen stabilen Handstand auf. Zur Korrektur dieses Problems ist sehr viel Trainingsaufwand im Bereich Kraft, Beweglichkeit und Koordination notwendig.

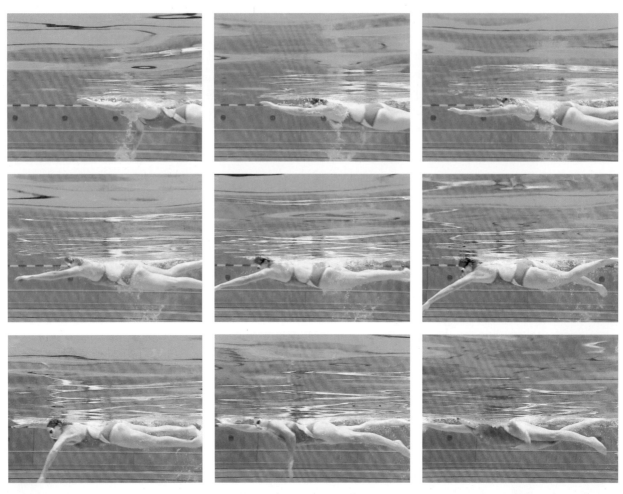

Kraul-Arm- und Beinbewegung (Sara Zweibrot)

GET ACTIVE 2

Führen Sie für den oben abgebildeten Bewegungsablauf eine Bewegungsanalyse durch.

	Arme	Beine
Streckphase		
Zugphase		

RP-TRAINING 2

Anforderungsniveau 1

1. Nennen Sie die einzelnen Schritte, die bei einer Bewegungsanalyse durchzuführen sind.
2. Beschreiben Sie die verschiedenen Punkte, die bei einer Bewegungsanalyse zu beachten sind.

Anforderungsniveau 2

1. Führen Sie für einen Schlagballwurf eine Bewegungsanalyse durch.
2. Analysieren Sie die dabei auftretenden Fehler.
3. Entwerfen Sie geeignete Korrekturvorschläge für diese Fehler.

Anforderungsniveau 3

1. Stellen Sie Ihren eigenen Laufstil dem auf Seite 22 beschriebenen gegenüber.
2. Beurteilen Sie, welche relevanten Unterschiede bei Ihnen auftreten.

KOMPETENZCHECK

Ich kann ...			
... einfache Bewegungen und sportliche Techniken nach qualitativen und quantitativen Merkmalen bestimmen und einordnen.			
... unterschiedliche sportliche Techniken grob in ihre Phasenstrukturen zerlegen.			

Taktische Fähigkeiten *Kapitel* 2

Neben den im vorherigen Kapitel angesprochenen technischen Fähigkeiten benötigt ein Sportler/eine Sportlerin auch noch eine Vielzahl von taktischen Fähigkeiten, um erfolgreich zu sein. Immer wieder kommt es im Sport vor, dass ein technisch überlegener Gegner/eine technisch überlegene Gegnerin keinen Erfolg erzielt, weil er/sie über mangelhafte taktische Fähigkeiten verfügt. Aus diesem Grund spielt das Taktiktraining eine nicht zu unterschätzende Rolle für den Erfolg im Sport.

Das Taktiktraining wird im Trainingsplan eines Hochleistungssportlers/einer Hochleistungssportlerin dazu verwendet, um Phasen der Regeneration zu überbrücken. So kann nach intensiven Trainingseinheiten im Bereich der sportmotorischen Grundeigenschaften (Ausdauer, Kraft, Schnelligkeit, Koordination, Beweglichkeit – siehe dazu Kapitel 12) ein leichtes und lockeres Taktiktraining geplant werden, da viele taktische Elemente in einer Sportart den Körper in physischer Hinsicht nur sehr gering belasten.

In jeder sportlichen Disziplin gibt es speziell vorgefertigte taktische Muster, die bei Sportarten mit ähnlichen Zielen und Rahmenbedingungen gleich anwendbar sind. In diesem Kapitel werden diese Gemeinsamkeiten zwischen den verschiedenen Sportarten aufgezeigt, um ein besseres Verständnis für elementare Taktiken zu erzeugen. Das Wissen über diese elementaren Taktiken kann das Taktiktraining in der eigenen Sportart effektiver werden lassen.

Der Lernende/Die Lernende soll ...

- allgemeine taktische Fähigkeiten erklären und ihre Bedeutung im Sport beurteilen können,
- über den grundlegenden Aufbau eines Taktiktrainings Bescheid wissen,
- über die Qualität des eigenen Taktiktrainings reflektieren können.

Es liegt in der Natur des Menschen, Herausforderungen zu suchen und diese zu meistern. Sehr oft geht es darum, sich mit anderen zu messen und zu testen, wer der Bessere/die Bessere in einem Spiel, einer Aufgabe oder einer körperlichen Betätigung ist. Denken Sie an eine konkrete Situation in Ihrem Leben, die Sie herausgefordert hat, und notieren Sie die dabei von Ihnen angewandten Strategien, um einen Erfolg zu erlangen.

Neben vielen Faktoren, die uns motivieren, uns sportlich zu betätigen, gibt es einen Faktor, der sicherlich immer wieder auftreten wird, nämlich das Ziel, einen Gegner/eine Gegnerin oder eine gegnerische Mannschaft zu besiegen oder zu überbieten. Wir sind ständig bemüht, unsere Handlungen während der sportlichen Betätigung zu verbessern, anzupassen und zu optimieren, um eine höhere Erfolgsquote in der ausgeführten Sportart zu erzielen. Deswegen legen wir uns für die verschiedensten Situationen, die im sportlichen Wettkampf auftreten können, Handlungspläne und alternative Entscheidungen zurecht, um dieses Ziel zu erreichen.

1 Grundlagen der Taktik

1.1 Strategie und Taktik

Bei Wettkämpfen im Sport wird zwischen den Begriffen „Strategie" und „Taktik" unterschieden. Diese Unterscheidung liegt im zeitlichen **Verlauf der Planung** eines Wettkampfs begründet (siehe Grafik).

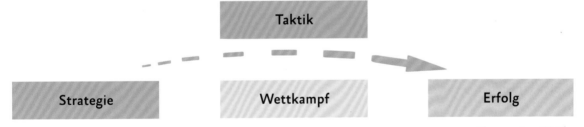

Planung eines Wettkampfes

Welche Strategien und Taktiken verwendet werden, ist stark von der Sportart abhängig. Es gibt Sportarten, bei denen die Strategie eine höhere Bedeutung hat als die im Wettkampf ausgeführte Taktik und umgekehrt. So spielt z. B. die Strategie bei Sportarten mit vielen gleichbleibenden Standardsituationen eine größere Rolle als bei Sportarten, bei denen auf das Verhalten eines Gegners/einer Gegnerin reagiert werden muss. (siehe dazu auch Kapitel 3 *Sportliche Taktiken*)

1.1.1 Strategie

Alle gedachten und festgelegten **Handlungspläne**, die **vor dem Wettkampf** zurechtgelegt werden, fallen in den Bereich der Strategie. Diese Handlungspläne berücksichtigen die gültigen Wettkampfregeln, die eigenen Stärken und Schwächen, die Stärken und Schwächen des Gegners/der Gegnerin und das voraussichtliche Verhalten des Gegners/der Gegnerin im Wettkampf. Die Planung einer Strategie ist nicht für alle Situationen sinnvoll und geeignet. Es gibt aber viele Situationen, in denen eine vorausplanende Strategie von Nutzen sein kann. Einige dieser Situationen sind in der folgenden Grafik dargestellt.

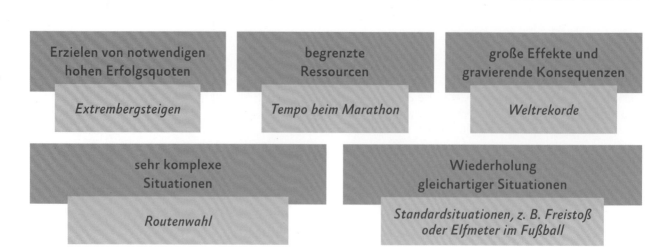

Erzielen von notwendigen hohen Erfolgsquoten	begrenzte Ressourcen	große Effekte und gravierende Konsequenzen
Extrembergsteigen	*Tempo beim Marathon*	*Weltrekorde*

sehr komplexe Situationen	Wiederholung gleichartiger Situationen
Routenwahl	*Standardsituationen, z. B. Freistoß oder Elfmeter im Fußball*

Situationen, in denen strategische Überlegungen sinnvoll sind

1.1.2 Taktik

Unter dem Begriff „Taktik" versteht man alle **regelkonformen Handlungen**, die **während des Wettkampfs** darauf abzielen, einen Vorteil zu erlangen. Da Regelwerke einen gewissen Handlungsspielraum zulassen, wird durch intelligente und rationale Ausnutzung dieser Regeln die Erfolgsquote erhöht. Die Bedeutung der Taktik einer bestimmten Sportart hängt sehr stark von den einzuhaltenden Regeln und den festgesetzten Rahmenbedingungen ab. Es gibt

Gegnerverhalten	
Mannschaftssport	**Einzelsport**
Taktik der Mannschaft	Individualtaktik

Übersicht Taktik

Sportarten, bei denen taktische Überlegungen beinahe keine Rolle spielen, hingegen kann bei anderen Sportarten das taktische Verhalten über Sieg oder Niederlage entscheiden.

Generell gilt, dass Taktik bei fast allen **Mannschaftssportarten** bedeutender ist als im **Einzelsport**. Neben der individuellen Taktik jedes Mannschaftsmitgliedes hat auch die gesamte Mannschaft eine vorgegebene Taktik und Strategie, auf die jeder Einzelne der Mannschaft Rücksicht nehmen muss. Zudem erfordert das Einhalten der Vorgaben sowie die Koordination der einzelnen Spieler/Spielerinnen einer Mannschaft extreme Disziplin und Koordination. Im Hinblick auf die Unterscheidung von Mannschaftstaktik und Individualtaktik werden in diesem Kapitel die **allgemeinen taktischen Fähigkeiten** erklärt, im Kapitel 3 *Sportliche Taktiken* die taktischen Unterschiede zwischen Einzel- und Mannschaftssportarten.

Die Bedeutung der taktischen Fähigkeiten nimmt mit dem Leistungsniveau des Sportlers/der Sportlerin zu. Athleten/Athletinnen mit hohem Leistungsniveau sind imstande, ihre Aufmerksamkeit vermehrt auf die taktischen Fähigkeiten zu legen, weil bei ihnen viele andere Prozesse der Sportart teilweise ohne großen Aufwand ablaufen.

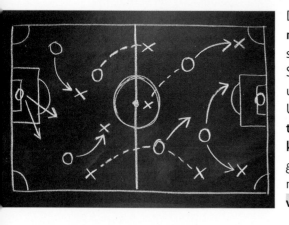

Das Ziel aller taktischen Überlegungen im Sport liegt in einem **optimalen Wettkampfverhalten**. Um das zu erreichen, werden idealerweise alle individuellen Fähigkeiten und Fertigkeiten eines Sportlers/einer Sportlerin ausgenutzt. Nur durch ein effektives Zusammenspiel dieser unterschiedlichen Fähigkeiten kann dieses Ziel erreicht werden. Zur Umsetzung von taktischen Überlegungen sind die dazu erforderlichen **technischen Fähigkeiten** notwendig, die nur unter den dazu passenden **konditionellen Fähigkeiten** realisierbar sind. Sind nun auch noch genügend **intellektuelle Fähigkeiten** vorhanden, stellt sich diesem Ziel nichts mehr in den Weg. Die sportliche Leistung ist auch zum Teil von **kognitiven** und **emotionalen** Prozessen abhängig.

Je nach Sportart gibt es verschiedene Schwierigkeiten und Hindernisse, die zu einer Verschlechterung der Leistungsfähigkeit führen. Diese Einflüsse werden unterteilt in:

- **Innere Einflüsse:** Innere Einflüsse entstehen im Athleten/in der Athletin selbst. Zu den inneren Schwierigkeiten zählen psychische Faktoren wie Emotionen, Erregung und innere Konflikte genauso wie physische Faktoren wie Ermüdung, Schwäche und Erschöpfung aufgrund lang andauernder Belastungen.

- **Äußere Einflüsse:** Äußere Einflüsse sind erschwerte Wettkampf- und Trainingsbedingungen oder komplexe und schwierige Aufgabenstellungen. Eine unbekannte Umgebung sowie Zuschauer/Zuschauerinnen können die sportliche Leistung genauso beeinflussen wie zu hohe Erwartungen des Trainers/der Trainerin. Auch das soziale Umfeld kann ein entscheidender beeinflussender Faktor sein.

1.2 Steuerungsfähigkeiten

Für erfolgreiche Sportler/Sportlerinnen ist es wichtig, dass sie ihre **Handlungen bewusst kontrollieren**. Die im Sport gesetzten Ziele sind meist nur durch starke Anstrengung und durch dauerhaftes Bemühen zu erreichen. Auf dem Weg zum Ziel befinden sich viele Hindernisse, deshalb sind Willens-, Konzentrations- und Ausdauerfähigkeit nötig, um das Ziel zu erreichen. **Steuerungsfähigkeiten** übernehmen die Aufgabe, alle inneren Steuer- und Antriebsmechanismen aufrechtzuerhalten und äußeren Einflüssen entgegenzuwirken. Sie stellen somit eine Verbindung zwischen dem **Motiv**, etwas Bestimmtes zu tun, und dem angestrebten **Ziel** dar. Die Schulung und Verbesserung der Steuerungsfähigkeiten kann nur bewusst und bei dauerhafter Motivation erfolgen. Deshalb werden die zu überwindenden Schwierigkeiten im Training so gewählt, dass es zu kleinen Erfolgserlebnissen kommt, die dem Sportler/der Sportlerin ausreichend Energie geben, um weiter daran zu arbeiten, das vorgegebene Ziel zu erreichen. Die Fähigkeit, Hindernisse auf dem Weg zum Ziel zu überwinden, spiegelt die Qualität der psychischen Steuerungsfähigkeiten eines Sportlers/einer Sportlerin wider.

Überwindung von Hindernissen/Schwierigkeiten durch psychische Steuerungsfähigkeiten

Zu den Steuerungsfähigkeiten zählen folgende Eigenschaften:

Wille

subjektiv erlebte Schwierigkeiten und Hindernisse bewusst überwinden

Wille: Unter Wille versteht man, ein festgelegtes Ziel trotz verschiedener Schwierigkeiten und Hindernisse anzustreben. Diese Ziele können selbst definierte oder gemeinschaftlich getroffene Beschlüsse sein, denen ein bewusstes oder gar geplantes Handeln folgt. Die Verbesserung der Willenskräfte sollte in der Trainingsgestaltung zielstrebig verfolgt werden.

Entschlusskraft

Entscheidungen fällen und in motorische Handlungen verwirklichen

Entschlusskraft: In fast allen Sportarten ist es nötig, einmal gefasste Entscheidungen ohne größere Verzögerungen auszuführen. Der Sportler/Die Sportlerin trifft eine Entscheidung und setzt diese in einer Bewegung, einer motorischen Handlung, um. Sportler/Sportlerinnen mit einem ausgewogenen Gleichgewicht zwischen persönlicher und sozialer Identität werden fester hinter ihren Entscheidungen stehen als psychisch nicht ausgeglichene Sportler/Sportlerinnen.

Selbstbeherrschung

aufkommende Emotionen und spontane Impulse unter kognitiver Kontrolle halten

Selbstbeherrschung: Unkontrollierte Emotionen, Gefühlsausbrüche und Affekthandlungen gefährden die persönliche Entwicklung eines Sportlers/einer Sportlerin. Weder das Ignorieren noch das Verleugnen solcher Handlungen führen zu einer dauerhaften Lösung. Die Unterdrückung von Gefühlsregungen kann bei starkem Druck dazu führen, dass sich diese explosionsartig freisetzen.

Mut

Gefahren bewusst bewältigen und Ängste überwinden

Mut: Viele sportliche Aktivitäten stellen hohe Anforderungen, um das gesteckte Ziel zu erreichen. Es ist ein gewisses Maß an Mut erforderlich, um Ängste, Hemmungen und Unsicherheiten zu überwinden und damit das Handeln optimal steuern zu können. Mut ist immer dann nötig, wenn der Sportler/die Sportlerin objektiv in der Lage ist, eine Anforderung zu bewältigen, subjektiv daran aber zweifelt.

Beharrlichkeit

ein Ziel auch beim Auftreten von Misserfolgen und Verzögerungen über einen längeren Zeitraum hinweg anstreben

Beharrlichkeit: Unter Beharrlichkeit versteht man die Kraft des Willens, trotz vieler Hindernisse ein konkretes Ziel zu verfolgen oder ein erreichtes Ziel beibehalten zu wollen. Im Sport wird vor allem durch Misserfolge die Beharrlichkeit des Sportlers/der Sportlerin auf die Probe gestellt. Ohne diese Steuerungsfähigkeit wäre ein Training im Leistungssport nicht denkbar.

Konzentration

einen begrenzten Abschnitt des Wahrnehmungsfeldes mit höchster Bewusstseinshelligkeit aufzunehmen und gleichzeitig andere Reizeinflüsse auszuschalten

Konzentration: Sportlern/Sportlerinnen wird häufig abverlangt, sich zu konzentrieren. Ohne genaue Erklärung, worauf er seine/sie ihre Aufmerksamkeit lenken soll, führen diese Aufforderungen zur Konzentration selten zu einer wesentlichen Verbesserung. Es ist sehr wichtig, dem Sportler/der Sportlerin zu erklären, wie er seine/sie ihre Konzentration verstärkt auf ein bestimmtes Wahrnehmungsfeld richten kann.

Konzentrations-ausdauer

die Aufmerksamkeit über einen längeren Zeitraum hinweg gleichbleibend auf ein ausgewähltes Bewusstseinsfeld zu richten

Konzentrationsausdauer: Soll die Konzentration über einen längeren Zeitraum aufrechterhalten bleiben, spielen verschiedene Faktoren, z. B. Stress, Müdigkeit oder Wohlbefinden, eine große Rolle. Eine zu geringe Konzentrationsausdauer führt oft dazu, dass sportliche Ziele nicht erreicht werden.

Formulieren Sie zu den unten genannten Antworten die passenden Fragen.

Frage:	
Antwort:	Sie stellen somit eine Verbindung zwischen dem Motiv und dem angestrebten Ziel dar und sind vor allem daran erkennbar, dass sie trotz scheinbar unüberwindbarer Hindernisse den Sportler/die Sportlerin nicht aufgeben lassen.
Frage:	
Antwort:	Neben den eigenen taktischen Überlegungen des Sportlers/der Sportlerin und dem Gegnerverhalten spielen sie eine große Rolle in manchen Sportarten. Sie sind auch der Grund, warum taktische Überlegungen in solchen Sportarten wesentlich höhere Bedeutung haben als in anderen.
Frage:	
Antwort:	Im Gegensatz zur Taktik versteht man darunter eine vom Gegner/von der Gegnerin unbeeinflusste Planung des eigenen Verhaltens, die im Vorfeld eines Wettkampfes trainiert wird. Diese Verhaltenspläne sind zum Beispiel bei sich wiederholenden gleichartigen Situationen in den verschiedensten Sportarten sinnvoll.

Anforderungsniveau 1

1. Nennen Sie fünf Steuerungsfähigkeiten.
2. Fassen Sie die wichtigsten Punkte für den Erfolg einer Taktik zusammen.

Anforderungsniveau 2

1. Erläutern Sie die Begriffe „Taktik" und „Strategie" und erklären Sie den Unterschied.
2. Analysieren Sie die Bedeutung der verschiedenen Steuerungsfähigkeiten im Bereich des Hochleistungssports.

Anforderungsniveau 3

Vergleichen und bewerten Sie die Bedeutung der taktischen Fähigkeiten in den Sportarten Schwimmen, Ringen, Fußball und Basketball.

2 Taktiktraining

2.1 Bereiche des Taktiktrainings

Im Bereich des Taktiktrainings werden die **kognitiven, koordinativen und konditionellen Fähigkeiten** eines Sportlers/einer Sportlerin gleichermaßen gefordert. Die Rolle des Trainers/der Trainerin als Experte/Expertin in der jeweiligen Sportart ist dabei von großer Bedeutung. Seine/Ihre Kenntnisse in der spezifischen Sportart sind Grundvoraussetzung für ein sinnvolles Taktiktraining. Die Methoden reichen von reiner Wissensvermittlung über das Erlernen neuer taktischer Elemente bis hin zur Optimierung von taktischen Handlungen. Man unterscheidet demnach zwischen einem theoretischen Anteil und einem praktischen Anteil im Taktiktraining. Beide sind gleichermaßen notwendig, um ein zufriedenstellendes Ergebnis zu erhalten.

2.1.1 Theoretisches Taktiktraining

Im theoretischen Teil des Taktiktrainings wird ein generelles **Verständnis für die sportartspezifischen Probleme** geschaffen. Diese Probleme entstehen durch einschränkende Spielregeln oder Wettkampfbestimmungen genauso wie durch die Organisation der Wettkämpfe. Aufbauend auf diesem Wissen werden **Handlungsmöglichkeiten zur Problemlösung** aufgezeigt. Da diese Handlungsmöglichkeiten nicht in jeder Situation mit gleichem Erfolg eingesetzt werden können, wird über eine flexible und logische Anwendung der erlernten Fertigkeiten gesprochen. Im Wettkampf lastet sehr hoher Druck auf dem Sportler/der Sportlerin, deshalb wird im Vorfeld eine **vorausschauende Verhaltensweise** geschult. Auch das **Mentaltraining** erfolgt im theoretischen Teil. Es werden dabei nicht nur die Stärken des Athleten/der Athletin hervorgehoben, es wird auch die gezielte Aufmerksamkeit darauf geschärft.

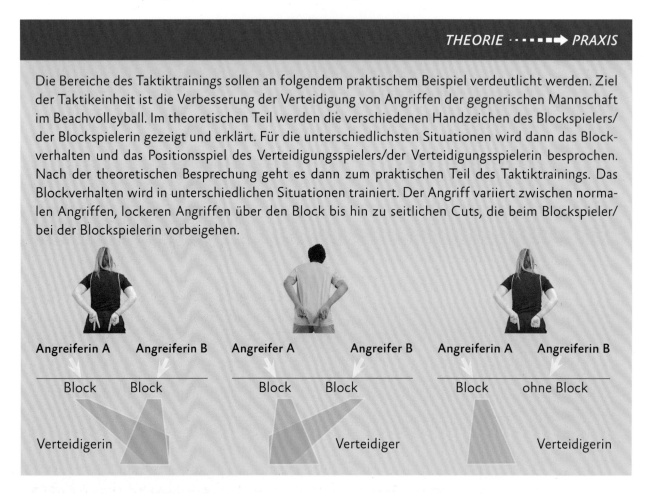

THEORIE ······■■➡ PRAXIS

Die Bereiche des Taktiktrainings sollen an folgendem praktischem Beispiel verdeutlicht werden. Ziel der Taktikeinheit ist die Verbesserung der Verteidigung von Angriffen der gegnerischen Mannschaft im Beachvolleyball. Im theoretischen Teil werden die verschiedenen Handzeichen des Blockspielers/der Blockspielerin gezeigt und erklärt. Für die unterschiedlichsten Situationen wird dann das Blockverhalten und das Positionsspiel des Verteidigungsspielers/der Verteidigungsspielerin besprochen. Nach der theoretischen Besprechung geht es dann zum praktischen Teil des Taktiktrainings. Das Blockverhalten wird in unterschiedlichen Situationen trainiert. Der Angriff variiert zwischen normalen Angriffen, lockeren Angriffen über den Block bis hin zu seitlichen Cuts, die beim Blockspieler/bei der Blockspielerin vorbeigehen.

Angreiferin A	Angreiferin B	Angreifer A	Angreifer B	Angreiferin A	Angreiferin B
Block	Block	Block	Block	Block	ohne Block

Verteidigerin   Verteidiger   Verteidigerin

2.1.2 Praktisches Taktiktraining

Im praktischen Teil des Taktiktrainings werden vor allem **taktische Verhaltensweisen** erlernt und durch viele Wiederholungen automatisiert. Dies ermöglicht gerade bei Handlungen, die nach dem Wenn-Dann-Prinzip abgearbeitet werden können, eine höhere Erfolgschance. Durch die Automatisierung verschiedener Verhaltensweisen kann die Aufmerksamkeit des Athleten/der Athletin auf andere, für den Erfolg wesentliche Handlungen gelenkt werden. In der praktischen Taktikausbildung werden die Stärken und Schwächen des Sportlers/der Sportlerin aufgezeigt, wodurch er/sie lernt, sich selbst besser einzuschätzen. Wie in vielen anderen Bereichen des Trainings wird auch beim Taktiktraining eine schrittweise Erhöhung des Schwierigkeitsgrades empfohlen und auf bereits bekannten taktischen Elementen aufgebaut. Zuerst werden neue Elemente erlernt, dann unter erleichterten Bedingungen trainiert und gefestigt. Nach einer ausreichenden Festigung erfolgt als weitere Schwierigkeitsstufe eine Einbindung in Trainingswettkämpfe mit zeitlichem Druck. Abschließend werden die neu erworbenen taktischen Fähigkeiten unter der Anleitung des Trainers/der Trainerin im Wettkampf eingebaut.

2.2 Allgemeine taktische Überlegungen

Für taktische Entscheidungen sind genaue Kenntnisse des Regelwerkes oder der vereinbarten Regeln Grundvoraussetzung. Nur so können Vorteile in sportlichen Situationen genutzt werden. Die Verarbeitung von Informationen in einer Spiel- oder Kampfsituation ist eng verknüpft mit der individuellen Fähigkeit der **Antizipation**, das ist die Fähigkeit, rechtzeitig abschätzen zu können, welche Handlungen der Gegner/die Gegnerin setzen wird oder welche Spielsituation entstanden ist und darauf eine Gegenaktion einzuleiten. Die Qualität der Gegenaktion hängt im Wesentlichen von drei Faktoren ab. Jeder Athlet/ Jede Athletin hat durch Training und Wettkampferfahrung Informationen im **motorischen Cortex** abgespeichert. Diese Gehirnregion verarbeitet die eintreffenden Signale der unterschiedlichen **Analysatoren**, z. B. der Sinnesorgane wie die Augen, und löst dann die vorgedachten motorischen Handlungen für die entsprechende Situation aus. Das **motorische Gedächtnis** ist prinzipiell sehr gut trainierbar, in der Pubertät weist es die größte Lernfähigkeit auf. Im Leistungssport muss ständig weitergelernt werden, das gilt auch für das Erwachsenenalter. Die starke Zunahme der Anforderungen bei der Ausübung der Sportarten führt zur permanenten Vervollständigung und Stabilisierung des motorischen Gedächtnisses.

2.3 Klassifizierung der Sportarten nach taktischen Überlegungen

Sportarten können nach taktischen Überlegungen in verschiedene Klassen eingeteilt werden: über die Form des sportlichen Wettkampfes oder über die Auseinandersetzung mit dem Gegner/der Gegnerin.

*   Mit der **Form des Wettkampfes** ist die Anzahl der am Wettkampf beteiligten Personen gemeint. Man unterscheidet Einzelkampf, Zweikampf und Mannschaftskampf.
*   Die **Auseinandersetzung mit dem Gegner/der Gegnerin** bezieht sich entweder auf den (direkten oder indirekten) Körperkontakt mit dem Gegner/der Gegnerin oder auf die Art des Leistungsvergleichs.

Das größte Potential an taktischen Variationen gibt es in der Gruppe der Sportspiele, da während des gesamten Spiels Wechselbeziehungen zwischen den einzelnen Spielern/Spielerinnen und der Mannschaftstaktik bestehen.

2.3.1 Einteilung der Taktik nach verschiedenen Gesichtspunkten

Auseinandersetzung mit dem Gegner/der Gegnerin	Form des sportlichen Wettkampfes
Sportarten mit direktem körperlichem Kontakt: • Zweikampfsportarten (Boxen, Judo) • Sportspiele (Fußball, Eishockey, Rugby) **Sportarten ohne direkten körperlichen Kontakt:** • Sportspiele (Volleyball, Tennis, Badminton) **Sportarten mit direktem Leistungsvergleich:** • Schwimm-, Lauf-, Radwettbewerbe, Rudern **Sportarten mit direktem Leistungsvergleich mithilfe von Zeit-/Weit-/Höhenmessung:** • Skispringen, Kugelstoßen	**Einzelkampf:** • Mit gegnerischer Behinderung (= physisch): Radrennen, Gehen, Skilauf • Mit gegnerischer Beeinflussung (= psychisch): Turnen, Rudern, Schwimmen **Zweikampf:** • Mit gegnerischer Behinderung: Fechten, Judo, Ringen • Mit gegnerischer Beeinflussung: Tennis, Schach **Mannschaftskampf:** • Mit gegnerischer Behinderung: Basketball, Hockey, Handball, • Mit gegnerischer Beeinflussung: Staffellauf, Faustball, Volleyball

2.3.2 Einteilung der Taktik nach dem zentralen Spielgedanken

Eine weitere mögliche Einteilung kann über den zentralen Spielgedanken einer Sportart erfolgen. Dabei werden Sportarten, die ähnliche Rahmenbedingungen aufweisen, zusammengefasst. Innerhalb der so eingeteilten Gruppen ähneln einander auch die taktischen Möglichkeiten.

Ziel- und Treibspiele

Der zentrale Gedanke bei diesen Spielen liegt in der präzisen Ausführung der sportlichen Technik ohne direkten Einfluss des Gegners/der Gegnerin. Es herrscht dabei kein großer Zeitdruck, es ist aber meistens ein sehr genaues Regelwerk zu beachten. Zu den Ziel- und Treibspielen gehören unter anderem Billard, Bowling, Golf, Curling und Dart. Beispielsweise muss ein Dartspieler/eine Dartspielerin seine/ihre ganze Konzentration während des Wurfes auf die genaue Ausführung der Wurfbewegung legen. Die danebenstehenden weiteren Spieler/Spielerinnen müssen dabei unbeachtet bleiben.

Schlagballspiele

Zu den Schlagballspielen zählen Sportarten wie Baseball, Cricket und Schlagball. Die Mannschaften befinden sich im selben Aktionsfeld, haben aber unterschiedliche Rollen. Der taktische Einfluss ist dadurch etwas höher als bei Rückschlagspielen, da Behinderungen durch den Gegner/die Gegnerin möglich sind. Beim Baseball hat beispielsweise die Stellung der Spieler/Spielerinnen der verteidigenden Mannschaft einen großen Einfluss auf das Verhalten des Ballwerfers/der Ballwerferin (Pitcher).

Rückschlagspiele

Bei den Rückschlagspielen agiert der Gegner/die Gegnerin in einem eigenen, abgegrenzten Aktionsfeld. Es ist also keine direkte körperliche Beeinflussung möglich. Zu den Rückschlagspielen gehören Volleyball, Badminton, Tischtennis und Tennis. Viele Tennisspieler/Tennisspielerinnen versuchen durch ihre Handlungen zwischen den einzelnen Punkten, den Gegner/die Gegnerin aus seinem/ihrem eigenen taktischen Konzept zu bringen. Während des Ballwechsels bleiben nur Variationen des eigenen Spieles, um dem Gegner/der Gegnerin sein eigenes taktisches Verhalten aufzuzwingen.

Torwurf- und Torschussspiele

Bei Torwurf- und Torschussspielen wie Fußball, Handball, Basketball, Rugby und Eishockey befinden sich die Mannschaften im selben Aktionsfeld. Beide versuchen durch konditionelle und taktische Fähigkeiten Einfluss auf das Spielobjekt, z. B. den Ball oder Puck, und damit auch auf den Spielverlauf zu nehmen. Aus diesem Grund ergeben sich bei diesen Sportarten zahlreiche verschiedene Spielvariationen. Die Strategie der Mannschaft kann zwar vorher festgelegt werden, muss aber sehr oft während des Spiels auf die gegnerische Taktik abgestimmt oder angepasst werden. Vor allem im Fußball gibt es – abhängig von den Eigenschaften der Spieler/Spielerinnen einer Mannschaft – unterschiedliche Mannschaftstaktiken. Die Strategie der eigenen Mannschaft wird vor dem Spiel mit Hilfe von Videoanalysen aus vorangegangenen Spielen festgelegt. Inwieweit diese Strategie während des Spiels umgesetzt werden kann, hängt sehr stark von der gegnerischen Taktik ab.

Zweikampfsport

Bei der Gruppe der Zweikampfsportarten wie Boxen, Kickboxen, Ringen und Judo kommt es zu direktem Körperkontakt mit dem Gegner/der Gegnerin und damit zu einem direkten Vergleich der konditionellen und koordinativen Fähigkeiten. Es erfolgt eine ständige Anpassung der eigenen Taktik an die sich ändernden Wettkampfsituationen. Beim Boxen gibt es Sportler/Sportlerinnen, die einen Kampf so anlegen, dass sie ihn durch einen K.-O.-Sieg schnell für sich entscheiden. Andere Boxer/Boxerinnen versuchen, den Gegner/die Gegnerin durch einen langen Schlagaustausch zu ermüden, um dann selbst kampfentscheidende Schläge zu setzen.

GET ACTIVE 2

1. Stellen Sie sich vor, Sie würden die Aufgabe übernehmen, ein Taktiktraining in Ihrer Sportart durchzuführen. Fassen Sie die Maßnahmen zusammen, die Ihrer Meinung nach gesetzt werden müssen.
2. Beschreiben Sie die richtige Abfolge bei der Durchführung eines Taktiktrainings. Erläutern Sie die Durchführung an einem Beispiel aus Ihrer Sportart.

GET ACTIVE 3

Erstellen Sie eine Mind-Map mit den wichtigsten Punkten, die bei der Durchführung eines Taktiktrainings beachtet werden müssen. Bauen Sie in die Mind-Map auch Elemente ein, die der Sportler/die Sportlerin als Voraussetzungen mitbringen muss.

RP-TRAINING 2

Anforderungsniveau 1
Beschreiben Sie die Aufgabe eines Taktiktrainings.

Anforderungsniveau 2
Analysieren Sie drei verschiedene Sportarten nach taktischen Überlegungen.

Anforderungsniveau 3
Beurteilen Sie die Qualität eines Taktiktrainings in Ihrer Sportart aufgrund der Überlegungen in diesem Abschnitt.

KOMPETENZCHECK

Ich kann ...

... taktische Fähigkeiten beschreiben und Grundlagen des Taktiktrainings in verschiedenen Sportdisziplinen erklären.

... Sportarten nach taktischen Überlegungen einteilen.

Sportliche Taktiken

Die im Kapitel „Taktische Fähigkeiten" angeeigneten Kompetenzen werden in diesem Kapitel an zwei konkreten Beispielen angewandt und gefestigt. Aufgrund der unterschiedlichen Anforderungen im Bereich der Einzel- und Mannschaftssportarten werden als Beispiele die Sportarten Tennis und American Football analysiert. Diese beiden Sportarten sind wegen ihres hohen Anteils an taktischen Elementen für eine Taktikanalyse besonders gut geeignet.

Eine der wichtigsten Voraussetzungen für eine Taktikanalyse ist die genaue Kenntnis der Rahmenbedingungen der jeweiligen Sportart. Zu den Rahmenbedingungen zählen die Spielregeln, die technische Ausrüstung, der Aufbau des Spielfeldes und die Zielsetzung der Sportart. Ohne genaue Informationen über diese Faktoren kann eine Analyse nur schwer oder unzureichend durchgeführt werden.

American Football ist in Europa eine Randsportart und wird nur von sehr wenigen Sportlern/Sportlerinnen aktiv betrieben. American Football wurde dennoch als Beispiel gewählt, weil das taktische Verhalten dieses Spiels sehr komplex ist. Beobachtet ein Zuseher/eine Zuseherin diesen Sport, ohne Kenntnisse über die Rahmenbedingungen zu haben, wird er/sie wenig Sinn in den einzelnen Aktionen im Spiel sehen. Erst durch die Kenntnis der Spielregeln, des Aufbaus des Spielfeldes und der anderen oben genannten Faktoren wird der komplexe taktische Aufbau dieses Spiels erkennbar und damit auch die Sportart für den Zuseher/die Zuseherin interessanter.

Der Lernende/Die Lernende soll ...

- Beispiele für taktische Elemente verschiedener Sportarten anführen können,
- Sportarten im Hinblick auf ihre Taktik und Strategie analysieren können,
- seine/ihre eigene Sportart unter neuen taktischen Gesichtspunkten beurteilen können.

Erstellen Sie für eine beliebige Einzelsportart und eine beliebige Mannschaftssportart eine Liste mit den in der jeweiligen Sportart auftretenden taktischen Elementen. Vergleichen Sie danach diese beiden Listen und heben Sie Gemeinsamkeiten farblich hervor.

1 Einzelsportarten

So wie in allen Sportarten gibt es in den Einzelsportarten gravierende Unterschiede im Bereich der Taktik und Strategie. Bei Sportarten, in denen der Gegner/die Gegnerin **keinen direkten Einfluss** ausübt, z. B. Dart oder Golf, spielt die Taktik eine untergeordnete Rolle, die persönlichen Stärken und Schwächen des Sportlers/der Sportlerin spielen hingegen eine wichtige Rolle. Bei Sportarten, in denen ein Gegner/eine Gegnerin die sportlichen Handlungen **direkt oder indirekt beeinflusst**, z. B. Tennis, sind auch die gegnerischen Stärken und Schwächen bei allen taktischen Überlegungen von Bedeutung. Kenntnisse über den Gegner/die Gegnerin oder die gegnerische Taktik beeinflussen das eigene Verhalten in Wettkämpfen genauso wie Erfahrungen aus bereits ausgetragenen Konfrontationen mit diesem Gegner/dieser Gegnerin. In beiden Fällen wird aber das eigene Verhalten durch die **sportartspezifischen Regeln und Bedingungen** beeinflusst. Sie sind daher für alle taktischen Überlegungen von entscheidender Bedeutung. Die individuellen Stärken und Schwächen sind in den meisten Fällen durch ein gezieltes Taktiktraining ausreichend optimiert.

THEORIE ······■➡ PRAXIS

Beim Hallenvolleyball ist nur den vorderen Feldspielern/Feldspielerinnen ein Angriff an der Netzkante erlaubt. Die hinteren Feldspieler/Feldspielerinnen müssen ihren Angriff hinter der Drei-Meter-Linie durchführen. Diese Angriffe sind in der Regel leichter zu verteidigen. Der Aufspieler/Die Aufspielerin hat unter anderem die Aufgabe, verteidigte Bälle so aufzuspielen, dass die gegnerische Mannschaft keine Möglichkeit hat, einen guten Block zu stellen. Das Regelwerk erlaubt dem Aufspieler/der Aufspielerin, der/die im Spiel in den hinteren Reihen steht, nach dem erfolgten Service der gegnerischen Mannschaft seine/ihre Position zu verlassen und sich zum Netz zu bewegen. In dieser Situation hat er/sie nun die Möglichkeit, drei verschiedenen Angreifern/Angreiferinnen den Ball an die Netzkante zu spielen. Durch diese Taktik wird der Druck auf die gegnerische Verteidigung enorm erhöht und die Erfolgschancen auf einen Punkt werden verbessert.

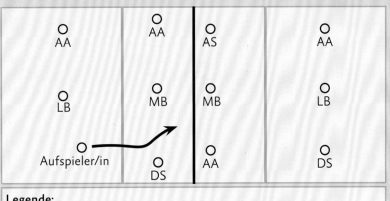

Das **Taktiktraining** besteht immer aus einem **allgemeinen Teil** und einem **sportartspezifischen Teil**. Der sportartspezifische Teil hängt von den jeweiligen Rahmenbedingungen der Sportart ab, deshalb muss bei der Analyse von Taktik und Strategie immer auf die Rahmenbedingungen der jeweils untersuchten Sportart Bezug genommen werden.

Die folgenden Überlegungen beziehen sich auf die Sportart Tennis. Für das allgemeine Verständnis ist eine grobe Kenntnis der Regeln und Rahmenbedingungen notwendig.

1.1 Spielregeln und Rahmenbedingungen im Tennis

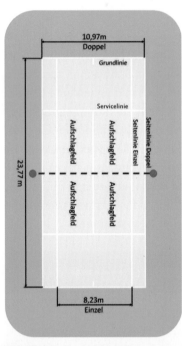

Das Tennisfeld besteht aus zwei gleich aufgebauten Spielhälften, die durch ein Netz voneinander getrennt sind. Tennis zählt zu den Rückschlagspielen, bei denen der Gegner/die Gegnerin auf einem eigenen Aktionsfeld agiert und kein körperlicher Kontakt zwischen den Spielern/Spielerinnen möglich ist. Jede Hälfte besitzt zwei Seitenlinien, die innere für das Einzelspiel und die äußere für das Doppelspiel. Die Grundlinie begrenzt das Spielfeld nach hinten. Die sogenannte T-Linie und die Mittellinie begrenzen die beiden Aufschlagfelder. An der Grundlinie befindet sich eine Mittelmarkierung, die beim Aufschlag von Bedeutung ist.

Der Ball muss zwischen den beiden seitlichen Netzpfosten über das Netz gespielt werden. Er darf im eigenen Spielfeld den Boden maximal einmal berühren und auch nur einmal mit den Schläger berührt werden. Eine Berührung des Balles mit dem Körper ist nicht erlaubt. Auch das Berühren des Netzes mit dem Schläger oder dem Körper ist nicht gestattet. Das Eindringen in das Spielfeld des Gegners/der Gegnerin mit dem Schläger oder Körper ist verboten.

Aufbau eines Tennisfeldes

Man unterscheidet drei Grundschläge: Aufschlag, Vorhand und Rückhand. Direkt aus der Luft geschlagene Bälle werden als Volley, also Vorhandvolley, Rückhandvolley, und der über Kopf gespielte Schlag als „Smash" bezeichnet. Begonnen wird jeder Ballwechsel mit einem Aufschlag, der ins gegenüberliegende Aufschlagfeld geschlagen werden muss, dabei aber das Netz nicht berühren darf. Sollte der erste Aufschlag nicht regelkonform gespielt werden, steht dem Spieler/der Spielerin ein weiterer Versuch zur Verfügung. Bei zwei nicht korrekten Aufschlägen (Doppelfehler) erhält der Gegner/die Gegnerin den Punkt.

Gespielt wird je nach Turnierform auf zwei oder drei gewonnene Sätze. Jeder Satz wird unterteilt in Games, in dem die Zählweise mit 0-15-30-40-Spielgewinn erfolgt. Innerhalb eines Games hat immer derselbe Spieler/dieselbe Spielerin das Aufschlagrecht. Die Aufschlagseite wechselt mit jedem erzielten Punkt. Nach jeder ungeraden Anzahl an gespielten Games wird die Seite des Spielfeldes gewechselt. Steht es in einem Game 40:40, auch Einstand genannt, wird weitergespielt, bis ein Spieler/eine Spielerin zuerst einen Vorteil erzielt und dann einen weiteren Punkt macht. Jeder Satz besteht aus mindestens sechs Games, wobei auch hier gilt, dass der Satz nur gewonnen werden kann, wenn ein Spieler/eine Spielerin zwei Punkte Unterschied zum Gegner/zur Gegnerin hat. Bei einem ausgeglichenen Spielstand von 6:6 kommt es zu einem „Tie-Break", um eine schnellere Entscheidung zu erzwingen. Das „Tie-Break" wird ganz normal von 1 bis 7 gezählt und der Spieler/die Spielerin, der/die zuerst sieben Punkte erreicht, gewinnt, wieder unter der Bedingung, dass er/sie zwei Punkte Abstand zum Gegner/zur Gegnerin hält.

1.2 Taktische Grundsituationen und Spielertypen im Tennis

1.2.1 Grundsituationen

Unter den Grundsituationen im Tennis versteht man Abläufe, die in einem Spiel öfter wiederkehren und für die sich der Athlet/die Athletin im Vorfeld passende Strategien zurechtlegen kann.

**Grundsituationen
im Tennis**

*Schlagabtausch
Druck ausüben
Angreifen
Gegenangriff
Verteidigen*

- **Schlagabtausch:** Der einfache Schlagabtausch wird Grundlinie zu Grundlinie gespielt. Keiner/Keine der beiden Spieler/Spielerinnen erreicht dabei einen bedeutenden Vorteil.

- **Druck ausüben:** In diesem Fall spielt ein Spieler/eine Spielerin den Ball vor der Grundlinie. Es eröffnen sich dadurch mehrere taktische Möglichkeiten. Der Ball kann hoch und lang auf die Grundlinie, hart in die Ecken des gegnerischen Feldes oder kurz und im scharfen Winkel gespielt werden.

- **Angreifen:** Der Spieler/Die Spielerin steht deutlich vor der Grundlinie und versucht, mit dem Angriffsschlag in eine vielversprechende Position am Netz zu gelangen oder einen direkten Punkt zu erzielen.

- **Gegenangriff:** Nach einem schwachen Angriffsschlag des Gegners/der Gegnerin oder durch gute eigene Antizipation wird sofort mit einem eigenen Angriff gestartet.

- **Das Verteidigen:** Wenn ein Spieler/eine Spielerin nicht mehr in der Lage ist, eine optimale Position für einen Angriffsschlag einzunehmen, muss er/sie sich Zeit für eine bessere Positionierung verschaffen. Das erfolgt oft durch einen Schlag, bei dem der Ball sehr hoch in das gegnerische Feld gespielt wird. In dieser Zeit erfolgt die Verbesserung der eigenen Spielposition.

1.2.2 Spielertypen

Neben den verschiedenen Grundsituationen im Tennis gibt es auch noch unterschiedliche Spielertypen. Im Laufe der letzten Jahre haben sich die Spielweise und auch der Trainingszustand der Spieler/Spielerinnen wesentlich verändert. Es gibt immer mehr Athleten/Athletinnen, die unterschiedliche Spielvarianten zeigen und damit in ihrer Spielweise vom Gegner/von der Gegnerin schwer einzuschätzen sind.

Spielertypen im Tennis

*Typ 1: Serve and Volley
Typ 2: Ganzplatzspieler/in
Typ 3: Grundlinienspieler/in
Typ 4: Defensiver Spieler/
Defensive Spielerin*

Typ I: Serve and Volley

Dieser Spielertyp hat einen sehr starken ersten und zweiten Aufschlag, der den Gegner/die Gegnerin unter Druck setzt und damit die Fehlerquote beim Return erheblich vergrößert. Die Quote bei den erfolgreichen ersten Flugbällen ist sehr hoch, da diese sehr oft in optimaler Position gespielt werden können. Eine sehr gute Wahrnehmung und Antizipation vergrößern die Chance, Passierschläge abzufangen und den Gegner/die Gegnerin weiter unter Druck zu setzen. Passierschläge sind Schläge, die beim Angreifer/bei der Angreiferin, der/die sich in Richtung Netz bewegt, vorbeigeschlagen werden. Eine sehr gut ausgeprägte Sprungkraft, gepaart mit hervorragender Gleichgewichtsfähigkeit, ermöglicht es, aus allen Lagen starke „Smashs" zu spielen.

Typ II: Ganzplatzspieler/Ganzplatzspielerin

Seine/Ihre Fähigkeiten, je nach Platzbelag sowohl „Serve and Volley" als auch von der Grundlinie aus zu spielen, zeichnen diesen Spieler/diese Spielerin aus. Seine/Ihre Grundlinienschläge besitzen eine hohe Präzision und Sicherheit und werden ständig in unmittelbarer Grundliniennähe gespielt. Kurz gespielte Schläge des Gegners/der Gegnerin werden trotzdem attackiert, sodass daraus entweder Winner oder starke Angriffsschläge werden. Das erfordert sehr gute konditionelle und koordinative Fähigkeiten. Zu dieser Typ-II-Gruppe zählen fast nur Spieler/Spielerinnen, die die Rückhand mit einer Hand spielen.

Typ III: Grundlinienspieler/Grundlinienspielerin

Er/Sie zeichnet sich durch sichere und aggressive Grundlinienschläge mit der Vorhand und Rückhand aus. Er/Sie kontrolliert das Spiel von der Grundlinie aus und setzt den Gegner/die Gegnerin permanent unter Druck. Die hohe Präzision der Schläge und die hohe Ballgeschwindigkeit in Kombination mit einem guten Winkelspiel zeichnen diesen Spielertyp genauso aus wie die aggressiven, aber sicher gespielten Returns und Passierschläge. Grundlinienspieler/Grundlinienspielerinnen besitzen eine gute Schnelligkeits- und Gleichgewichtsfähigkeit. Im Gegensatz zu den Ganzplatzspielern/Ganzplatzspielerinnen dominieren in der Typ-III-Gruppe Spieler/Spielerinnen mit einer beidhändigen Rückhand.

Typ IV: Defensiver Spieler/Defensive Spielerin

Durch seine/ihre Spielposition, die sich erheblich hinter der Grundlinie befindet, spielt dieser Spielertyp hauptsächlich hohe Topspin-Schläge mit der Vorhand und der Rückhand. Aufgrund des sicheren und äußerst konsequenten Spiels mit Grundlinienschlägen wird auf **Offensiv-** und Angriffsschläge weitgehend verzichtet. Diese Spielart erfordert viel Geduld und Selbstdisziplin sowie eine hohe Lauffreudigkeit und Ausdauerfähigkeit.

GET ACTIVE 1

1. Versetzen Sie sich in die Lage eines Tennisspielers/einer Tennisspielerin, die sich während eines wichtigen Spiels taktische Überlegungen zu einem Gegner/einer Gegnerin macht. Schreiben Sie diese Überlegungen auf ein Blatt Papier.
2. Erläutern Sie etwaige taktische Überlegungen eines Tennisspielers/einer Tennisspielerin, der/die sich gerade in einem sehr wichtigen Spiel befindet.

RP-TRAINING 1

Anforderungsniveau 1

Fassen Sie die wichtigsten taktischen Elemente der Sportart Tennis zusammen.

Anforderungsniveau 2

1. Erklären Sie die Bedeutung der Taktik bei Einzelsportarten.
2. Bewerten Sie bei fünf verschiedenen Einzelsportarten die Bedeutung von Taktik und Strategie.

Anforderungsniveau 3

1. Stellen Sie die Taktik beim Tennis der Taktik einer anderen Sportart gegenüber.
2. Beurteilen Sie dabei, welche taktischen Elemente gleich- und welche verschiedenartig sind.

2 Mannschaftssportarten

Immer wenn sich mehrere Menschen zu einer Sportmannschaft zusammenschließen, kommt es innerhalb der Mannschaft zu einer Rollenverteilung sowie zu einer Rangordnung. Je nach Regelwerk, Mitgliederzahl, Wünschen und Zielsetzungen hat sich im Sport eine Vielfalt von Gruppenvarianten gebildet. Jede Mannschaft tritt als **soziale Einheit** auf, die sich deutlich von anderen Mannschaften unterscheidet und sich durch Gemeinsamkeiten und dieselben Motive von anderen **Mannschaften** abgrenzt. Das Mannschaftsziel dient dabei als wichtigster gemeinschaftsbildender Faktor und sollte den persönlichen Zielen der einzelnen Teammitglieder ähnlich sein. Zu große Differenzen in der Zielsetzung führen oft zu einem Zusammenbruch der Mannschaft, weil unterschiedliche Ziele verfolgt werden.

Innerhalb einer Mannschaft entstehen im Normalfall zahlreiche **Interaktionen**, die bei taktischen Aufgaben eine wichtige Rolle spielen. Unter Interaktionen versteht man aufeinander bezogenes Handeln oder Wechselbeziehungen zwischen den Mannschaftsmitgliedern. Diese Interaktionen sind nicht nur für die Leistung einer Mannschaft wichtig, sie sind auch von großer Bedeutung für das einzelne Teammitglied und dessen Zufriedenheit. Je enger die einzelnen Teammitglieder miteinander interagieren, desto stärker wird das Gemeinschaftsgefühl in der Mannschaft. Da jedes Teammitglied eine ganz spezielle Rolle in der Mannschaft übernimmt, spielen sich innerhalb der Mannschaft enorm viele Prozesse ab, die zu einer hohen Komplexität des taktischen Verhaltens einer Sportmannschaft führen.

Diese komplexen taktischen Vorgänge innerhalb einer Sportmannschaft werden in weiterer Folge am Beispiel der Mannschaftssportart „American Football" beleuchtet.

2.1 Spielregeln und Rahmenbedingungen im American Football

Bei der aus den USA stammenden Sportart versuchen zwei Mannschaften mit je elf Spielern/Spielerinnen, über verschiedene Möglichkeiten mehr Punkte zu erzielen als das andere Team. Die sich im Angriff befindende Mannschaft (Offense) versucht durch regelkonformes Werfen oder Laufen, einen Raumgewinn bzw. Punkte zu erzielen. Die verteidigende Mannschaft (Defense) versucht, die angreifende Mannschaft daran zu hindern oder selbst in den Ballbesitz zu kommen. Aufgrund der hohen Spezialisierung unterscheiden sich die Spieler/

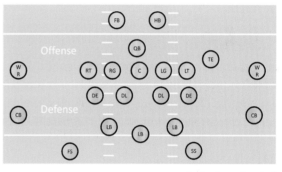

Aufstellung Football

Spielerinnen innerhalb der Offense und der Defense im Normalfall voneinander, sodass eigentlich zwei verschiedene Teams innerhalb einer Mannschaft spielen.

Sobald die Offense es nach vier Versuchen nicht geschafft hat, einen Raumgewinn von zehn Yards zu erlangen, wechselt automatisch das Angriffsrecht. Wird die Offense in ihre eigene Endzone zurückgedrängt und der Ballträger darin gestoppt (Safety), erhält die Defense dadurch sogar Punkte. Gewinner wird das Team, das nach Ablauf der Spielzeit die meisten Punkte erzielt hat. Jeder Spieler/Jede Spielerin hat eine bestimmte Position, auf der er/sie spielt. Aufgrund der vielen verschiedenen und vielseitigen Positionen wird American Football zumindest auf Amateurniveau sowohl von großen oder schweren als auch von kleinen oder leichten Spielern/Spielerinnen gespielt. Die Spielzüge der Offense und der Defense sind auf den Meter genau festgelegt.

Gespielt wird auf einem 120 Yards (ca. 110 Meter) langen und etwa 53 Yards (ca. 50 Meter) breiten Spielfeld, das in zwölf gleich große Abschnitte zu je 10 Yards eingeteilt ist. Die 100 Yards in der Mitte werden als aktives Spielfeld benutzt, die restlichen 10 Yards an jedem Spielfeldende haben im Spielablauf eine besondere Bedeutung. Sie werden „Endzonen" genannt. Am Ende jeder Endzone befinden sich zusätzlich noch die so genannten „goal posts" (Torpfosten). Der Bereich von der 20-Yards-Linie bis zur Endzone wird als „red zone" bezeichnet, da bei einem Ballbesitz in diesem Bereich die Wahrscheinlichkeit, erfolgreich zu punkten, relativ hoch ist.

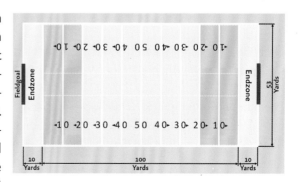

Aufbau Footballfeld

Touchdown (6 Pkte. + Extraversuch Fieldgoal 1 Pkt., Conversion 2 Pkte.)

Punkte können erzielt werden, wenn der Football mittels eines Laufspieles in die Endzone des Gegners getragen wird. Dies kann durch den Spielmacher/die Spielmacherin (Quarterback) selbst oder durch einen Spieler/eine Spielerin erfolgen, der/die zu einem Laufspiel berechtigt ist. Dabei genügt es, wenn der Ball einmal während des Spielzuges die Goalline überquert. Dies gilt auch für Passfänger/Passfängerinnen, die nach dem Fangen in die Endzone laufen. Der Football kann auch in der Endzone gefangen werden, wobei der Spieler/die Spielerin nach dem Pass den Ball vollkommen kontrollieren und mit beiden Füßen die Endzone berühren muss. Die so erzielten Punkte nennt man „Touchdown". Darauf folgt immer die Möglichkeit, weitere Punkte über einen Extraversuch zu erhalten. Je nach Spielsituation versucht entweder ein Kicker/eine Kickerin mit den Fuß den Ball durch die beiden Torpfosten zu schießen (Extrapunkt Fieldgoal) oder es wird ein neuer Spielzug durchgeführt (Conversion). Wird der Football von einem gegnerischen Spieler/einer gegnerischen Spielerin abgefangen oder wird ein frei am Boden liegender Football vom Gegner aufgenommen, kann auch die verteidigende Mannschaft Punkte erzielen.

Field Goal (3 Pkte.)

Falls die Möglichkeit auf einen „Touchdown" nicht mehr realisierbar erscheint und das „Fieldgoal" in erreichbarer Nähe für einen Kick liegt, wird meist ein Kick mit dem Fuß durch die gegnerischen Torstangen versucht.

Safety (2 Pkte.)

In diesem Fall punktet die verteidigende Mannschaft. Bei einem „Safety" – dem Zu-Boden-Bringen des ballführenden Angriffsspielers/der ballführenden Angriffsspielerin in seiner/ihrer eigenen Endzone – bekommt die Defense zwei Punkte. Außerdem darf die punktende Mannschaft den nächsten Angriff starten. Diese Situation kommt aber nur sehr selten vor.

2.1.1 Spielpositionen

Der Quarterback ist der Spielmacher/die Spielmacherin der Mannschaft. Er bekommt am Beginn jedes Spielzuges vom Center den Ball und hat danach je nach Spielsituation zwischen drei Optionen zu entscheiden. Er kann den Ball einem Laufspieler/einer Laufspielerin übergeben, ihn zu einem Passempfänger/einer Passempfängerin werfen oder selbst laufen. Normalerweise werden die Spielzüge über Funk vom Offensiv-Koordinator/von der Offensiv-Koordinatorin angegeben. Es gibt aber auch Situationen, in denen der Quarterback kurzfristig den Spielzug abändern muss.

Spielertypen
im Football

Offense
Defense
Spezial-Team
Punter-Kicker

Die Offensive Line besteht aus dem Center, den beiden Guards und den beiden Tackels. Ihre Aufgabe ist es, dem Quarterback so viel Zeit wie möglich zu verschaffen, damit dieser seinen geplanten Spielzug realisieren kann. Dafür werden die Spieler/Spielerinnen der Defense geblockt und vom Quarterback ferngehalten.

Die Wide Receiver haben die Aufgabe, sich auf den vorher besprochenen Laufwegen freizulaufen, damit sie als potentielle Anspielstelle für ein eventuelles Passspiel des Quarterbacks dienen können.

Die beiden Runningbacks (Halfback, Fullback) haben die Aufgabe, den Ball vom Quarterback zu übernehmen und mittels Laufspiel so viel Raumgewinn wie möglich zu erzielen. Sollte kein Laufspiel stattfinden, haben sie genauso wie die Offensive Line die Aufgabe, den Quarterback zu beschützen.

Der Tight End ist meistens ein Allroundspieler/eine Allroundspielerin, der/die je nach Spielzug für ein Passspiel oder Laufspiel zuständig ist oder auch zum Beschützen des Quarterbacks abgestellt wird.

Die Spieler/Spielerinnen der Defense haben die Aufgabe, die gegnerische Offense daran zu hindern, Raumgewinn zu erlangen oder sogar zu punkten. Je nach Taktik der Defense hat jeder Spieler/jede Spielerin eine spezielle Aufgabe. Die kann darin liegen, dem Quarterback Druck zu machen, damit dieser Fehler begeht, oder bestimmte Spieler/Spielerinnen bzw. Zonen abzudecken, um so ein Lauf- oder Passspiel zu verhindern. Das Hauptziel der Defense ist, das Angriffsrecht wieder zu erlangen und zu verhindern, dass der Gegner Punkte macht.

2.1.2 Aufstellungen der Offense und Defense

Die Offense-Spieler/-Spielerinnen dürfen sich erst bewegen, wenn der Spielzug begonnen hat. Es gibt eine Ausnahme, bei der meistens ein Wide Receiver „in Motion" geht. Dabei bewegt er sich parallel zur Line of Scrimmage von einer Seite des Spielfeldes zur anderen Seite und verlagert damit den Schwerpunkt des Passspieles auf die andere Seite. Die Line of Scrimmage ist eine gedachte Linie quer über das ganze Feld auf der Höhe des Balles zu Beginn des Spielzuges. Es dürfen maximal sieben Spieler/Spielerinnen der Offense direkt an der Line of Scrimmage stehen. Die Spieler/Spielerinnen der Defense können sich jederzeit bewegen, dürfen aber die Line of Scrimmage erst überqueren, wenn der Ball in Bewegung ist.

Im ersten Beispiel steht die Offense in einer I-Formation. Dabei stehen der Quarterback und die beiden Runningbacks in einer Linie hintereinander. Diese Formation erlaubt ein sehr variantenreiches Spiel und wird daher sehr oft verwendet. Man kann jeweils einen Wide Receiver durch einen zweiten Tight End oder den Tight End durch einen dritten Wide Receiver ersetzen. Somit können in dieser Formation sowohl Laufspiele als auch Passspiele gespielt werden. Die 4-3-Formation der Defense erhöht in diesem Fall den Druck auf die Offensive Line und damit natürlich auch auf den Quarterback. Sie ist aber

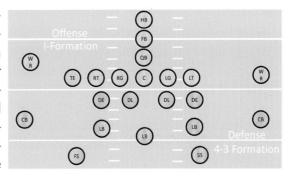

Formationen im American Football 1

aufgrund der drei Linebacker etwas schwächer gegen kurzes und langes Passspiel. Je nach Taktik der Mannschaft haben einzelne Spieler/Spielerinnen der Defense die Aufgabe, einen Gegenspieler/eine Gegenspielerin zu decken oder eine Zone abzudecken.

Im zweiten Beispiel steht die Offense in einer Singleback-Formation. Der Quarterback steht direkt hinter dem Center. Es wird auf einen Runningback, meist den Halfback, verzichtet. Die Anzahl der Tight Ends und Wide Receiver ist in dieser Formation variabel. Es ist sowohl eine Aufteilung von 2:2, 3:1 oder 4:0 zwischen Wide Receiver und Tight Ends möglich. Diese Formation wird sehr oft bei einem bevorstehenden Passspiel verwendet. Die Defense macht mit ihrer 3-4-Formation zwar nicht so großen Druck auf die Offensive Line und den Quarterback, hat aber mit vier Linebacker einen

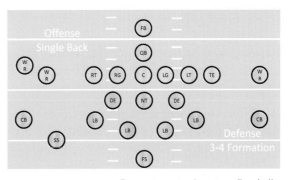

Formationen im American Football 2

sehr starken Abwehrriegel im hinteren Bereich des Spielfeldes. Dies erschwert es dem Quarterback, eine sichere, freie Anspielstelle für einen Pass zu finden. In dieser Formation stehen drei Defensive-Line-Spieler/-Spielerinnen fünf Offensive-Line-Spielern/-Spielerinnen gegenüber. Der mittlere Defensive Liner wird auch Nose Tackle genannt und ist in der Regel ein sehr guter Spieler/eine sehr gute Spielerin, da er/sie sich sehr oft gegen mehrere Gegenspieler/Gegenspielerinnen durchsetzen muss. Mit der Qualität dieses Spielers/dieser Spielerin steht und fällt der Erfolg dieser Formation.

2.2 Taktische Grundsituationen und Elemente im American Football

2.2.1 Grundsituation

Eine Serie von Angriffszügen wird beim American Football als „Drive" bezeichnet. Dabei versucht die angreifende Mannschaft durch Pass- und Laufspiele Raum zu erobern, um schließlich die Endzone zu erreichen und Punkte zu erzielen. Der Offense stehen dabei für jeweils zehn Yards Raumgewinn vier Spielzüge zur Verfügung, um ein neues „First down" zu erzielen und weitere vier Versuche zu erhalten. Bei jedem Spielzug befindet sich am Beginn der Ball an der Line of Scrimmage. Der Spielzug startet, sobald der Ball bewegt wird. Nach Beendigung des Spielzuges bleiben der Offense in der Regel nur 40 Sekunden, um den nächsten Spielzug zu starten. Gelingt es der Offense nicht, die zehn Yards Raum zu gewinnen, muss sie den Ball an die gegnerische Mannschaft abgeben. Diese erhält auch das Angriffsrecht. Wenn nach drei Versuchen absehbar ist, dass der nötige Raumgewinn nicht erzielt werden kann, wird im vierten Versuch der Ball durch einen Kick mit dem Fuß (Punt) möglichst weit in die gegnerische Hälfte gespielt, damit der Gegner das Angriffsrecht in einer möglichst schlechten Position übernehmen muss. In guter Feldposition wird mitunter auch der vierte Versuch ausgespielt. Ebenso kann eine wenig aussichtsreiche Spielsituation – unabhängig von der Feldposition – eine Mannschaft dazu nötigen, auch risikoreiche Downs auszuspielen, um im Ballbesitz zu bleiben.

Grundsituationen im Football

Passspielzüge
Laufspielzüge
Spezialspielzüge

Passspielzug

Der Quarterback – oder bei Trickspielzügen ein anderer Spieler/eine andere Spielerin – versucht, den Ball einem legalen Passempfänger (Wide Receiver, Tight End, Half Back oder Fullback) zuzuwerfen, der eine vorher festgelegte Passroute läuft. Dabei muss sich der Werfer/die Werferin hinter der Line of Scrimmage befinden.

Der vom Passempfänger/von der Passempfängerin gefangene Ball wird dann, wenn möglich, auch noch durch Laufen weitergetragen. Der Spielzug endet, wenn der Spieler/die Spielerin von einem Verteidiger/einer Verteidigerin zu Boden gerungen wird oder wenn er/sie das Spielfeld seitlich verlässt. Das nächste Down startet dann an dieser Stelle. Wird der Pass nicht gefangen (Incomplete) oder fällt er auf den Boden, so gilt der Pass als unvollständig und der nächste Spielzug fängt an der alten Position an. Wird der Pass von einem Spieler/einer Spielerin der Defense abgefangen (Interception), so wechselt sofort das Angriffsrecht und der Spieler/die Spielerin kann den Ball so weit wie möglich zurücktragen. Wird der Quarterback zu Boden gebracht, bevor er/sie die Line of Scrimmage überquert oder bevor er/sie einen Pass wirft, zählt dies als Quarterback Sack. Der nächste Spielzug startet dann von dieser Stelle.

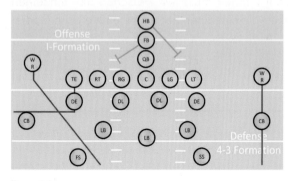

Passspielzug

Der abgebildete Spielzug ist ein typischer Passspielzug. Der linke Wide Receiver läuft eine Go-Route, der rechte Wide Receiver eine Post-Route. Als alternative Anspielstation läuft der Tide-End eine Out-Route und kreuzt somit den Laufweg des rechten Receivers, sodass der linke Cornerback plötzlich zwei Passempfänger in seiner Zone zu decken hat. Die Offensive Line, der Fullback und der Halfback haben die Aufgabe, dem Quarterback genügend Zeit zu verschaffen, um einen freiwerdenden Receiver zu finden.

Laufspielzug

Laufspielzüge werden durch ein Übergeben des Balls oder durch ein einfaches Zuwerfen an einen Ballträger/eine Ballträgerin eingeleitet. Ballträger/Ballträgerinnen sind gewöhnlich die Runningbacks, also der Halfback und der Fullback. Es kann aber auch jeder andere Spieler/jede andere Spielerin der Offense sein, außer die Spieler/Spielerinnen der Offensive Line. Der Ballträger/Die Ballträgerin versucht nun, so weit wie möglich vorwärts zu kommen, während seine Mitspieler/Mitspielerinnen die Verteidiger/Verteidigerinnen zu blocken versuchen. Der Spielzug endet mit einem Tackle oder mit dem Verlassen des Spielfeldes oder, falls es der Runningback bis in die gegnerische Endzone schafft, mit einem Touchdown.

In dem abgebildeten Spielzug bekommt der Halfback vom Quaterback den Football übergeben. Dieser/Diese etwas leichtere und wendigere Spieler/Spielerin wird von seinem/ihrem Fullback beschützt, der/die ihm/ihr den Weg freimachen muss, indem er/sie den rechten Defensive End nach außen wegblockt. Der Tight End, der Right Tackle und der Right Guard drängen ihre gegenüberliegenden Defensive-Spieler/-Spielerinnen nach links, um so die Lücke für den Half Back zu vergrößern. Der Left Guard gibt seine Position auf der linken Seite auf, um den Halfback vom linken Linebacker zu beschüt-

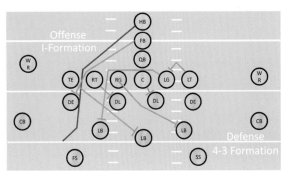

Laufspielzug

zen. Der Left Tackle hat die Aufgabe, die entstandene Lücke, die der Left Guard durch seinen Positionswechsel erzeugt hat, zu schließen und so den Quarterback für seine Ballübergabe zu schützen.

2.2.2 Taktik

Dass Football häufig als „Rasenschach" bezeichnet wird, kommt nicht von ungefähr. Durch die Vielzahl von Aufstellungsmöglichkeiten, Spielsituationen und die individuellen Stärken und Schwächen der Mannschaft sind „Philosophien" über Spielsysteme und Taktiken entstanden. Nicht zuletzt lassen die komplexen Regeln Freiraum für allerlei ausgefallene Spielzüge. Es ist theoretisch möglich, aus jeder Feldposition mit verschiedensten Spielzügen zu punkten. Aus diesen Spielzügen, ob offensiv oder defensiv, ergeben sich für jedes Team am besten geeignete Spielzüge, die in einem Playbook zusammen-

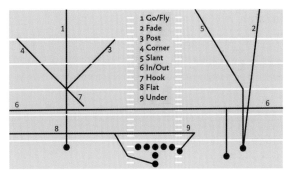

Laufrouten Receiver

gefasst sind und die jeder Spieler/jede Spielerin auswendig können muss. Da zwischen den einzelnen Spielzügen in den meisten Fällen nicht viel Zeit bleibt, haben die einzelnen Spielzüge eine eigene Codierung, sodass jeder Spieler/jede Spielerin sofort seine/ihre Aufgabe beim nächsten Spielzug kennt. Der Spielzug wird normalerweise bei einer Zusammenkunft (Huddle) aller Spieler/Spielerinnen der Offense vom Quarterback an die anderen Spieler/Spielerinnen ausgegeben. In manchen Situationen ist aber dafür keine Zeit und der Quarterback gibt dann seinen Mitspielern/Mitspielerinnen durch Zuruf des codierten Spielzugs Anweisungen. Das Gleiche kann auch passieren, wenn der Quarterback erkennt, dass der festgelegte Spielzug aufgrund der Aufstellung der Defense aller Voraussicht nach nicht funktionieren wird.

Ein Audible besteht aus mehreren Teilen, beginnend mit einer Farbe. Diese Farbe gibt an, ob der ausgerufene Spielzug auch wirklich gültig ist. So kann der Quarterback die gegnerische Mannschaft durch ungültige Spielzugansagen zusätzlich verwirren. Die Zahlen stehen für verschiedene Laufwege der Wide Receiver, wobei diese natürlich genau wissen, an welcher Stelle ihr Laufweg genannt wird. In jedem Audible befindet sich auch noch eine Formation für die genaue Aufstellung der einzelnen Spieler/Spielerinnen am Feld. Als weitere Information wird noch angegeben, wann der Spielzug wirklich beginnt. Das ist deshalb wichtig, weil sich die Offensive-Spieler/-Spielerinnen erst bewegen dürfen, wenn der Football vom Center bewegt wird.

T-Wing Right

Jede Aufstellung hat eine andere Bezeichnung.

Gold

Die im Vorfeld festgelegte gültige Farbe zeigt an, ob das Audible gültig ist oder nicht.

Gold
468
T-Wing Right
on three

on three

Der Spielzug startet nach dem dritten Ausruf des Quarterbacks.

468

Passrouten für die drei am Feld befindlichen Wide Receiver.

Möglicher Aufbau eines Audible

Strafen

Die meisten Regelverstöße werden im American Football mit Yards-Strafen geahndet. Das gefoulte Team kann dann entscheiden, ob es die Strafe annimmt oder ablehnt. Bei einem Raumverlust wird der Spielzug entsprechend dem Vergehen von weiter hinten wiederholt. Werden durch eine Strafe gegen die Defense die zehn Yards, die von der Offense zu überbrücken sind, erreicht, erhält die Offense ein neues „First down". Die Endzone kann durch Strafen nicht erreicht werden. Es wird in diesem Fall die Distanz zur Endzone halbiert.

Sieben Schiedsrichter/Schiedsrichterinnen sorgen dafür, dass die Regeln eingehalten werden. Bei einem Regelverstoß werfen sie eine gelbe Flagge zum Ort des Fouls. Der Spielzug wird dann in den meisten Fällen zu Ende gespielt. Anschließend beraten sich die Schiedsrichter/Schiedsrichterinnen. Die durch die Strafe bevorzugte Mannschaft entscheidet dann, ob sie die Strafe annimmt oder ob der Spielzug doch gültig ist.

Die häufigsten Strafen sind:		
	Illegal Formation	Es stehen keine sieben Spieler an der „Line of Scrimmage".
	Illegal Motion	Es bewegt sich während des Snap ein zusätzlicher Offensive-Spieler außer dem „Man in Motion".
5 Yards	False Start	Es bewegt sich unmittelbar vor dem Snap ein Offensive-Spieler außer dem „Man in Motion".
	Offside	Es befindet sich ein Spieler während des Snap in oder über der neutralen Zone.
	Holding	Festhalten eines Spielers der Offense, der nicht der Ballträger ist – automatisches „First Down"
	Running into the Kicker	Nach dem Kick darf der Kicker nicht berührt werden.

10 Yards	Holding	Festhalten eines Spielers der Defense, der nicht der Ballträger ist
	Pass Interference	Wenn der Ball in der Luft in fangbarer Nähe ist, darf ein Spieler nicht am Fangen gehindert werden. Das betrifft keine Zusammenstöße von zwei Spielern, die beide den Ball fangen wollen. Bei einem Vergehen durch einen Defensive-Spieler beginnt der neue Versuch am Ort des Vergehens und es gibt ein automatisches „First Down". Bei einem Vergehen durch einen Offensive-Spieler gibt es eine 10-Yard-Strafe und der Versuch wird wiederholt.
	Assisting the Runner	Der Ballträger wird von seinen Mitspielern angeschoben.
15 Yards	Facemask	Festhalten oder hineinfassen in das Helmgitter oder andere Helmöffnungen
	Clipping	Blocken von hinten und unterhalb der Gürtellinie ist nur in einem begrenzten Bereich erlaubt.
	Chop Block	Ein kombinierter Hoch-Tief-Block von zwei Spielern.
	Late Hit	Wenn ein Spielzug erkennbar beendet ist oder ein Spieler am Spielgeschehen offensichtlich nicht mehr teilnimmt, ist ein Hit nicht mehr erlaubt.
	Roughing the Passer/Kicker	Quarterback, Kicker und Holder sind besonders verletzungsgefährdet, da sie, während sie sich auf ihre Aufgaben konzentrieren, heranstürmende Verteidiger nicht wahrnehmen. Sie werden daher vor tiefen Blocks und Hits gegen den Kopfbereich geschützt.

Time Management

Gespielt wird American Football in vier Quarters zu je zwanzig Minuten. Welche Mannschaft zuerst das Angriffsrecht hat, wird über einen Münzwurf am Anfang des Spieles entschieden. Zu Beginn des Spieles übergibt die verteidigende Mannschaft mittels eines Kickoff der angreifenden Mannschaft den Ball. Im Normalfall läuft die Uhr stetig weiter. Es darf zwischen zwei Spielzügen nicht mehr als vierzig Sekunden Zeit liegen. Die Uhr kann durch mehrere Ereignisse angehalten werden.

- Der Ballträger/Die Ballträgerin oder ein freier Ball verlässt das Spielfeld seitlich.
- Ein Pass nach vorne wird nicht gefangen.
- Ein Team nimmt ein Time Out. Jedes Team hat pro Hälfte drei Time Outs zur Verfügung.
- Die Schiedsrichter/Schiedsrichterinnen halten aufgrund einer Verletzung oder eines Regelverstoßes die Uhr an.
- Eine der beiden Mannschaften erzielt Punkte.

Das Team mit dem höheren Punktestand wird versuchen, den Ball so lange wie möglich in Besitz zu halten, um Zeit zu verspielen. In diesem Fall werden eher Laufspiele durch die Mitte bevorzugt, weil diese die Uhr nicht wie bei einem misslungenen Passspiel anhalten und auch die Gefahr, das Spielfeld seitlich zu verlassen, geringer ist. Zudem wird die Mannschaft jeden Spielzug erst am Ende der Vierzig-Sekunden-Regel starten.

Ein Team mit einem geringeren Punktestand hingegen wird sein Spiel ohne Huddle aufbauen, um die Zeit zwischen den Spielzügen so gering wie möglich zu halten. Es werden hauptsächlich Passspielzüge zum Einsatz kommen, bei denen die Passempfänger/Passempfängerinnen nach dem Fangen das Spielfeld seitlich verlassen können. Der Quarterback kann einen Spielzug opfern, um die Uhr anzuhalten, indem er/sie den Ball einfach wegwirft.

GET ACTIVE 2

Suchen Sie im Internet nach zwei Spielzügen aus einem American-Football-Spiel. Finden Sie aufgrund der Aufstellung der Offense und Defense die Art des Spielzuges heraus. Zeichnen Sie anschließend die Laufwege der einzelnen Spieler/Spielerinnen ein und analysieren Sie die beiden Spielzüge. Nehmen Sie dazu die Ausführungen in Abschnitt 2 „Mannschaftssportarten" zu Hilfe.

RP-TRAINING 2

Anforderungsniveau 1

1. Fassen Sie die wichtigsten Rahmenbedingungen des American Football zusammen.
2. Beschreiben Sie die Aufgabe der Offense und Defense beim American Football.

Anforderungsniveau 2

Erläutern Sie die taktische Bedeutung des Quarterbacks beim American Football.

Anforderungsniveau 3

Vergleichen Sie einzelne taktische Elemente im American Football mit jenen einer anderen Mannschaftssportart.

KOMPETENZCHECK

Ich kann ...			
... sportliche Taktiken und Strategien in einzelnen Sportarten erkennen.			
... zwischen Taktiken im Einzelsport und Mannschaftssport unterscheiden.			
... die verschiedenen Taktiken im Tennis und im American Football beim Beobachten eines Spiels unterscheiden und zuordnen.			

Berufsfelder im Sport

Das Führen eines gesunden Lebensstils gewinnt in unserer Gesellschaft immer mehr an Bedeutung. Nicht nur aus medizinischer Sicht, sondern auch als aktive Lebensgestaltung spielt Sport eine wichtige Rolle.

Der Alltag ist bei vielen Menschen geprägt von sitzenden, einseitigen und teils monotonen Tätigkeiten. Das beeinflusst den gesundheitlichen Zustand des Körpers auf Dauer negativ und führt auch psychisch zu einer Unzufriedenheit. Sport bietet dabei auf beiden Ebenen einen willkommenen Ausgleich.

Dieser positive Effekt führt zu einer vermehrten Nachfrage im Sport und zur Entstehung neuer Berufsgruppen. Diverse Institutionen versuchen durch maßgeschneiderte Inhalte kürzere Ausbildungen anzubieten.

Dieses Kapitel gibt einen Einblick in derzeit bestehende Ausbildungswege, Qualifikationen und Weiterbildungsmöglichkeiten in der Welt des Breiten- und Leistungssports. Diese gilt es jetzt und auch in Zukunft kritisch zu reflektieren.

Der Lernende/Die Lernende soll …

- Berufsfelder im Sport nennen und erklären können,
- Qualifikationen für sportbezogene Berufe beschreiben können,
- Weiterbildungsmöglichkeiten im Sport vergleichen können.

Es gibt unzählige Berufe, die sich direkt oder indirekt mit dem Sport auseinandersetzen. Erstellen Sie eine Liste mit allen Personen, die Sie auf
professioneller Ebene bei der Ausübung Ihrer sportlichen Disziplin(en)
unterstützen. Beschreiben Sie, mit welchen Fähigkeiten und Kenntnissen
diese ihren Beitrag leisten. Vergleichen Sie im Anschluss Ihre Ergebnisse
mit jenen eines Mitschülers/einer Mitschülerin.

Folgende Personen unterstützen mich in der Ausübung meines Sports:

Berufsfeld	Fähigkeiten und Kenntnisse

1 Berufe im Bereich Sport

In den letzten Jahrzehnten haben die Berufsfelder im Sport stark zugenommen. Die Gründe dafür beruhen auf einer vermehrten Bereitschaft der Bevölkerung Sport zu betreiben sowie auf einer verstärkten
Professionalisierung und **Kommerzialisierung** in diesem Bereich. Immer mehr Menschen möchten die Vielfalt des Sports kennenlernen und ausüben. Eine professionelle Unterstützung durch ausgebildete Trainer/
Trainerinnen, Betreuer/Betreuerinnen etc. wird von den Sportlern/Sportlerinnen gefordert. Es reicht nicht
mehr aus, ein hohes Können aufzuweisen, sondern ein anerkannter Abschluss einer fachlichen Ausbildung
spielt eine wichtige Rolle. Die Ausbildungswege reichen dabei von relativ kurzen Ausbildungen bis hin zu
umfangreichen, mehrjährig andauernden universitären Studiengängen.

Vergleicht man die **Ausbildungsmöglichkeiten** innerhalb Europas, so ergeben sich folgende wesentliche
Gemeinsamkeiten:

- Ausbildungswege mit unterschiedlichen Qualifikationsstufen
- private Ausbildungsanbieter
- staatliche Ausbildungsgänge
- Ausbildung für Sportlehrer/Sportlehrerinnen (ist nur über eine erfolgreiche Absolvierung einer Hochschule bzw. Universität möglich)

Die Berufsfelder im Sport reichen vom Sportartikelverkauf über die Sporttechnik bis hin zum Gesund-
heitswesen.

GET ACTIVE 1

Lesen Sie die unten beschriebenen Aufgabenbereiche im Sport. Ordnen Sie danach die folgenden Begriffe den Berufsfeldern als Überschrift zu. Vergleichen Sie Ihre Ergebnisse mit den Ergebnissen eines Mitschülers/einer Mitschülerin.

Gesundheitswesen | Sporttechnik | Management/Organisation | Handel | Pädagogische Berufe | Sportwissenschaftliche Beratung | Medien | Leistungssport

Berufsfeld: _____

Dieses Berufsfeld erfordert neben hohem Ehrgeiz bei den unzähligen Trainingseinheiten viel Talent, Ausdauer und Selbstdisziplin. Sicher ist es von vielen leidenschaftlichen Sportlern/Sportlerinnen der Traum, Profi zu werden. Leider geht dieser nicht für alle in Erfüllung und früher oder später müssen auch die Besten ihre Karriere beenden.

Berufsfeld: _____

Die Arbeit mit Menschen in Schule, Sportverein, Freizeiteinrichtungen sowie im Erlebnis-, Wellness- und Gesundheitstourismus steht an der Tagesordnung.

Berufsfeld: _____

Bei Berufen dieser Kategorie kommt es zu einer Verknüpfung von Wirtschaft und sportlichem Interesse.

Berufsfeld: _____

Neben dem sportlichen Interesse ist vor allem technisches Wissen von Bedeutung. Aufgaben können unter anderem die Entwicklung, Produktion und Wartung von Sportgeräten sein.

Berufsfeld: _____

Dieses Tätigkeitsfeld beschäftigt sich mit der Vermarktung und Organisation von Sportveranstaltungen und/oder Spitzensportlern/Spitzensportlerinnen.

Berufsfeld: _____

Jene Personen, die in diesem Berufsfeld tätig sind, kommen zum Beispiel in der Prävention oder Rehabilitation mit Sportlern/Sportlerinnen in Kontakt. Möglichkeiten zur Ausübung der Berufe sind in Sportvereinen und Krankenhäusern bzw. eigenen Praxen.

Berufsfeld: _____

Ziel dieses Berufsfeldes ist es, für die jeweilige Person das richtige Maß an sportlicher Aktivität zu ermitteln. Die Art des Trainings spielt dabei ebenso eine wichtige Rolle.

Berufsfeld: _____

Hauptaufgabenbereich ist die Berichterstattung von sportlichen Ereignissen in Form von Bild oder Text.

Quelle: Wirtschaftskammer Wien 2017

Die Tätigkeitsbereiche in den Berufsfeldern des Sports sind ebenso unterschiedlich wie die spezifischen Berufe selbst. Folgende Grafik gibt einen groben **Überblick über die Tätigkeitsbereiche**:

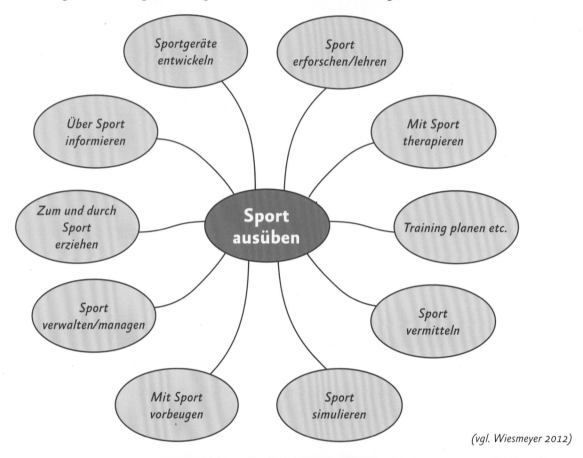

(vgl. Wiesmeyer 2012)

GET ACTIVE 2

Bilden Sie Zweiergruppen und ergänzen Sie zu den unten angeführten Tätigkeitsbereichen mindestens einen Beruf. Vergleichen Sie anschließend Ihre Ergebnisse mit den Ergebnissen eines Mitschülers/einer Mitschülerin und ergänzen Sie diese.

Tätigkeitsbereiche	Berufe
Sportgeräte entwickeln	
Sport erforschen/lehren	
Mit Sport therapieren	
Training planen etc.	
Sport vermitteln	
Sport simulieren	
Mit Sport vorbeugen	
Sport verwalten/managen	
Zum und durch Sport erziehen	
Über Sport informieren	

RP-TRAINING 1

Anforderungsniveau 1

Beschreiben Sie die beruflichen Möglichkeiten in der Welt des Sports und gehen Sie dabei auf eine Berufssparte Ihrer Wahl im Detail ein.

Anforderungsniveau 2

Erklären Sie, warum die Berufsfelder im Sport stark zugenommen haben. Nehmen Sie dabei Bezug auf die Statistik.

Wie häufig betreiben Sie Sport?

Von je 100 Befragten betreiben Sport:

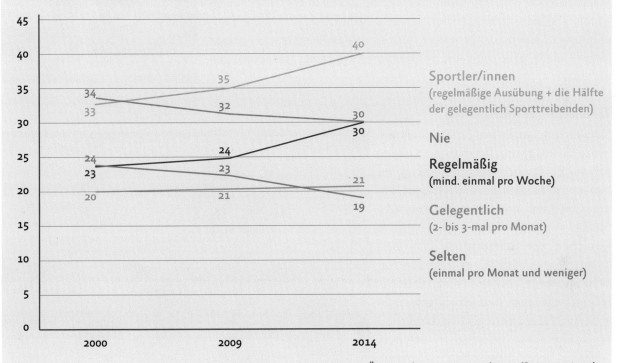

Repräsentativbefragung von insgesamt ca. 3000 Personen ab 15 Jahren in Österreich 2000, 2009 und 2014 (Sportmonitore)

Quelle: www.freizeitforschung.at (26. April 2018)

Anforderungsniveau 3

Nehmen Sie zur Wichtigkeit einer qualifizierten Ausbildung in sportlichen Berufen in Zukunft Stellung.

2 Ausbildung im Sport

Um in Österreich einen Beruf, der in Zusammenhang mit Sport steht, erlernen zu können, gibt es unterschiedliche Möglichkeiten:

Ausbildung im Sport				
Lehrberufe	*Schulische Vor-/Ausbildung*	*Universitäts-studien*	*Fachhoch-schulen*	*Private Institutionen*

Lehrberufe

Lehrberufe, die sich mit Sport auseinandersetzen, sind zum Beispiel: Masseur/Masseurin, Sportadministrator/Sportadministratorin, Einzelhändler/Einzelhändlerin, Fitnessbetreuer/Fitnessbetreuerin. Die Dauer beträgt meist drei Jahre und ist Teil des dualen Ausbildungssystems (Berufsschule gekoppelt mit praktischer Ausbildung des jeweiligen Berufes).

Schulische Vor-/Ausbildung

Schulen mit sportlichen Schwerpunkten wie z. B. Realgymnasien mit sportlichem Schwerpunkt oder Oberstufenrealgymnasien für Leistungssport ermöglichen die vermehrte sowie spezifischere Ausübung von Sport bei gleichzeitigem Erreichen der Reifeprüfung. Darüber hinaus gibt es auch Handelsschulen für Leistungssport, die neben einer Karriere im Leistungssport auch eine kaufmännische Ausbildung ermöglichen. Die Schüler/Schülerinnen erhalten in Schulen wie zum Beispiel den oben genannten „Sportgymnasien", humanberuflichen Schulen mit sportbezogener Vertiefung, mittleren und höheren Schulen mit skisportlichem Schwerpunkt, Schulen für Leistungssportler/Leistungssportlerinnen eine berufliche Vorbildung.

Bundessportakademie (BSPA)

An der Bundesanstalt für Leibeserziehung bzw. Bundessportakademie kann man innerhalb von nur drei Jahren zum staatlich geprüften Sportlehrer/zur staatlich geprüften Sportlehrerin (auch ohne Reifeprüfung) ausgebildet werden. Das Angebot reduziert sich jedoch nicht nur auf die Ausbildung von Sportlehrern/Sportlehrerinnen, sondern deckt auch eine Fülle von Aus- und Weiterbildungen ab, wie z. B. staatlich anerkannte Übungsleiter-, Instruktoren- und Trainerausbildungen. Organisationsziel der BSPA (Bundessportakademie) ist es, qualitativ hochwertige Aus- und Weiterbildungen im Spiel-, Sport- und Bewegungsbereich anzubieten.

THEORIE ·····➡ **PRAXIS**

Im Rahmen Ihrer Ausbildung an einer Schule mit sportlichem Schwerpunkt eignen Sie sich bereits jetzt Wissen und Fertigkeiten im Bereich Sport an. Vielleicht werden Sie diese Laufbahn weiterverfolgen und selbst als Trainer/Trainerin im Verein, bei Kursen oder in Fitnessstudios tätig sein. Wenn Sie Sport haupt- oder nebenberuflich, z. B. während Ihres Studiums, ausüben wollen, ist es empfehlenswert, dass Sie eine qualifizierte Ausbildung vorweisen können.

Die BSPA bietet dafür eine gute Gelegenheit. Je nach Zielsetzung können Sie Ihre Qualifikationen immer weiter vertiefen, da die angebotenen Lehrgänge aufeinander aufbauen:

Ausbildung BSPA

1. Übungsleiterausbildung auf Sportdach- und Sportfachverbandsebene

2. Lehrgang zur Ausbildung von Sportinstruktorinnen und Sportinstruktoren

3. Lehrgang zur Ausbildung von Trainerinnen und Trainern im Trainergrundkurs

4. Lehrgang zur Ausbildung von Trainerinnen und Trainern im Schwerpunktsemester

5. Lehrgang zur Ausbildung von Diplomtrainerinnen und Diplomtrainern

Bereits ab dem Ausbildungsniveau eines Übungsleiters/einer Übungsleiterin oder eines Instruktors/einer Instruktorin haben Sie die Möglichkeit, in vielen Fitnessstudios zu arbeiten oder Kurse anzubieten.

Universitätsstudien

An den österreichischen Universitäten gibt es ein breites Angebot an Ausbildungsmöglichkeiten, die sich im Berufsfeld Sport bewegen (Sportwissenschaften, Bewegung und Sport, Sportmanagement, Sportpsychologie, Wirtschaft, Gesundheits- und Sporttourismus ...).

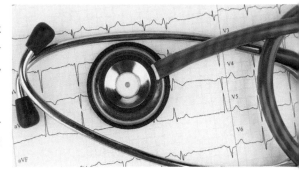

Wer sich (z. B.) für Sportmedizin interessiert, muss nach einem bestandenen Aufnahmetest zuerst das Medizinstudium absolvieren, um sich dann im Bereich Sport spezialisieren zu können.

Fachhochschulen

Physiotherapie, Sports-Equipment Technology/Sportgerätetechnik, Training und Sport sowie Sport-, Kultur- und Veranstaltungstechnik sind nur wenige Beispiele, um aufzuzeigen, wie breit gefächert das Angebot an österreichischen Fachhochschulen ist. Je nach gewähltem Studium/Lehrgang und verliehenem akademischen Grad variiert die Dauer der Ausbildung.

Private Institutionen

Die Zahl an privaten Institutionen, die Ausbildungsmöglichkeiten im Sport anbieten, steigt aufgrund zunehmender Nachfrage stetig. Viele Anbieter versprechen professionelle Ausbildungen (Professional Wellness Trainer, Gesundheitstrainer, Body Vital Trainer ...) mit kürzester Dauer. Eingehendes Informieren über das jeweilige Angebot ist in jedem Fall sinnvoll und ratsam.

GET ACTIVE 3

Diskutieren Sie in Partnerarbeit mit einem Mitschüler/einer Mitschülerin folgende Fragen:

1. Welche Berufsfelder würden Sie in Zukunft interessieren? Begründen Sie Ihre Aussage.
2. Welche Fähigkeiten sind dafür notwendig?
3. Welche Fähigkeiten und Fertigkeiten beherrschen Sie bereits gut/welche weniger gut?
4. Welche Charaktereigenschaften sind im Umgang mit Menschen in einem sportlichen Rahmen notwendig?

GET ACTIVE 4

Jedem der einzelnen Berufsfelder im Sport (siehe Seite 51 f.) können unzählige Berufe zugeordnet werden. Exemplarisch finden Sie auf den folgenden Seiten eine Berufsbeschreibung des Gesundheitstrainers/der Gesundheitstrainerin, die auf der Website der Wirtschaftskammer Österreich veröffentlicht wurde. Lesen Sie diese Berufsbeschreibung. Wählen Sie danach für eine selbstverfasste Berufsbeschreibung einen anderen Beruf im Sport und erstellen Sie eine Präsentation. Recherchieren Sie die gleichen Inhalte wie in dem angeführten Beispiel (Berufsbeschreibung, Arbeits- und Tätigkeitsbereich, Arbeitsmittel etc.). Unterstützen Sie Ihre Präsentation mit Fotos, die zentrale Inhalte der Berufsgruppe zeigen (Training, Coaching etc.).

Gesundheitstrainer/Gesundheitstrainerin
Ähnliche Bezeichnung(en): GesundheitsberaterIn
Berufsbeschreibung

GesundheitstrainerInnen beraten ihre Kundinnen und Kunden über ihre Gesundheit und ihr Wohlbefinden. Sie beschäftigen sich zunächst mit der aktuellen Lebenssituation ihrer Kundinnen und Kunden bezüglich Bewegung, Ernährung und Entspannung. Auf dieser Grundlage entwickeln GesundheitstrainerInnen Übungen, die sie gemeinsam mit den Kundinnen und Kunden trainieren und Pläne, die sie mit ihnen besprechen. Die Programme, die GesundheitstrainerInnen entwickeln und durchführen, dienen einer bewussteren, gesünderen und entspannteren Lebensweise.

GesundheitstrainerInnen arbeiten in Teams oder als Einzelpersonen und ziehen mitunter auch andere ExpertInnen aus dem Gesundheits- und Sozialbereich hinzu. Das können beispielsweise andere spezialisierte GesundheitstrainerInnen, Ärzte/Ärztinnen oder DiätologInnen sein. Sie arbeiten entweder in ihrer eigenen Praxis oder für pädagogische Einrichtungen, Institute, Sozial- und Gesundheitsorganisationen und im Freizeit- und Wellnessbereich.

Arbeits- und Tätigkeitsbereiche

GesundheitstrainerInnen informieren, beraten, schulen und trainieren ihre Kundinnen und Kunden in Fragen der Gesundheitsförderung und einer bewussten Lebensführung. Sie erarbeiten Konzepte und Programme für gesunde und bedarfsgerechte Ernährung sowie zielgruppenorientierte Bewegungs- und Entspannungsangebote. Sie führen Trainingsprogramme, Schulungen und Beratungen durch, geben laufend Feedback zum Trainings- und Entwicklungsstand und planen weitere Maßnahmen. Im Rahmen ihrer Qualifikationen beraten sie über **psychosomatische Störungen,** chronische Erkrankungen, über alternative Behandlungs- und Entspannungstechniken und unterstützen die Kundinnen und Kunden bei der Suche nach geeigneten Facharztpraxen, Kurkliniken, Pflegediensten, PhysiotherapeutInnen und dergleichen.

GesundheitstrainerInnen arbeiten nur mit gesunden Personen, sie stellen keine Diagnosen und führen auch keine medizinischen Therapien durch. In der Rehabilitation oder Beratung kranker Menschen sind sie nur unter ärztlicher Aufsicht tätig, es sei denn, sie verfügen selbst über medizinische Qualifikationen (siehe Arzt/Ärztin, Diätologe/Diätologin, PhysiotherapeutIn usw.). GesundheitstrainerInnen spezialisieren sich häufig auf bestimmte Disziplinen des Gesundheitstrainings, zum Beispiel auf Ernährungsberatung, Qi Gong, Yoga, Pilates und Fitnesstraining oder auf spezielle Zielgruppen wie Kinder, Jugendliche und ältere Personen.

Zunehmende Bedeutung gewinnt das Gesundheitstraining auch am Arbeitsplatz. Insbesondere größere Unternehmen engagieren GesundheitstrainerInnen, um ihre MitarbeiterInnen über Möglichkeiten des Entspannungstrainings, der Gymnastik und Rückenschule am Arbeitsplatz zu beraten und anzuleiten.

Hinweis: GesundheitstrainerInnen, die selbstständig tätig sind und im Rahmen ihrer Tätigkeit Beratungs- oder Coachingleistungen erbringen, unterliegen dem reglementierten Gewerbe der Lebens- und Sozialberatung oder werden je nach Spezialgebiet als Arzt/Ärztin oder Diätologe/Diätologin tätig.

Arbeitsmittel

GesundheitstrainerInnen arbeiten in erster Linie mit ihren KundInnen zusammen. Je nach Trainingsprogramm verwenden sie verschiedene Sport- und Gymnastikgeräte wie Bälle, Gymnastikbänder, Turnmatten, sowie Musik und MP3-Player, in manchen Fällen auch Rhythmikinstrumente. In der Ernährungsberatung setzen sie Diätpläne, Kochbücher, aber auch Küchengeräte und Lebensmittel ein. Sie geben Informationsmaterialien aus und recherchieren im Internet, in Fachbüchern und Zeitschriften, um sich ständig auf dem Laufenden zu halten.

Arbeitsumfeld/Arbeitsorte

GesundheitstrainerInnen arbeiten vorwiegend in Beratungs-, Seminar- und Trainingsräumen, aber auch direkt bei ihren KundInnen, in Unternehmen oder in Aufenthalts- und Gemeinschaftsräumen von Wohn- und Altenheimen, Kindergärten und Schulen. Sie arbeiten überwiegend alleine und eigenverantwortlich, teilweise aber auch im Team mit anderen Fachkräften aus dem Gesundheits-, Fitness- oder Sozialbereich (siehe z. B. Arzt/Ärztin, PhysiotherapeutIn, FitnesstrainerIn, Elementarpädagoge/Elementarpädagogin, Sozialpädagoge/Sozialpädagogin, Diätologe/Diätologin), an die sie ihre Kundinnen und Kunden bei Bedarf auch weiter vermitteln. GesundheitstrainerInnen betreuen ihre Kundinnen und Kunden einzeln, bieten häufig aber auch Gruppenkurse und -veranstaltungen zu bestimmten Themen sowie Gesundheitstrainings an.

Die wichtigsten Tätigkeiten und Aufgabenbereiche auf einen Blick

- in Beratungsgesprächen die individuellen Wünsche und Bedürfnisse der KundInnen feststellen
- KundInnen über Möglichkeiten der Gesundheitsförderung und über gesunde Lebensweise informieren und beraten
- über alternative Ernährungsmöglichkeiten, Behandlungs- und Entspannungstechniken beraten
- gesundheitsfördernde Bewegungsprogramme für Gruppenkurse entwickeln und durchführen
- individuell auf EinzelkundInnen abgestimmte Trainings und Ernährungsprogramme entwickeln und durchführen
- KundInnen ein Feedback über den Trainingsverlauf/Entwicklungsfortschritt geben
- auf spezielle KundInnengruppen (Kinder, Jugendliche, ältere Menschen usw.) eingehen
- Vorträge und Kurse im Rahmen der Erwachsenenbildung konzipieren und abhalten
- Gesundheitsvorsorge-Schulungen im Rahmen der Öffentlichkeitsarbeit, in pädagogischen Einrichtungen (Schulen, Kindergärten), Betrieben, Sozialversicherungsanstalten usw. durchführen
- in Absprache mit KundInnen medizinische Fachkräfte hinzuziehen (Fachärzte/-ärztinnen, PsychologInnen, PhysiotherapeutInnen, DiätologInnen etc.) bzw. bei der Suche nach geeigneten Angeboten helfen
- Suchtprävention durchführen

Unternehmen und Institutionen

- selbstständige Berufsausübung
- pädagogische Einrichtungen wie z. B. Kindergärten, Schulen, Tageshorte, Jugendzentren
- Behindertenwohnheime
- Altenheime
- Rehabilitationszentren
- Krankenanstalten und Kliniken
- Freizeit- und Wellnesseinrichtungen
- Erwachsenenbildungseinrichtungen

Anforderungen

Jeder Beruf erfordert ganz spezielle Sach- und Fachkenntnisse, die in der Ausbildung vermittelt werden. Daneben gibt es auch eine Reihe von Anforderungen, die praktisch in allen Berufen wichtig sind. Dazu gehören: Zuverlässigkeit, Ehrlichkeit und Pünktlichkeit, genaues und sorgfältiges Arbeiten, selbstständiges Arbeiten, Einsatzfreude und Verantwortungsbewusstsein. Auch die Fähigkeit und Bereitschaft mit anderen zusammen zu arbeiten (Teamfähigkeit) und Lernbereitschaft sind heute kaum noch wegzudenken.

Welche Fähigkeiten und Eigenschaften in DIESEM Beruf sonst noch erwartet werden, kann von Betrieb zu Betrieb sehr unterschiedlich sein. Die folgende Liste gibt dir einen Überblick über weitere Anforderungen, die häufig gestellt werden.

Denk daran: Viele dieser Anforderungen sind auch Bestandteil der Ausbildung.

Körperliche Anforderungen: Welche körperlichen Eigenschaften sind wichtig?

- Beweglichkeit
- gute körperliche Verfassung
- Sportlichkeit

Sachkompetenz: Welche Fähigkeiten und Kenntnisse werden von mir erwartet?

- Beurteilungsvermögen/Entscheidungsfähigkeit
- didaktische Fähigkeiten
- Ernährungskompetenz
- gute Beobachtungsgabe
- gute Deutschkenntnisse
- medizinisches Verständnis
- Planungsfähigkeit
- Problemlösungsfähigkeit
- systematische Arbeitsweise

Sozialkompetenz: Was brauche ich im Umgang mit anderen?

- Argumentationsfähigkeit/Überzeugungsfähigkeit
- Aufgeschlossenheit
- Bereitschaft zum Zuhören
- Einfühlungsvermögen
- Hilfsbereitschaft
- interkulturelle Kompetenz
- Kommunikationsfähigkeit
- Kontaktfreude
- Kundinnen-/Kundenorientierung
- Motivationsfähigkeit

Selbstkompetenz: Welche persönlichen Eigenschaften sollte ich mitbringen?

- Aufmerksamkeit
- Begeisterungsfähigkeit
- Bewegungsfreudigkeit
- Flexibilität
- Freundlichkeit
- Geduld
- Gesundheitsbewusstsein
- Kreativität
- Verschwiegenheit/Diskretion

Weitere Anforderungen: Was ist sonst noch wichtig?

- gepflegtes Erscheinungsbild
- Mobilität (wechselnde Arbeitsorte)

Quelle: Wirtschaftskammer, https://www.bic.at/berufsinformation.php?beruf=gesundheitstrainerin&brfid=1904, (1. März 2019);
Text in originaler Schreibung

Das aktuelle Ausbildungsangebot lässt erkennen, dass eine vermehrte Spezialisierung immer wichtiger wird. Besonders beliebt sind Ausbildungen im Bereich Sportmanagement, Gesundheit und Sport oder Sportkommunikation. Die Ausführung von Sport außerhalb des Vereines erfreut sich auch weiterhin größter Beliebtheit. Sportler/Sportlerinnen betreiben daher Sport entweder alleine oder in Kleingruppen. Fitnessstudios bieten hierfür eine willkommene Abwechslung zum traditionellen Verein. Im Idealfall erfolgt eine professionelle Betreuung durch geschultes Personal. Dies führt zu einem Professionalisierungsdruck unter allen Sportanbietern. In Zukunft wird es mehr gut ausgebildetes sowie spezialisiertes Personal geben.

RP-TRAINING 2

Anforderungsniveau 1

Nennen Sie unterschiedliche Ausbildungsmöglichkeiten, die es Ihnen in Österreich erlauben, im Sport beruflich tätig zu sein.

Anforderungsniveau 2

1. Erklären Sie Ihre Ausbildung im Detail (Unterrichtsgegenstände, sportliche Ausbildung, Ausbildungsziel, Schulabschluss, berufliche Möglichkeiten).
2. Erschließen Sie aus den Bildungs- und Lehrzielen Ihres Schultyps drei Berufsfelder, für die Sie Ihre Ausbildung qualifiziert. Begründen Sie Ihre Antwort.

Anforderungsniveau 3

Ein Freund möchte einen neuen Berufsweg einschlagen. Er bittet Sie, ihm Ausbildungswege vorzuschlagen. Ihr Freund hat keine abgeschlossene Reifeprüfung und möchte nicht länger als drei Jahre mit der Ausbildung beschäftigt sein.

Welche Möglichkeiten ergeben sich für Ihren Freund?

3 Weiterbildung im Sport

Um auf dem neuesten Stand der Wissenschaft zu sein, Trends im Auge zu behalten, Fachkenntnisse zu erweitern und am Arbeitsmarkt attraktiv zu bleiben, ist, neben einer fachlich fundierten Ausbildung, die Weiterbildung ein wichtiger Teil bei der Berufsausübung. Je nach erworbener Qualifikation und Interesse reicht das Angebot von privaten Anbietern bis hin zu universitären Fortbildungen. Der folgende Abschnitt gibt einen kurzen Überblick über die Möglichkeiten.

Weiterbildung im Sport		
Private Anbieter	*Institutionen der WK und AK*	*Päd. Hochschule, FH, Uni*

Private Anbieter

Durch das steigende Interesse und die zunehmende Bedeutung des Sports in unserer Gesellschaft bieten immer mehr private Institutionen Aus- und Weiterbildungen an. Kurse, die oft in möglichst kurzer Zeit abgeschlossen werden können, setzen darauf, dass ein Großteil des Wissens im Selbststudium erlernt wird.

Viele Anbieter werben zum Beispiel damit, dass die Kursinhalte in Bezug auf Wissen und Praxis genau auf die jeweiligen Berufsfelder abgestimmt sind. Weiters wird eine umfassende Begleitung vom Anfang bis zur Jobfindung garantiert. Kurse werden dabei zeitlich flexibel (Tages- oder Fernkurse) von professionellen Trainern/Trainerinnen gestaltet. Die Preise dafür können sich je nach Ausbildung auf mehrere tausend Euro belaufen.

Beispiele von privaten Anbietern sind: Vitalakademie, Body & Health Academy.

GET ACTIVE 5

Private Institutionen bieten teilweise die gleichen oder ähnliche Ausbildungslehrgänge für Sportberufe (z. B. Sportmanager/Sportmanagerin) an wie (Fach-)Hochschulen/Universitäten. Wählen Sie einen Lehrgang aus und vergleichen Sie Dauer, Inhalte, erworbene Qualifikation zwischen Onlinekurs und Hochschule.

Diskutieren Sie Ihre Ergebnisse mit einem Mitschüler/einer Mitschülerin.

Institutionen der Wirtschafts- und Arbeiterkammer

Neben den privaten Anbietern gibt es Berufsförderungsinstitutionen der Wirtschafts- und Arbeiterkammer: WIFI (Wirtschaftsförderungsinstitut) und BFI (Berufsförderungsinstitut). Beide Institutionen verfügen über eine breite Palette an Aus- und Weiterbildungsmöglichkeiten. Das Angebot umfasst beispielsweise Ausbildungen in den Bereichen Massage, Gesundheit, Sport und Fitness, Ernährung. Die Kurse schließen mit unterschiedlichen Zertifikaten (Diplom/Zeugnis) ab.

Fortbildungen an Pädagogischen Hochschulen, Fachhochschulen und Universitäten

Für Lehrer/Lehrerinnen aller Schultypen bieten die Pädagogischen Hochschulen Weiterbildungen zu unterschiedlichsten sportrelevanten Themen an. Das Angebot erstreckt sich von „Spiele für alle" über „Digitale Medien im Sportunterricht" bis hin zu „Neue Erkenntnisse in der Trainingslehre: Ausdauertraining". Somit wird auch für Pädagogen/Pädagoginnen die Möglichkeit eröffnet, stets auf dem neuesten Stand der Wissenschaft zu sein und ihren Unterricht entsprechend zu gestalten.

Darüber hinaus werden auch an Fachhochschulen und Universitäten Fortbildungskurse angeboten, welche in Zusammenarbeit mit der Bundessportakademie (BSPA) und den Fachverbänden (ASKÖ, ASVÖ, Sportunion) durchgeführt werden.

RP-TRAINING 3

Anforderungsniveau 1

Sie wollen sich nach einer abgeschlossenen Ausbildung im Bereich Sport weiterbilden. Fassen Sie die Ausbildungsmöglichkeiten kurz zusammen und beschreiben Sie jede kurz.

Anforderungsniveau 2

Vergleichen Sie die Ausbildung an privaten Institutionen und Universitäten/Fachhochschulen kritisch miteinander. Machen Sie das anhand eines geeigneten Berufes.

Anforderungsniveau 3

Begründen Sie, warum neben einer fundierten Ausbildung die Weiterbildung eine wichtige Rolle spielt.

KOMPETENZCHECK

Ich kann ...			
... Berufsfelder im Sport nennen.			
... unterschiedliche Kompetenzen, die mit der Ausübung von Sport in Verbindung stehen, aufzählen.			
... die Ausbildungswege im Sport genau beschreiben.			
... Weiterbildungswege im Sport kritisch miteinander vergleichen.			

Einrichtungen des organisierten Sports

Der organisierte Sport, aus politischer und wirtschaftlicher Sicht, umfasst eine Vielzahl von Interessengruppen, die Einfluss auf den Sport haben. Neben den Sportvereinen spielen die Sportartikelindustrie, Schulen mit sportlichem Schwerpunkt, kommerziell betriebene Fitnessstudios, kommerzielle Sportkursanbieter (z. B. Gruppenkurse wie Crossfit, Bauch-Beine-Po-Einheiten, Aerobic ...) und Sportmedien eine wichtige Rolle.

Sportvereine zielen darauf ab, möglichst viele Mitglieder für sportliche Aktivitäten zu begeistern und diese als Mitglieder langfristig zu binden, und sie versuchen, ihre Sportler/Sportlerinnen bis in den Hochleistungssport zu fördern.

Als Konkurrenz zum Sportverein gibt es immer häufiger kommerzielle Anbieter, welche gegen einen meist deutlich höheren Preis ein modernes und attraktives Sportangebot bieten, ohne dass der Kunde/die Kundin (ehrenamtliche) Verpflichtungen eingehen muss. Vereinssport sowie kommerzielle Sportanbieter sind gesellschaftlich stark verankert und in unserer Gesellschaft nicht mehr wegzudenken.

Der Lernende/Die Lernende soll ...

- die unterschiedlichen Organe und Funktionen im Sport näher beschreiben können,
- die gesellschaftliche Bedeutung des Sportvereins verstehen,
- die Struktur und Organisation des Sports in Österreich erklären können.

Sport-
verein

WARM-UP

Diskutieren Sie in Partnerarbeit mit einem Mitschüler/einer Mitschülerin folgende Fragen:

1. Welche Aufgabenbereiche übernehmen Coaches, Trainer/Trainerinnen, Betreuer/Betreuerinnen und Funktionäre/Funktionärinnen in Ihrem Verein oder allgemein im Verein?
2. Wie viel Kontakt haben Sie mit den jeweiligen Personen und in welchem Zusammenhang?
3. Welche Personen verrichten darüber hinaus noch weitere Funktionen im Verein?

Diskutieren Sie anschließend Ihre Ergebnisse im Plenum.

1 Organe und Funktionen im Sport und Sportverein

Damit Sportler/Sportlerinnen sich auf das Wesentliche, nämlich das Training, konzentrieren können, gibt es bestimmte Personen, die wichtige Rollen im Sportverein übernehmen und so einen optimalen Ablauf garantieren.

Organe und Funktionen im Sport und Sportverein						
Leistungs-organ	Organschaftliche Vertreter/innen	Aufsichts-organe	Rechnungs-prüfer/in	Trainer/in	Coach/in	Betreuer/in

1.1 Organe des Sportvereins

Ein Verein hat die Pflicht, Organe einzurichten. Unter Organe versteht man offizielle Personen, die mit einer bestimmten Funktion innerhalb des Vereins beauftragt werden. Die verantwortlichen Personen und deren genaue Aufgabenbereiche werden in den Statuten festgelegt (siehe Seite 68, 2.1 *Gründung eines Vereins*).

Leitungsorgan

Das Leitungsorgan eines Vereins, welches aus mindesten zwei Personen besteht, hat die Aufgabe der Geschäftsführung über. Zum einen leiten diese Personen den Verein und zum anderen repräsentieren sie den Verein nach außen (Abschließen von Verträgen, Vertretung des Vereins bei Ämtern, Öffentlichkeitsarbeit ...). Innerhalb des Vereins sind sie z. B. für die Einladung zu Sitzungen, Tagungen und Vereinsveranstaltungen sowie für die Führung des Vorsitzes bei Vereinssitzungen zuständig.

Organschaftliche Vertreter/Vertreterinnen

Eine der Hauptaufgaben der organschaftlichen Vertreter/Vertreterinnen ist die Vertretung des Vereins nach außen. Des Weiteren können diese Personen auch zeichnungsberechtigt sein. Nicht alle Vereinsmitglieder gehören den organschaftlichen Vertretern/Vertreterinnen an. Wer Teil der organschaftlichen Vertreter/Vertreterinnen ist und welche genauen Aufgaben sie haben, wird ebenfalls in den Statuten festgelegt.

Aufsichtsorgane

Vereine können Personen mit der Aufgabe der Aufsicht über Geschehnisse beauftragen. Die Bestimmung eines Aufsichtsorgans ist nicht verpflichtend. Entscheidet man sich für die Einrichtung eines Aufsichtsorgans, muss dieses aus mindestens drei Personen bestehen. Dabei dürfen die Aufsichtsorgane keinem anderen Organ angehören, denn sie müssen unabhängig sein.

Rechnungsprüfer/Rechnungsprüferin

Jeder Verein muss mindestens zwei Rechnungsprüfer/Rechnungsprüferinnen haben, die sich mit finanziellen Angelegenheiten des Vereins beschäftigen. Konkret besteht ihre Aufgabe darin, die Finanzlage des Vereins im Auge zu behalten wie zum Beispiel laufende Aufzeichnung der Einnahmen und Ausgaben, statutengemäße Verwendung der finanziellen Mittel, Vermögensübersicht etc. Fällt den Rechnungsprüfern/Rechnungsprüferinnen auf, dass gegen Rechnungslegungspflichten verstoßen wird, so müssen sie vom Leitungsorgan eine Einberufung einer Mitgliederversammlung verlangen.

1.2 Funktionen im Sport und Sportverein

Neben den offiziellen Organen des Vereins spielt eine Vielzahl von weiteren Personen eine tragende Rolle im Verein. Trainer/Trainerinnen, Coaches und Betreuer/Betreuerinnen stehen im direkten Kontakt mit Sportlern/Sportlerinnen und versuchen, diese bestmöglich zu fördern.

Trainer/Trainerin

Bei Aufgaben der Trainer/Trainerinnen denkt man in erster Linie an die Verbesserung und Stabilisierung der Technik und Leistungsfähigkeit. Wer bereits komplexere Bewegungsabläufe probiert und trainiert hat, wird wissen, wie wichtig es ist, dass ein Trainer/eine Trainerin diese gut erklären kann. Taktisches Verständnis spielt im Sport ebenso eine große Rolle, daher zählt auch die Vermittlung von Taktik zu den wichtigen Aufgaben eines Trainers/einer Trainerin. Da jeder Sportler/jede Sportlerin ein individuelles Leistungsniveau besitzt, ist es notwendig, dass der Trainer/die Trainerin dieses ermittelt und analysiert. Auf Basis dieser Erkenntnisse sollten leistungs- und zielfördernde Mehrjahrespläne und Jahrespläne (Vorbereitungs-, Wettkampf-, Übergangsperiode) für einzelne Athleten/Athletinnen bzw. Gruppen oder Mannschaften erstellt werden. Die ständige Dokumentation von Trainings- und Wettkampfleistungen ist für das Erreichen der gesetzten Ziele ebenso von Bedeutung.

Da der Trainer/die Trainerin in engem Kontakt mit dem Sportler/der Sportlerin steht, ist jener/jene auch für die Aufrechterhaltung der Motivation wichtig. Er/Sie hat einen wesentlichen Einfluss darauf, wie ein Sportler/eine Sportlerin Erfolg und Misserfolg wahrnimmt.

Im Idealfall kümmert sich der Trainer/die Trainerin auch um Fragen der Ernährung und der sportgerechten Lebensweise. Die Betreuung erstreckt sich jedoch nicht nur auf den Verein, sondern inkludiert auch das soziale Umfeld (Schule, Beruf, Familie ...). Er/Sie muss auch geeignete Maßnahmen setzen, wenn der Athlet/die Athletin sich körperlich oder psychisch erschöpft fühlt.

In den Bereich der Organisation und Verwaltung fällt seine/ihre Mitarbeit in die Planung des Wettkampfkalenders. Im Rahmen der Öffentlichkeitsarbeit können Trainer/Trainerinnen Auskunft bei Interviews, Berichten, Stellungnahmen geben, wenn diese im öffentlichen Interesse stehen. Je nach Kompetenz ist es Trainern/Trainerinnen möglich, eine Lehrtätigkeit aufzunehmen und bei Ausbildungen, Fortbildungen, Erstellung von Lehrmaterialien behilflich zu sein.

Tätigkeitsbereiche eines Trainers/einer Trainerin

- *Planung, Durchführung, Steuerung, Auswertung, Analyse, Kontrolle der Trainings- und Wettkampfprozesse*
- *Betreuung – Beratung – Fürsorge*
- *Koordination – Management*
- *Organisation – Verwaltung*
- *Öffentlichkeitsarbeit*
- *Fortbildung*
- *Lehrtätigkeit – wissenschaftliche Mitarbeit*

Um den immensen Anforderungen gerecht zu werden und stets auf dem neuesten Stand der Wissenschaft zu sein, ist die Fort- und Weiterbildung von Trainern/Trainerinnen bedeutsam. Das kann im Austausch mit Kollegen/Kolleginnen, im Selbststudium und durch die Teilnahme an Trainerfortbildungen stattfinden.

Da der Stellenwert des Sports in unserer Gesellschaft stetig zunimmt und die Sporttreibenden über immer mehr finanzielle Mittel verfügen, wünschen sich viele einen Trainer/eine Trainerin mit guter Ausbildung und fachlicher Qualifikation. Kompetenz und eine fachlich fundierte Aus- und Weiterbildung bilden daher die Grundlage für eine erfolgreiche Trainer-/Trainerinnentätigkeit.

Coach/Coachin

Im Idealfall muss sich der Trainer/die Trainerin nicht um alle oben genannten Bereiche kümmern. Er/Sie hat einen Coach/eine Coachin an seiner/ihrer Seite. Dieser/Diese nimmt dem Trainer/der Trainerin wichtige Aufgaben im Bereich Beratung und Betreuung im Laufe einer sportlichen Karriere der Athleten/Athletinnen ab. Der Coach/Die Coachin arbeitet dabei eng mit dem Sportler/der Sportlerin zusammen und gibt Hilfestellung im Umgang mit persönlichen Problemen, der Erwartungshaltung an sich selbst, beim Erarbeiten von Zielsetzungen, beim Verarbeiten von Sieg und Niederlage u. v. m. Ein bedeutender Aspekt in diesem Zusammenhang ist ein gutes, vertrauenerweckendes Verhältnis zum Athleten/zur Athletin und die Fähigkeit, auf jeden Einzelnen/jede Einzelne individuell einzugehen. Um seine/ihre Arbeit möglichst effizient zu gestalten, bedient sich der Coach/die Coachin unterschiedlicher Hilfsmittel wie zum Beispiel Techniken zur Motivation oder Entspannung etc. (weitere Informationen folgen in Band 2, Kapitel 11). Folgende Ziele eines Coaches/einer Coachin können definiert werden:

Verbesserung der Leistungsfähigkeit	*Verbesserung des Klimas innerhalb der Mannschaft*	*Umgang mit psychischen Blockaden (z. B. Angst, Stress)*	*Persönlichkeitsentwicklung (Verhalten, Übernahme von Verantwortung, Verbesserung von Fach- und Sozialkompetenz, Zufriedenheit)*

Betreuer/Betreuerin

Bei der Ausübung von Sport – speziell in Wettkampfperioden – kommt es immer wieder zu Stresssituationen. Trainer/Trainerinnen haben dabei viele Aufgaben gleichzeitig zu erledigen und im Auge zu behalten. Dadurch kann es schwer sein, sich auf die wesentlichen Aufgaben des Trainings zu konzentrieren. Selbst wenn bereits ein Coach/eine Coachin zur Verfügung steht, wird der Ablauf durch einen Betreuer/eine Betreuerin erleichtert. Er/Sie kümmert sich um alle Aufgaben, die der Trainer/die Trainerin nicht unmittelbar übernehmen kann. Der Aufgabenbereich ist daher sehr stark vom Einsatzbereich abhängig. Der Betreuer/Die Betreuerin ermöglicht seinem/ihrem Team und dessen Trainern/Trainerinnen mehr Freiraum, indem er/sie z. B. organisatorische Belange – auch im Hinblick auf die Teilnahme an Wettkämpfen – und Arbeiten eines Zeugwarts übernimmt. Der Betreuer/Die Betreuerin greift der Mannschaft oder dem gesamten Team (vom Trainer/von der Trainerin bis zum Athleten/zur Athletin) unterstützend unter die Arme.

GET ACTIVE 1

Interviewen Sie Ihren Trainer/Ihre Trainerin in Hinblick auf seine/ihre Tätigkeit. Machen Sie sich Notizen und präsentieren Sie Ihre Ergebnisse kurz einem Mitschüler/einer Mitschülerin.

Frage	Antwort
1. Was fasziniert Sie an der Sportart, die Sie trainieren?	

2. Seit wann gehen Sie der Tätigkeit als Trainer/Trainerin nach?	
3. Auf welche Erfolge blicken Sie im Laufe Ihrer eigenen Karriere als Sportler/Sportlerin bzw. als Trainer/Trainerin zurück?	
4. Was motiviert Sie, unzählige Stunden in Ihr Team zu investieren?	
5. Welche Momente als Trainer/Trainerin sind für Sie besonders erfüllend?	
6. In welchen Bereichen würden Sie gerne vom Verein, von der Politik oder anderen besser unterstützt werden?	
7. Welche Aspekte sind besonders wichtig, um in der Trainer-/Trainerinnentätigkeit erfolgreich zu sein?	

RP-TRAINING 1

Anforderungsniveau 1

Nennen Sie die Oragane, die für den Sportverein aus rechtlicher Sicht verantwortlich sind. Zählen Sie bei jedem Organ die wesentlichen Aufgaben auf.

Anforderungsniveau 2

Beschreiben Sie Eigenschaften, die ein Trainer/eine Trainerin besitzen muss, um erfolgreich zu sein.

Anforderungsniveau 3

Vergleichen Sie die Funktion des Trainers/der Trainerin, des Coaches/der Coachin und des Betreuers/der Betreuerin in ihren wesentlichen Aufgabengebieten miteinander.

2 Der Sportverein

Die Sportvereine bilden eine wichtige Grundlage, um Sport betreiben zu können. Durch sie erhalten Menschen, die sich für Sport begeistern, Zugang zu Sportflächen und Sportgeräten. Dort treffen sie auf Personen, die gleiche sportliche Interessen haben.

Sportvereine haben eine lange Tradition. In Österreich und Deutschland kam es bereits in der Mitte des 19. Jahrhunderts zur Gründung der ersten Turnvereine. Vereine für Mannschaftssportarten (Fußballvereine) entstanden Ende des 19. Jahrhunderts in England. Viele Menschen schlossen sich den Vereinen an, um Ausgleich zum Alltag und Spaß zu haben. Im Gegensatz dazu sahen Turnvereine Sport als Möglichkeit an, junge Menschen patriotisch zu erziehen und wehrtüchtig zu machen (siehe auch Kapitel 7 *Die kulturelle Bedeutung des Sports*). Abgesehen von den unterschiedlichen Zielsetzungen schätzten bereits damals viele Menschen neben der sportlichen Betätigung auch die Möglichkeit, Kontakte zu knüpfen und zu pflegen.

In Österreich erfreuen sich Sportvereine mit über drei Millionen Mitgliedern auch heute noch größter Beliebtheit. Sie sind weit verbreitet und finden sich in nahezu jeder Gemeinde. Sportvereine leisten einen wesentlichen **Beitrag zum Zusammenleben in unserer Gesellschaft** und unserer Kultur. Der Staat Österreich unterstützt dabei die Vereine, um deren Funktion und Angebote sicherzustellen.

Ein Verein muss sich nicht zwangsläufig mit sportlichen Belangen beschäftigen. In Österreich gibt es 116 000 Vereine, die sich mit unterschiedlichsten Interessensgebieten auseinandersetzen, wie zum Beispiel Musikvereine, Theatervereine, die **Non-Profit-Organisation** „Dach überm Kopf" oder der „Erste Wiener Strickverein". In Zusammenhang mit der Vereinsgründung ist die **Gemeinnützigkeit** zu erwähnen. Darunter versteht man eine Förderung der Allgemeinheit.

Die Tatsache, dass es in Österreich eine Vielzahl von Vereinen mit unterschiedlichen Schwerpunkten gibt, beruht auf der Vereinsfreiheit, die wiederum Teil der Bundesverfassung ist.

2.1 Gründung eines Vereins

Die Vereinsgründung in Österreich ist relativ einfach, dennoch müssen einige wichtige Punkte eingehalten werden. Am Anfang der Vereinsgründung stehen mindestens zwei Personen, die sich dazu verpflichten, den Verein zu vertreten. Nach Klärung des Namens des Vereins, des Zwecks des Vereins und der Mittel zur Erreichung des Vereinszieles müssen alle wichtigen Details in den Vereinsstatuten festgelegt werden. Die **Statuten**, die Richtlinien, sind als Organisationsgrundlage anzusehen und müssen folgende Punkte beinhalten:

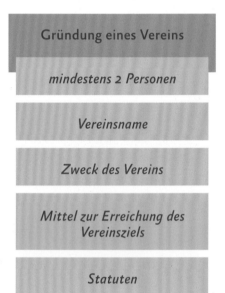

- Name des Vereins
- Sitz des Vereins
- verfolgter Zweck des Vereins
- Tätigkeiten, um den Vereinszweck zu erreichen und den Verein zu finanzieren
- Bestimmungen bezüglich der Aufnahme als Mitglied in den Verein bzw. dessen Austritt
- Rechte und Pflichten der Vereinsmitglieder
- Angabe und genaue Aufgabenbeschreibung des verantwortlichen Leitungsorgans
- Art der Bestellung der Vereinsorgane und die Dauer ihrer Funktionsperiode
- Anforderungen für eine gültige Beschlussfassung
- Umgang mit Streit bzw. Differenzen innerhalb der Vereinsmitglieder
- Nennung von Personen, welche für die Streitschlichtung innerhalb des Vereins zuständig sind
- Vorgehen bei einer freiwilligen Vereinsauflösung
- Bestimmungen, die darüber Bescheid geben, was mit dem Vereinsvermögen nach der Auflösung passiert

Die Vollständigkeit und Richtigkeit der Vereinsstatuten, als Grundlage für die Vereinsbildung, ist von enormer Bedeutung. Da die Formulierung von Statuten sehr schwierig ist, stellt das Bundesministerium für Inneres Muster-Statuten zur Verfügung.

Als letzter Schritt in der Vereinsgründung muss eine Anzeige über die Errichtung eines Vereins bei der **Vereinsbehörde** (Bundeshauptmannschaft) eingereicht und die dafür anfallenden Gebühren entrichtet werden. Nach sorgfältiger Prüfung seitens der Behörden erfolgt ein Bescheid und bei positivem Abschluss darf die Vereinstätigkeit aufgenommen werden.

2.2 Vereinsmitgliedschaft

Wer an einer Vereinsmitgliedschaft interessiert ist, muss je nach Vereinszweck **Rechte und Pflichten** erfüllen. Je nach Festlegung in den einzelnen Statuten erfolgt eine Aufnahme durch die Entscheidung des Vorstandes oder durch eine Mitgliederversammlung. Als aktives Vereinsmitglied sollte man engagiert am Vereinsleben teilnehmen. In Österreich werden wöchentlich 15 Millionen unentgeltliche Arbeitsstunden in den Vereinen verrichtet, nur dadurch können so viele Vereine existieren. **Ehrenamtliche Helfer/Helferinnen** im Verein sind Grundvoraussetzung für den Erfolg und spielen eine wichtige Rolle bei der Übernahme von Verantwortung, Repräsentation des Vereines nach außen, Förderung der Motivation der (z. B.) Jugendlichen u. v. m.

Neben den aktiven **ordentlichen Mitgliedern** gibt es auch **außerordentliche Mitglieder**, die den Verein unterstützen, sowie **Ehrenmitglieder**, die keine speziellen Aufgaben übernehmen.

Abgesehen von der Erbringung unentgeltlicher Leistungen ist die Aufbringung finanzieller Mittel wichtig. Obwohl Vereine **nicht gewinnorientiert** sein dürfen, kann Geld für den Ankauf von Geräten und deren Instandhaltung erwirtschaftet werden. Wie ein Verein Geld „verdienen" kann, ist ebenfalls in den Statuten festgelegt und reicht von Mitgliedsbeiträgen über Spenden und Sponsoring bis hin zu Veranstaltungen sowie Kantinenausschank.

GET ACTIVE 2

Wählen Sie einen Verein aus und nehmen Sie diesen genauer unter die Lupe. Beantworten Sie mit Hilfe Ihrer Recherche folgende Punkte:

Name des Vereins	
Gründungsdatum	
Obmann/Obfrau	
Mitarbeiter/innen	
Finanzierung	
Mitglieder (aktiv/passiv)	
Sportangebot/Sektionen	
Wettkampfteilnahme (Beispiele)	

Begeben Sie sich anschließend in Dreiergruppen und präsentieren Sie Ihre Ergebnisse.

GET ACTIVE 3: GRUPPENPROJEKT

Vereinsgründung

Planen Sie in der Gruppe die Gründung eines eigenen Vereins. Durchlaufen Sie dabei alle notwendigen Schritte bis zur Einreichung der Unterlagen bei der Vereinsbehörde. Besprechen Sie alle dafür notwendigen Punkte (Vereinsname, Vereinslogo, Leitungsorgan, Vereinssitz etc.) und schreiben Sie die Statuten nieder. Das offizielle Formular für die Errichtung eines Vereins finden Sie unter *www.help.gv.at*. Einen Link zu einem Muster für Statuten finden Sie ebenfalls auf dieser Website. Sie können die Statuten auf Ihre speziellen Bedürfnisse anpassen oder selbst formulieren.

Nach erfolgreicher Vereinsgründung stellt jede Gruppe ihren Verein im Klassenverband vor.

Sie sollen die Planung des Vereins lediglich theoretisch durchspielen und nicht tatsächlich anmelden.

RP-TRAINING 2

Anforderungsniveau 1

1. Skizzieren Sie die Anfänge der Geschichte des Sportvereins.
2. Nennen Sie fünf Voraussetzungen, die für eine Vereinsgründung erfüllt werden müssen.

Anforderungsniveau 2

Beschreiben Sie den Stellenwert des Vereins in unserer heutigen Gesellschaft. Belegen Sie Ihre Behauptung anhand eines Beispiels.

Anforderungsniveau 3

Nehmen Sie zu etwaigen Schwierigkeiten einer Vereinsgründung Stellung, indem Sie mögliche Probleme aufzeigen und Lösungsansätze vorschlagen.

3 Struktur und Organisation des Sports in Österreich

Damit das Vereinswesen auch auf einer nationalen Ebene organisatorisch funktioniert, gibt es unterschiedliche Institutionen – aufgeteilt auf einen **staatlichen und nichtstaatlichen Bereich**.

Gesetzlich verankert sind der Sport und dessen Förderung in den Artikeln 11 bis 23 des Bundesverfassungsgesetzes. Alle Angelegenheiten, die den Sport betreffen, werden von den Bundesländern entschieden. Die Sportförderung obliegt dem Bundes-Sportförderungsgesetz 2017 und sieht als eine der Hauptaufgaben vor, „Bewegung und Sport für die gesamte österreichische Bevölkerung zu ermöglichen". „Ziel der entsprechenden Bemühungen ist es, 100 % der Bevölkerung und insbesondere Kinder und Jugendliche zu Bewegung und Sport zu motivieren." *(Bundes-Sportförderungsgesetz 2013: S. 3)* Dieser Gesetzesauszug verdeutlicht den Stellenwert, der dem Sport in Österreich zugewiesen wird.

Die Organisation des Sports in Österreich und die damit verbundenen Aufgaben werden in einen staatlichen und einen nichtstaatlichen Bereich unterteilt (siehe Grafik auf der nächsten Seite).

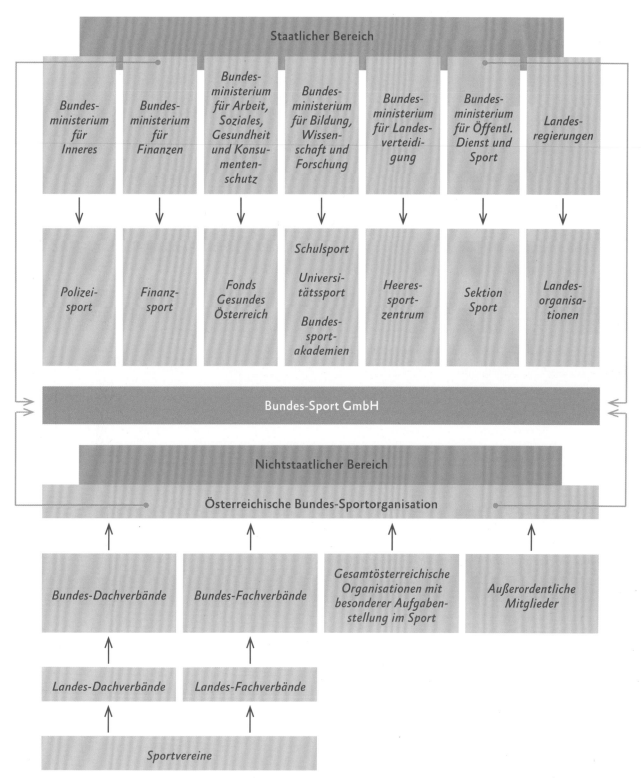

Quelle: www.bso.or.at (3. Mai 2018)

3.1 Staatlicher Bereich

Auf Bundesebene verrichten hauptsächlich das Bundesministerium für Öffentlichen Dienst und Sport (BMÖDS), das Bundesministerium für Landesverteidigung (BMLV), das Bundesministerium für Inneres (BMI) und das Bundesministerium für Bildung, Wissenschaft und Forschung (BMBWF) die Aufgaben im Zusammenhang mit Sport in Österreich.

Organisation auf staatlicher Ebene			
BMÖDS	BMLV	BMI	BMBWF

Die **Bundes-Sport GmbH** ist für die Förderung des Sports zuständig. Ihre Aufgaben sind:

- Vergabe, Abwicklung und Kontrolle von Förderungen nach dem Gesetz
- Förderung zur Vorbereitung und Durchführung von Sportgroßveranstaltungen von internationaler Bedeutung (Olympische Spiele, Paralympische Spiele, WM, EM etc.)
- Förderung des Frauen- und Mädchensports sowie benachteiligter Gruppen
- Förderung von Vorhaben sportwissenschaftlicher Bedeutung
- Förderung des Spitzensports
- Inklusion von Menschen mit Behinderung im Sport

Für Sportler/Sportlerinnen sowie Leistungssportler/Leistungssportlerinnen sind das Bundesministerium für Bildung, Wissenschaft und Forschung sowie das Bundesministerium für Landesverteidigung interessant.

Das **Bundesministerium für Bildung, Wissenschaft und Forschung (BMBWF)** ist zum Beispiel für den Universitätssport und den Schulsport verantwortlich. Im Bereich der Ausbildung von Sportlehrern/Sportlehrerinnen, Lehrwarten/Lehrwartinnen, Instruktoren/Instruktorinnen, Trainern/Trainerinnen und Sportlehrern/Sportlehrerinnen sind die Bundessportakademien (BSPA) mit ihren Standorten in Wien, Linz, Graz, Innsbruck und Salzburg zuständig. Das BMBWF ist u. a. für alle pädagogischen Angelegenheiten des Schulsports zuständig, die BSPA ist für die entsprechende staatliche Ausbildung von Übungsleitern/Übungsleiterinnen, Instruktoren/Instruktorinnen, Trainern/Trainerinnen zuständig.

Der Universitätssport wird ebenfalls vom Bundesministerium für Bildung, Wissenschaft und Forschung (BMBWF) vertreten. In Graz, Wien, Salzburg und Innsbruck befinden sich Institute für Sportwissenschaften (ISW) und an allen Hochschulorten ist der Sport durch die Universitätssportinstitute (USI) vertreten. Das USI bietet allen Sportinteressierten ein vielfältiges Sportangebot zu einem fairen Preis. Am Beispiel des USI Innsbruck erkennt man die Vielfältigkeit der Kursangebote: Rollstuhlsport, Yoga, Bodyweight Power, Bodenturnen und Akrobatik, Spiel-Sport-Spaß, Badminton, Klettern, Schneeschuhwandern, Snowkiten etc.

Das **Bundesministerium für Landesverteidigung (BMLV)** ist durch das Bundesheer für die militärische Landesverteidigung, die Sicherheit der Einwohner/Einwohnerinnen, Hilfe bei Naturkatastrophen oder Unglücksfällen und die Hilfe im Ausland zuständig. Neben diesen wesentlichen Aufgaben leistet das Bundesheer noch einen wichtigen Beitrag zum Leistungssport in Österreich.

Heeressport Biathlon-Staffel

Bundesheer-Leistungssportler/-Leistungssportlerinnen repräsentieren Österreich auf internationaler Ebene. Sie sind auch für ein positives Image des Bundesheeres verantwortlich. Damit die Soldaten/Soldatinnen möglichst erfolgreich sind, bietet das österreichische Bundesheer optimale Trainingsbedingungen. Jährlich unterziehen sich zirka 30 000 Rekruten dem Grundwehrdienst, davon bekommen 150 Spitzensportler die Möglichkeit, ihren Sport nach der Basisausbildung (Dauer bis zu sechs Wochen) auszuüben.

Personen, die sich länger verpflichten lassen, können einen von 300 Arbeitsplätzen zur Leistungssportförderung in Anspruch nehmen. Durch die Unterstützung des Bundesheeres können die Leistungssportler ihre Dienstzeit für Training und Wettkampf nützen. Sie sind darüber hinaus versichert und erhalten ein monatliches Gehalt. Nach Ende der aktiven Zeit als Leistungssportler können sie als Berufssoldat arbeiten oder eine spezielle Berufsförderung beanspruchen, die sie auf einen Wiedereinstieg ins normale Berufsleben vorbereitet.

Um Bundesheer-Leistungssportler/-Leistungssportlerin zu werden, muss man vom Bundes-Fachverband nominiert werden. Die Möglichkeit auf eine Anstellung im Bundesheer als Sportler/Sportlerin steht Männern und Frauen offen. Für Frauen im Ausbildungsdienst sind ein Leistungsnachweis, eine vollständige Bewerbung und eine militärische Eignungsprüfung notwendig.

GET ACTIVE 4

Wählen Sie eines der vier oben genannten Bundesministerien aus. Achten Sie darauf, dass alle Bundesministerien in Ihrer Klasse gleichmäßig aufgeteilt sind.
Recherchieren Sie die wichtigsten Aufgabenbereiche der jeweiligen Ministerien im Zusammenhang mit Sport und bereiten Sie eine kurze Präsentation vor.
Begeben Sie sich in größere Gruppen, wobei jeder Schüler/jede Schülerin ein anderes Thema bearbeiten soll. Präsentieren Sie nun nacheinander Ihre Rechercheergebnisse in Ihrer Gruppe.

3.2 Nichtstaatlicher Bereich

Im nichtstaatlichen Bereich steht die **Dachorganisation Bundes-Sportorganisation (BSO)** an der Spitze des Sports in Österreich. Sie koordiniert Sport-Angelegenheiten mit dem staatlichen Bereich.

Die drei Dachverbände ASKÖ (Arbeitsgemeinschaft für Sport und Körperkultur), ASVÖ (Allgemeiner Sportverband Österreichs) und Sportunion, zirka 60 Fachverbände, der Österreichische Behindertensportverband, das Österreichische Olympische Comité (ÖOC), das Österreichische Paralympische Committee sowie die Special Olympics sind ordentliche Mitglieder der BSO.

Hauptaufgaben der BSO sind:

- Service und Beratung (z. B. Unterstützung bei Förderungsmittelabrechnung)
- Fort- und Weiterbildung (z. B. für Funktionäre, Mitarbeiter/Mitarbeiterinnen, Trainer/Trainerinnen)
- Sport in der EU und Internationales (z. B. Partnerschaft mit dem EU-Büro des ÖOC – Österreichischen Olympischen Comités)
- Soziales und Gesellschaft (z. B. Integration und Inklusion, Schutz von Kindern und Jugendlichen)
- Medienkooperation und Veranstaltungen (z. B. Zusammenarbeit mit Medien, Unternehmen und Initiativen)
- BSO Cristall Gala (z. B. Ehrung freiwilliger Mitglieder)

Die BSO beschäftigt sich somit nicht nur mit dem Leistungssport, sondern stellt konkrete Bemühungen an, um den Sport in allen Bereichen zu fördern.

Unter dem Leitsatz „miteinander mehr bewegen" wurde die Fit Sport Austria Gmbh gegründet. Ziel ist es, möglichst vielen Menschen Zugang zum Gesundheits- und Breitensport zu ermöglichen. Damit dies gelingt, entstand eine Kooperation zwischen ASKÖ, ASVÖ und Sportunion.

Die Initiative „TBuS (Tägliche Sport- und Bewegungseinheit)" versucht, vermehrt Bewegung in den Schulalltag zu bringen. Dies soll durch die Zusammenarbeit mit Sportvereinen, Bewegungscoaches bzw. Freizeitpädagogen/Freizeitpädagoginnen erreicht werden. Ein wünschenswertes Ziel wäre die Erreichung von fünf Stunden Bewegung und Sport pro Woche. Weitere Projekte und Initiativen, in die die BSO involviert ist, sind unter anderem „Kinder gesund bewegen", „Activity Square Europe", „Bewegte Schule Österreich" u. v. m.

3.2.1 Dach- und Fachverbände

Anders als in vielen anderen europäischen Ländern ist der Sport in Österreich in Dach- und Fachverbände gegliedert, die wiederum unterschiedliche Zielsetzungen und Schwerpunkte verfolgen.

Fachverbände

Die **Interessen von bestimmten Sportarten** werden in Fachverbänden zusammengefasst. Jede Sportart wird in einem Bundesland durch den Landesverband und auf Bundesebene durch den Österreichischen Fachverband (z. B. für Turnen) vertreten. Die jeweiligen Fachverbände bemühen sich um:

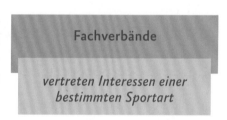

Fachverbände

vertreten Interessen einer bestimmten Sportart

- Förderung des Leistungs- und Spitzensports
- Förderung von Talenten
- Wettkampforganisation
- Schnittstelle zu Nationalmannschaften und Nachwuchskadern
- Herstellung bestmöglicher Trainingsbedingungen mit qualifizierten Trainern/Trainerinnen

Dachverbände

Im Gegensatz zu den Fachverbänden steht bei den Dachverbänden die **Förderung des Breitensports** im Fokus. Dachverbände sind – wie Fachverbände – auf Bundes- und Landesebene vertreten und dienen als Anlaufstelle und Unterstützer für ihre Vereine. Mit der ASKÖ, dem ASVÖ und der Sportunion gibt es drei Dachverbände, mit dem Ziel ihre dazugehörigen Sportvereine zu unterstützen. Zu

Dachverbände

fördern den Breitensport

deren Aufgabenbereichen zählen beispielsweise die Errichtung und der Erhalt von Sportstätten und Sportheimen. Dachverbände sind – wie Fachverbände – auf Bundes- und Landesebene vertreten und dienen als Anlaufstelle und Unterstützer für ihre Vereine.

Die Abkürzung **ASKÖ** steht für **Arbeitsgemeinschaft für Sport und Körperkultur**. Die ASKÖ wurde 1892 – im Zuge der Arbeitersportbewegung – gegründet. Die Arbeiterbewegung setzte sich bereits in ihrer Gründungszeit im 19. Jahrhundert das Ziel, die Bildung und die Gesundheit der Arbeiter und Arbeiterinnen zu verbessern. Die ersten Sportvereine waren die Arbeiter-Radfahrer (damals noch auf Hochrädern), Turn-Vereine und die Naturfreunde. Heute ist die ASKÖ mit 1,2 Millionen Mitgliedern und zirka 4200 Vereinen der größte Dachverband. Mit dem Motto „Sport für alle!" und „Jedem sein Sport!" werden 110 verschiedene Sportarten betreut und unzählige Dienstleistungen vollbracht.

(vgl. ASKÖ n. d.; ASKÖ 2017)

Die **Sportunion** wurde 1945 gegründet. Dieser Dachverband betreut unter dem Motto „Wir bewegen Menschen" rund 4300 Vereine mit 916 000 Mitgliedern. Die Sportunion bietet im Vergleich mit 140 verschiedenen Sportarten das umfangreichste Sportangebot an. Sie arbeitet stetig an der Begeisterung der Bevölkerung für sportliche Aktivitäten.

(vgl. Sportunion n. d. a;
Sportunion n. d. b)

Der **ASVÖ**, der **Allgemeine Sportverband Österreichs**, wurde 1949 gegründet und setzt sich die Förderung des Sports und der Sportler/Sportlerinnen in über 120 Sportarten zum Ziel. Trotz der – im Vergleich zu den oben genannten Dachverbänden – relativ späten Gründung zählt der ASVÖ über eine Million Mitglieder, die auf zirka 5400 Vereine aufgeteilt sind.

(vgl. ASVÖ n. d.; ASVÖ 2017)

3.3 Finanzierung/Sportförderung

Lesen Sie dieses Unterkapitel 3.3 *Finanzierung/Sportförderung* und vervollständigen Sie danach die folgenden Sätze (1 – 6). Ein Beispiel (0) wurde für Sie bereits beantwortet.

0	Untersuchungen zeigen, dass Sport in Österreich ...	*einen hohen Stellenwert besitzt.*
1	Das Gesetz, welches die Förderung des Sports in Österreich festlegt, heißt ...	
2	Die ersten finanziellen Fördermittel (1948) für den Sport stammten aus ...	
3	2016 wurde der Sport mit einer Summe von ...	
4	Die Bundes-Sport GmbH erhält nicht nur Gelder von Sponsoren, sondern auch ... *(Geben Sie nur zwei Antworten.)*	

5	Durch die Förderung des Sports versucht der Staat, folgende Ziele zu verwirklichen: … *(Geben Sie nur zwei Antworten.)*	
6	Fördermittel kommen nicht nur dem Leistungssport zugute, sondern auch dem …	

Die Statistiken zur sportlichen Aktivität in der österreichischen Bevölkerung zeigen, dass Sport einen hohen Stellenwert besitzt. Damit der Sport in Österreich eine positive Entwicklung erfährt, wird er im Rahmen der Sportförderung finanziell unterstützt. Der gesetzliche Rahmen für die Förderung ist im **Bundes-Sportförderungsgesetz** 2017 festgelegt.

Aus geschichtlicher Sicht hat die Förderung des Sports eine lange Tradition. In diesem Zusammenhang spielt das **Glücksspiel** und dessen Einnahmen eine bedeutende Rolle. Nach dem Zweiten Weltkrieg waren kaum finanzielle Mittel zur Förderung des Sports vorhanden. Durch die Einführung des Sporttoto-Gesetzes 1948 entstanden erste finanzielle Fördermittel. 83 % des Reingewinnes aus Wetten mussten wieder zurück in den Sport fließen. Die unterstützenden Geldbeträge änderten sich im Laufe der Zeit: Nach einer Gesetzesänderung 1970 ging der gesamte Reingewinn an den Sport. 1986 kam es erneut zu einer Änderung, welche sich vielversprechend auf den Sport auswirken sollte. Die Einnahmen aus Lotto und Toto dienten als Berechnungsgrundlage für die Förderung des Sports. Basierend auf der Unterstützung durch die Einnahmen aus dem Glücksspiel wurde der Sport seit 1948 mit mehr als einer Milliarde Euro gefördert. Im Jahre 2016 gingen 80 Millionen Euro durch die Einnahmen des Glücksspiels an die Sportförderung. Um die benötigten Summen der Sportförderung aufzubringen, werden aber nicht nur Gelder aus dem Glücksspiel verwendet. Neben Einnahmen aus Lotto und Toto erhält die Bundes-Sport GmbH – sie ist zuständig für Förderungsaufgaben – zum Beispiel Gelder von Sponsoren, aus Rückzahlungen von Förderungen, Zinserträgen aus Darlehen, freiwilligen Zuwendungen etc.

Mehrere Millionen Euro investiert der Staat jährlich in den Sport in Österreich, um seine Ziele zu erreichen, wie zum Beispiel:

- Heranführung von Sportlern/Sportlerinnen zu sportspezifischen internationalen Höchstleistungen
- Entwicklung des Leistungs- und Wettkampfsports als Basis für den Spitzensport
- Motivation breiter Bevölkerungsschichten zu Bewegung und Sport als Mittel zur Stärkung der Gesundheit
- Bereitstellung von sportspezifischen Angeboten für sportlich nicht aktive Menschen
- Soziale Integration von Menschen mit Migrationshintergrund durch Sport
- Inklusion von Menschen mit Behinderungen im Sport
- u. v. m.

Sportförderung

Förderung zu sportlichen Höchstleistungen

Entwicklung des Leistungs- und Wettkampfsports

Breitensport

Integration und Inklusion von benachteiligten Menschen (siehe Kapitel 6)

Die gesetzliche Verankerung der Sportförderung und die vorhandenen finanziellen sowie sachlichen Mittel lassen die **gesellschaftliche Wichtigkeit des Sports** und das in ihm steckende Potential deutlich erkennen. Unter den richtigen Voraussetzungen und Absichten besteht für Vereine im Leistungs- und Breitensport die Möglichkeit, Sachmittel und Fördergelder zu erhalten.

Vereine haben die Möglichkeit, für unterschiedliche Vorhaben Fördermittel zu beantragen. Dabei werden folgende Bereiche gefördert:

- wettkampforientierte Veranstaltungen
- erfolgsorientierte Vereinsförderung (Je nach Platzierung der Athleten/Athletinnen bei österreichischen Meisterschaften, Landesmeisterschaften, Europa- und Weltmeisterschaften erhalten Vereine zusätzliche Fördergelder.)
- Trainer/Trainerinnen sowie Instruktoren/Instruktorinnen
- Sportstättenbau
- Anschaffung und Wartung von Geräten

Dabei werden nicht die gesamten Kosten für die Anschaffung, Instandhaltung, Fortbildung, Pflege oder Durchführung aufgebracht, sondern nur Teile davon. Vereine müssen daher eigenständig finanzielle Mittel aufbringen. Zusätzliche Gelder können zum Beispiel durch Mitgliedsbeiträge, Eintrittskarten, Spenden, Erlöse aus Sportveranstaltungen, Sponsoreinnahmen, Startgeldern, Sportplatzvermietung, Wettkampfgebühren etc. eingenommen werden.

RP-TRAINING 3

Anforderungsniveau 1

1. Nennen Sie eine der Hauptaufgaben des Sportförderungsgesetzes 2017.
2. Geben Sie Beispiele für Einnahmen, die in den Sport fließen.
3. Skizzieren Sie den Stellenwert des Sports in Österreich anhand von Beispielen.

Anforderungsniveau 2

Erklären Sie die Einrichtungen des organisierten Sports in Österreich.

Anforderungsniveau 3

Vergleichen Sie die Aufgabenbereiche der Fachverbände mit jenen der Dachverbände und leiten Sie daraus die jeweiligen Zielsetzungen ab.

KOMPETENZCHECK

Ich kann ...			
... unterschiedliche Funktionen und deren Aufgabenbereiche im Verein erklären.			
... die groben Abläufe einer Vereinsgründung nennen.			
... die Struktur und Organisation des Sports in Österreich zusammenfassen.			
... die Verankerung und Ziele der Sportförderung beschreiben.			

Erscheinungsformen von Diversität

fairplay – Diversity Wuzeltisch © Christian König

Die österreichische Sportkultur zeichnet sich durch ein breit gefächertes Sportangebot aus und bietet Kindern, Jugendlichen, Erwachsenen und Senioren in privaten Institutionen, **informellen Sportgruppen** und Sportvereinen die Möglichkeit zur aktiven Lebensgestaltung. Sporthallen, Outdoor-Plätze, Spielplätze, Freizeitparks sind für jedermann zugänglich und werden auch gerne genützt. Für viele Menschen ist es selbstverständlich, im Sommer kurz in das örtliche Freibad zu gehen oder im Winter Ski zu fahren. Wir nehmen diese Möglichkeiten als natürlich hin, ohne darüber nachzudenken, dass es Menschen in unserer Gesellschaft gibt, denen diese Möglichkeiten nicht zur Verfügung stehen.

Unter **Diversität** versteht man eine Vielfalt innerhalb einer Gesellschaft. Menschen mit Behinderung, Menschen, die wenig materielle Mittel zur Verfügung haben oder aus benachteiligten Gesellschaftsschichten kommen, oder jene mit Migrationshintergrund sind ebenfalls Teil unserer vielfältigen Gesellschaft. Sie haben oft nicht dieselben Chancen und sind teilweise vom Sporttreiben ausgeschlossen.

Dieses Kapitel konzentriert sich auf Erscheinungsformen von Diversität im Sport. Es beschäftigt sich mit Unterschieden und Gemeinsamkeiten von Menschen und Gruppen und mit ihren Möglichkeiten, Zugänge zum Sporttreiben zu finden, aber auch mit Hindernissen, Benachteiligungen und Einschränkungen bei ihrem Zugang zu und ihrer Ausübung von Sport und Bewegung.

Der Lernende/Die Lernende soll …

- unterschiedliche Erscheinungsformen von Diversität im Sport – allgemein und in Sportgruppen – nennen,
- Möglichkeiten und Grenzen der **Integration** und **Inklusion** im Sport beurteilen,
- einige Lösungsansätze für Integration und Inklusion kennen und bewerten.

Bilden Sie Vierergruppen und diskutieren Sie folgende Fragen:

1. Welche Ziele verfolgen die drei unten stehenden Logos von Sportprojekten?
2. Wie würden Sie den Begriff „Integration" definieren?
3. Warum sind Projekte zur Förderung der Integration sinnvoll?
4. Ist es einfach/schwer, fremde Personen (unabhängig ihrer Herkunft) in eine Sportgruppe aufzunehmen? Warum?
5. In welchen Situationen sind fremde Personen Ihrer Gruppe (Verein, Freunde, Bekanntenkreis etc.) beigetreten?
6. Wie rasch hat die Person Anschluss in der Gruppe gefunden?
7. Wie geht Ihr Verein/Team mit Migranten/Migrantinnen, sozial benachteiligten Personen und Menschen mit Behinderung um?

Diskutieren Sie abschließend Ihre Standpunkte kurz im Plenum.

Logo 1 © sport-oesterreich.at

Logo 2 © www.fairplay.or.at

Logo 3 © www.kicken-ohne-grenzen.at

GET ACTIVE 1

Recherchieren Sie über Vereine/Initiativen/Events, welche sich für die Gleichstellung in unterschiedlichen Aspekten (Migranten/Migrantinnen, Frauen, Senioren etc.) einsetzen und erstellen Sie eine kurze Präsentation. Behandeln Sie dabei mindestens folgende Punkte:

- Name, Logo und Zielsetzung des Vereins/der Initiative/des Events
- Beweggründe
- Unternehmungen zur Erreichung des Zieles (Initiativen/Aktionen, Events, Maßnahmen etc.)

1 Sport und Menschen mit Fluchterfahrung

In den letzten Jahren ist das Thema Integration auf Grund von Fluchtbewegungen aus Krisenregionen immer präsenter geworden. Österreich hat seit dem Zweiten Weltkrieg mehr als zwei Millionen Flüchtlinge aufgenommen, wobei nur knapp ein Drittel geblieben ist. *(APA 2015)*

Im Zusammenhang mit **Diversität in der Gesellschaft** werden zwei Begriffe unterschieden:

- Unter **Integration** versteht man die Einbeziehung von Menschen in eine Gesellschaft oder Gruppe, die aus unterschiedlichen Gründen bisher nicht Teil dieser Gesellschaft oder Gruppe waren.
- Unter **Inklusion** versteht man die gleichberechtigte Teilhabe von Menschen an einer Gesellschaft oder Gruppe, die aus unterschiedlichen Gründen bisher nicht gleichberechtigt teilhaben konnten.

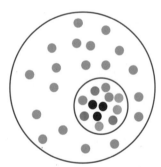

Integration

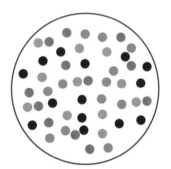

Inklusion

Bei der Integration von Menschen mit Fluchterfahrung werden an alle Beteiligten und alle Bereiche hohe Erwartungen gesetzt, auch an den Sport. Ein Blick auf den Gesetzestext der Sportförderung unterstreicht die Wichtigkeit des Sports in diesem Zusammenhang. Es wird von „wichtigen Werten des gesellschaftlichen Miteinanders und Zusammenlebens", „Toleranz, Fairness und Respekt", „führt Menschen unterschiedlicher Kulturen und sozialer Hintergründe zusammen", „fördert Integration" und „überwindet politische Grenzen und baut Vorurteile ab" gesprochen. *(BSFG 2017: S. 3)*

Medien, Politiker/Politikerinnen, Sportverbände etc. weisen immer wieder auf die Möglichkeit der Integration durch den Sport hin. Sportgroßveranstaltungen wie die Olympischen Spiele verbreiten die **olympische Idee** nach Pierre de Coubertin, die von „Vielfalt im Sport, Fairness, Frieden und internationaler

Solidarität" handelt. In Österreich gibt es unterschiedliche Kampagnen, die ein Bewusstsein für dieses Thema schaffen möchten. Allen voran beschreibt die Bundes-Sportorganisation den Sportverein als einen Ort, wo Menschen unterschiedlicher Herkunft zusammenkommen können. Diversität erfordert Bewusstseinsbildung, Kenntnisse und Fertigkeiten im Umgang mit Fremdem. Maßnahmen wie die Fortbildungsreihe **„Interkulturelle Kompetenz im Sport"** und die Veröffentlichung eines entsprechenden Handbuchs sollen alle in einem Sportverein involvierten Personen dabei unterstützen. Um gezielt die Integration von geflüchteten Menschen zu fördern, wurden in den letzten Jahren Workshops organisiert. Teilnehmer/Teilnehmerinnen erfahren in diesen Workshops praxisorientierte Weiterbildung in den Bereichen Aufenthaltsstatus, Spielberechtigungen, Teambuilding, Sprachbarrieren, Konfliktlösungen usw.

Das Projekt „Sport verbindet" setzt sich für die Integration und Inklusion von Menschen ein, die Randgruppen angehören. Dabei organisieren und unterstützen sie unterschiedlichste Initiativen. Es wird z. B. versucht, Sport- und Bewegungsangebote für Flüchtlinge zu schaffen.

Weiters werden Vereine aufgerufen, sich in diesem Bereich zu engagieren. In ihren Vorhaben werden sie entsprechend gefördert, indem ihnen Experten/Expertinnen zur Verfügung gestellt werden, die sie professionell unterstützen und begleiten. Durch diese Förderung und Unterstützung entstanden bereits folgende Kleinprojekte:

- Kicken ohne Grenzen – offene Trainingseinheiten für männliche und weibliche Jugendliche *www.kicken-ohne-grenzen.at*
- PLAY TOGETHER NOW – u. a. Fußball mit Flüchtlingen! *www.playtogethernow.at*
- FC PROSA – das PROSA Fußballteam *www.prosa-schule.org*
- Rugby opens boarders *www.rugbyopensborders.com*
- Tanz- und Theaterprojekt (PLAY TOGETHER NOW)
- u. v. m.

1.1 Möglichkeiten und Grenzen der Integration

Integration ist mehr als das bloße Teilnehmen an wöchentlich stattfindenden Trainingseinheiten. Integration ist als Prozess zu sehen, der auf verschiedenen Ebenen passiert. Nach dem Migrationsforscher *Friedrich Heckmann (2001)* gibt es vier Dimensionen:

Integration			
strukturelle	*soziale*	*identifikatorische*	*kulturelle*

Strukturelle Integration	*Identifikatorische Integration*
Die strukturelle Integration geht der Frage nach, ob Personen Zugang zu Aus-/Bildungseinrichtungen, Arbeitsmarkt und Wirtschaft haben und in welchem Ausmaß sie diese Bereiche nutzen.	Die identifikatorische Integration beschreibt, in welchem Ausmaß sich eine Person einem Land, einer Region, einer Stadt etc. zugehörig fühlt.
Soziale Integration	*Kulturelle Integration*
Die soziale Integration bezieht sich darauf, in welchem Ausmaß Migranten/Migrantinnen am gesellschaftlichen Leben teilnehmen (funktionierende Freundschaften, Teilnahme am Vereinsleben etc.).	Die kulturelle Integration bezieht sich auf die Übernahme von Regeln, Normen und Ordnung einer Gesellschaft.

Wie bereits erwähnt werden an den Sport als Mittel der Integration positive Erwartungen gestellt. Auf einer sozialen Ebene soll Sport Migranten/Migrantinnen in ein **soziales Netzwerk** einbinden und so Bekanntschaften und Freundschaften entstehen lassen. Durch die gemeinsame Teilnahme an Wettkämpfen soll ein verstärktes Gefühl der Gemeinsamkeit, der Zusammengehörigkeit gefördert werden und Anerkennung durch sportliche Leistungen gezollt werden. Ein alltagskultureller Beitrag wird geleistet, indem die **Sprachkompetenz** in der Interaktion mit Sportlerkollegen/Sportlerkolleginnen, die Deutsch als Muttersprache sprechen, verbessert wird. Des Weiteren kommt es durch den Umgang miteinander zu

Wacker Innsbruck und USC Landhaus setzen ein Zeichen gegen Diskriminierung im Sport.

einem besseren gegenseitigen Verständnis und einem vielfältigen Freundeskreis. Aus einer alltagspolitischen Perspektive bietet ein Sportverein zum Beispiel die Möglichkeit, sich ehrenamtlich einzubringen und an der **Vereinsdemokratie** teilzunehmen. In Bezug auf die soziale Integration besteht die Möglichkeit, dass Kollegen/Kolleginnen über den Verein hinaus unterstützend wirken (z. B. bei der Arbeits- und Wohnungssuche, in Schule und Beruf). Im Idealfall schaffen es Migranten/Migrantinnen, erworbene Werte, Einstellungen und Denkmuster über den Sport in den Alltag zu übertragen.

Sport ermöglicht und fördert Integration, dennoch muss darüber kritisch reflektiert werden. Ohne konkrete Planung und Durchführung von integrationsfördernden Programmen und Angeboten im Sportverein, sprich nur durch die Teilnahme am Sport, kommt es kaum zu einer aktiven Integration. Die Mitarbeiter/Mitarbeiterinnen in Sportvereinen sind in den seltensten Fällen Sozialarbeiter/Sozialarbeiterinnen und daher oft nicht ausreichend im Umgang mit Migranten/Migrantinnen geschult. Sie können nichts gegen die Ursachen der Flucht tun, eine Änderung der Wohnsituation herbeiführen oder gar Abschiebungen verhindern. Wenn keine sportlichen Angebote bestehen, die Migranten/Migrantinnen zur aktiven Teilnahme am Sport zu motivieren, fühlen sich zumeist nur männliche Migranten angesprochen und Mädchen sowie Frauen nicht. Sportarten wie Kampfsport oder Fußball erfahren einen positiven Zulauf durch Migranten, jedoch wäre es für die Förderung der Integration wichtig, Angebote wie Fitnesstraining und Tanz anzubieten, um auch Frauen zu erreichen. Ein weiterer wichtiger Punkt ist, dass Migranten/Migrantinnen wenig Mitspracherecht beim Programm und dessen Gestaltung haben. Die Einbindung von Übungsleiterinnen mit Migrationshintergrund hätte einen positiven Effekt auf die Teilnehmerzahlen von Migrantinnen, weil dadurch auch Mädchen und Frauen erreicht werden könnten.

Ein gelungenes Zusammenleben im Sport bzw. im Sportverein unter Menschen mit unterschiedlichen kulturellen Hintergründen zeichnet sich durch Werte wie Toleranz, gegenseitigen Respekt, Bereitschaft verschiedene Ansichten und Lebensweisen zu akzeptieren, Offenheit und den Willen zur Integration aus. Es wäre wünschenswert, wenn diese Werte von Migranten/Migrantinnen und Einheimischen gleichermaßen nicht nur im Sport bzw. im Sportverein, sondern auch im Alltag gelebt werden würden. Leider ist dieser **Transfer von Werten in den Alltag** nicht immer gegeben. Der Sport und der Sportverein können dieser Anforderung alleine nicht gerecht werden. Es ist die Aufgabe von Politikern/Politikerinnen, Medien, Migranten/Migrantinnen und allen Bürgern/Bürgerinnen aktiv an einer erfolgreichen Integration zu arbeiten.

RP-TRAINING 1

Anforderungsniveau 1

1. Erklären Sie die Begriffe „Diversität", „Integration" und „Inklusion" mit eigenen Worten.
2. Nennen Sie die vier Dimensionen der Integration und beschreiben Sie diese kurz.

Anforderungsniveau 2

In Ihrem Wohnort gibt es eine Gruppe von Flüchtlingen, die positiv von Ihrer Gemeinschaft aufgenommen werden und die Möglichkeit zur Integration bekommen sollen. Entwerfen Sie eine Initiative zur Integration, welche aufgrund der Infrastruktur (Sportplätze, Räumlichkeiten etc.) in Ihrem Wohnort realisierbar wäre.

Anforderungsniveau 3

Der Sport soll die Integration und Inklusion fördern. Problematisieren Sie Möglichkeiten und Grenzen der Integration durch Sport.

2 Sport und Menschen mit Behinderungen/Beeinträchtigungen

Neben der Integration von Menschen mit Migrationshintergrund, Frauen, Kindern, Senioren, Menschen mit wenig finanziellen Mitteln etc. spielt der **Behindertensport** eine ebenso wichtige Rolle. Ziel ist es, Menschen mit kognitiver oder körperlicher Behinderung/Beeinträchtigung als gleichwertiges und gleichberechtigtes Mitglied der Gesellschaft zu sehen und ihnen Möglichkeiten sowie Chancen bei der Ausübung von Sport zu bieten. Menschen mit einer **kognitiven Beeinträchtigung** haben erhöhte Schwierigkeiten, neue oder kompliziertere Informationen zu verstehen. Es ist für sie nicht einfach, neue Fähigkeiten zu erlernen und anzuwenden. Menschen mit einer **körperlichen Behinderung** leiden an einer Schädigung des Stützapparates und der Bewegungsorgane.

Die Anfänge des österreichischen Behindertensports gehen in die Nachkriegszeit des Zweiten Weltkriegs zurück, als dieser noch als „Versehrtensport" bezeichnet wurde. In den 1940er Jahren wollten sich durch Kriegsverletzungen beeinträchtigte Männer trotz Behinderung wieder sportlich betätigen und so entstanden die ersten Verbände und Vereine, die sich auf die Sportarten Skifahren und Schwimmen konzentrierten. Kurz darauf wurde das Sportangebot um diverse Ballspiele erweitert.

Bis heute hat die Bedeutung des Behindertensports nicht nur in Österreich, sondern auch auf internationaler Ebene zugenommen. Dies zeigt sich zum Beispiel durch die Abhaltung der **Paralympischen Spiele, Special Olympics** und unzähliger Meisterschaften im nationalen und internationalen Bereich. Die Haltung gegenüber dem Behindertensport wird immer aufgeschlossener, dies zeigt sich durch eine höhere Anzahl an Sponsoren, professionellere Berichterstattung und insgesamt mehr Wertschätzung gegenüber den Menschen und dem Sport.

Ziele des Behindertensports

sportliche Erfolge

Zunahme der medialen Aufmerksamkeit

Gleichstellung

Für die Organisation des Behindertensports in Österreich ist der **Österreichische Behindertensportverband** zuständig. Er koordiniert alle Vereine der Bundesländer und führt auch Landesmeisterschaften durch. Die professionelle Betreuung von Menschen mit Behinderung zählt dabei zur Hauptaufgabe des Verbandes. Athleten/Athletinnen, die an den Paralympischen Spielen teilnehmen, werden ebenfalls vom ÖBSV dafür vorbereitet. Das **Österreichische Paralympische Committee (ÖPC)** wurde eigens dafür eingerichtet. Als übergeordnete Ziele in Österreich sind zukünftige sportliche Erfolge, die Zunahme des medialen Interesses und die Gleichstellung des Behindertensports zu nennen.

2.1 Chancen und Grenzen der Inklusion von Menschen mit Behinderung/ Beeinträchtigungen im Sport

Sport bietet Menschen mit Beeinträchtigung vielfältige Chancen, zu einem verbesserten körperlichen und geistigen Wohlbefinden zu gelangen. Die aktive Ausübung sportlicher Aktivitäten, das Ausführen von gezielten Bewegungen verbessert die motorischen und kognitiven Fähigkeiten, was Menschen mit Beeinträchtigungen auch im Alltag zugutekommt. Menschen mit Behinderung können somit eigenständiger sein, was wiederum zu einem besseren **Selbstkonzept** und einer Steigerung der Lebensqualität führt. Wenn Menschen mit und ohne Behinderung gemeinsam sportlich aktiv sind, dann führt dies zum Abbau von Vorurteilen und vermindert Berührungsängste. Darüber hinaus kommt es auch zu mehr Toleranz, Kooperation und Akzeptanz.

Obwohl sich die Situation um den Behindertensport stetig verbessert, bedarf es noch weiterer Maßnahmen, damit von einer flächendeckenden **Gleichberechtigung von Menschen mit und ohne Behinderung** gesprochen werden kann.

Menschen mit Beeinträchtigungen müssen sich häufig die Frage stellen, was sie tun müssen, damit sie am Sport teilnehmen können. Um Integration und Inklusion erfolgreich zu betreiben, sollte der Breiten-, Schul- und Spitzensport Überlegungen anstellen, um wirklich alle Menschen unserer Gesellschaft eine Teilnahme am Sport zu ermöglichen. In der UN-Behindertenrechtskonvention, welche seit 2008 in Österreich in Kraft ist, geht es unter anderem darum, dass **Verschiedenheit als Normalität** in unserer Gesellschaft angesehen wird und dass alle Menschen ohne Einschränkungen an allen Aktivitäten teilnehmen können.

Im schulischen Bereich würden somit alle Schülerinnen/Schüler gemeinsam miteinander und voneinander lernen. Der im Jahr 2012 beschlossenen „Nationale Aktionsplan Behinderung 2012 – 2020" formuliert Zielsetzungen der Bundesregierung, die auch im Bereich der Bildung die Entwicklung eines inklusiven Schulsystems vorsehen. Damit Inklusion erfolgreich praktiziert werden kann, bedarf es noch viel Veränderung. Es müssen Ressourcen zur Verfügung gestellt werden, Lehrer/Lehrerinnen entsprechend ausgebildet werden und Sozialpädagogen/Sozialpädagoginnen miteingebunden werden.

Im **Schulsport** ist es auch das Ziel, die Grundsätze der inklusiven Pädagogik anzuwenden und Schülerinnen/Schüler nach dem jeweiligen Bewegungsvermögen im Unterricht miteinzubeziehen. Natürlich müssen dazu Sportlehrkräfte entsprechend aus- und fortgebildet werden. Darüber hinaus werden **barrierefreie Sportstätten** und Geräte sowie Materialien benötigt, die einen **inklusiven Sportunterricht** erlauben. Ein weiteres Hindernis im Bereich der Inklusion sind die unterschiedlichen Arten der Behinderung. Dass inklusiver Unterricht dennoch funktionieren kann, zeigen unter anderem das Montessori Oberstufenrealgymnasium in Salzburg, die HTL/HAK Ungargasse Wien oder das BRG/ORG Anton-Krieger-Gasse in Wien.

Anforderungsniveau 1

Nennen Sie Merkmale, die auf eine wachsende gesellschaftliche Bedeutung des Behindertensports hinweisen.

Anforderungsniveau 2

Entwerfen Sie gezielte Aktivitäten und Kampagnen, die ein Sportverein einsetzen kann, um Chancengleichheit gegenüber Menschen mit Behinderung/Beeinträchtigungen zu fördern.

Anforderungsniveau 3

Nehmen Sie kritisch zum Thema „Möglichkeiten und Grenzen der Inklusion von Menschen mit Behinderung/Beeinträchtigungen im Sport" Stellung.

GET ACTIVE 2: KLASSENPROJEKT

Integrative Sporteinheit

Zielsetzung des Projekts ist die Gestaltung einer Sporteinheit (Doppelstunde/Nachmittag etc.), die Sie gemeinsam mit behinderten Menschen oder **Immigranten/Immigrantinnen** (Menschen, die nach Österreich geflüchtet oder eingewandert sind) durchführen. Entweder Sie planen diese Sporteinheit im Klassenverband und laden ausgewählte Personen zu Ihrem Projekt ein oder Ihre Klasse nimmt an einer Sporteinheit eines Inklusions-/Integrationsvereins teil.

1. Recherchieren Sie über Behindertensport oder Sport mit Immigranten/Immigrantinnen in Ihrer Umgebung.
2. Entscheiden Sie sich für ein Projekt und stellen Sie den Kontakt zum Verein/zur Institution her.
3. Nehmen Sie entweder an einer Sporteinheit in diesem Verein/dieser Institution teil oder organisieren Sie selbst eine Sporteinheit in Ihrem Klassenverband.
4. Tauschen Sie nach Abhaltung der Einheit Ihre Erlebnisse aus.
5. Präsentieren Sie Ihre Erfahrungen mit Fotos und Berichten auf der Website Ihrer Schule.

THEORIE · · · · · ■➡ PRAXIS

Hören Sie sich auf www.hpt.at/195011 oder mittels QR-Code das Interview zum Thema „Sport und Menschen mit Beeinträchtigungen" an. Der interviewte Trainer gibt Ihnen einen Einblick in seine Tätigkeit und stellt sein Team und seine Athletinnen und Athleten vor.

Das Schwimmteam bei den Special Olympics Landesmeisterschaften   *Staatsmeisterin Baumgartlinger beim 200-m-Finallauf (Gold)*

3 Gleichstellung von Frauen und Männern im Sport

Boston, 1967. Die damals junge Studentin Kathrine Switzer nahm, gleich wie unzählige Männer, an einem Marathon teil. Aus heutiger Sicht ist das nichts Ungewöhnliches, jedoch damals sorgte ihre Teilnahme für Aufsehen. Frauen durften bei Marathon-Läufen nämlich nicht starten.

Die Rennleitung erkannte erst während des Laufes, dass eine Frau verbotenerweise teilnahm. Die Mitarbeiter der Rennleitung reagierten aggressiv, wollten der Läuferin die Startnummer herunterreißen und sie dadurch zum Beenden des Laufes zwingen. Durch Einschreiten ihres Freundes konnte sie weiterlaufen. Kathrine Switzer wurde zur Ikone des Marathons und zum Symbol für die Gleichstellung der Frauen.

Kathrine Switzer wird von der Rennleitung attackiert. (Boston, 1967)

Die Entwicklung des Frauensports ist geprägt von sozialen Beschränkungen und Benachteiligungen. Es gibt unzählige Beispiele, die die **ungleiche Behandlung von Frauensport** im Vergleich zu Männersport zeigen. Sportarten wie Skispringen, Viererbob, Doppelsitz-Rodel oder Nordische Kombination wurden für Frauen erst viel später olympisch als für Männer.

Gründe, warum Frauen gewisse Sportarten offiziell nicht ausüben durften, lagen – laut vorherrschender Ansicht – in der Gefährdung der weiblichen Gesundheit. Häufig wurde davor gewarnt, dass Frauen gewisse Sportarten, z. B. das Laufen eines Marathons, nicht ausführen sollten, um ihre Fruchtbarkeit nicht zu beeinträchtigen. Die Rolle der Frau war bis weit in das 20. Jahrhundert klar vorgegeben: Die Frau sollte sich auf das Gebären von Kindern, die Aufgaben als Ehefrau und den Haushalt konzentrieren.

Ein weiterer Aspekt, an dem die ungleiche Behandlung von Männer- und Frauensport klar ersichtlich ist, betrifft die **mediale Präsenz des Frauensports**. Print- und TV-Medien berichten weniger über Sportlerinnen als über Sportler. Während auf der einen Seite die Leidenschaft, das harte Training, die Siege und Niederlagen sowie die Höhepunkte und Tiefen der Sportler häufig als Schlagzeilen zu lesen sind, kommt es auf der anderen Seite zu einer Herabwürdigung der sportlichen Leistungen der Frauen. Berichterstattung, Experteninterviews, mediale Inszenierung im Bereich des Frauensports werden weniger spannend aufbereitet. Dies erweckt beim Zuseher/bei der Zuseherin den Eindruck, dass Frauensport weniger bedeutend sei.

Die ungleiche Behandlung des Frauensports zeigt sich unter anderem auch dadurch, dass Sport bei Männern beliebter ist als bei Frauen. Der Vergleich der sportlichen Aktivitäten von Frauen und Männern im Alter von 15 bis 24 Jahren zeigt, dass Frauen weniger Sport treiben. 37 Prozent der Frauen und 43 Prozent der Männer dieser Altersgruppe sind mindestens einmal pro Woche sportlich aktiv. 57 Prozent der befragten Frauen und 49 Prozent der Männer treiben höchstens einmal pro Monat oder nie Sport.

Frauen sind weniger häufig Mitglied in einem Sportverein und haben auch weniger ehrenamtliche Aufgaben im Verein. Dass Frauen im EU-weiten Vergleich weniger Sport als Männer betreiben, lässt sich nicht auf Ausreden wie „zu viel Arbeit", „keine Lust" oder „Stress" abwälzen, sondern ist die Konsequenz einer männerdominierten und auf Männer fokussierten Welt des Sports. Begründete Argumente, warum der Frauensport weniger wichtig sei als der Männersport, gibt es nicht. *(vgl. Europäische Kommission 2010, S. 13; Dimitriou 2011, S. 9)*

GET ACTIVE 3

Vergleichen Sie die Medienpräsenz von Sportlerinnen mit der Medienpräsenz von Sportlern in österreichischen Zeitungen. Wählen Sie dafür eine Zeitung aus und analysieren Sie die Sportberichterstattung. Achten Sie bei Ihrer Analyse auf folgende Punkte:

- Wie oft wird über Frauensport berichtet?
- Über welche Sportarten der Frauen wird berichtet?
- Wie ausführlich wird Bericht erstattet?
- Wie viel Platz (Seiten, Absätze) wird für Frauensport, wie viel für Männersport zur Verfügung gestellt?

Bilden Sie anschließend Dreiergruppen und präsentieren Sie Ihre Ergebnisse. Vergewissern Sie sich, dass möglichst viele unterschiedliche Zeitungen innerhalb des Klassenverbands analysiert werden.

Um Mädchen und Frauen den Wiedereinstieg in den Sport zu ermöglichen, müssen auf Vereinsebene Sportarten angeboten werden, die bei der Zielgruppe Anklang finden. Hoch im Kurs stehen dabei Fitnesstraining, Tanzen und Volleyball. Um eine Gleichstellung für Frauen im Sport zu erreichen, bedarf es noch weiterer Strategien. Es müssen mehr Frauen als Instruktorinnen und Trainerinnen ausgebildet werden. Die männerdominierten Vorstandsposten in Vereinen müssen vermehrt mit Frauen besetzt werden, um mehr Mitspracherecht zu erhalten.

Auf nationaler Ebene bemüht sich das Bundesministerium Öffentlicher Dienst und Sport um eine Gleichstellung von Frauen und Männern im Sport. Auf Basis der EU-Handlungsempfehlungen „Gender Equality in Sport – Proposal for Strategic Actions 2014 – 2020" wurden vier Schwerpunkte definiert.

Gender Equality			
Ausgewogenes Verhältnis von Trainer und Trainerinnen	*Ausgewogene Besetzung der Sportgremien*	*Maßnahmen gegen sexuelle Gewalt im Sport*	*Stereotypenbildung im Sport und die Rolle der Medien*

Quelle: 100% Sport – „Strategiegruppe für Gender Equality im Sport"

GET ACTIVE 4

Bilden Sie Vierergruppen. Wählen Sie jeweils eine der EU-Handlungsempfehlungen für Gender Equality aus und recherchieren Sie über EU-Zielvorgaben, den festgelegten Zeitrahmen und die festgelegten Schwerpunktthemen.

Tipp: Der Verein 100 % Sport setzt sich für Chancengleichheit ein und wäre ein guter Start für Ihre Recherchetätigkeiten. *(http://www.100sport.at/de/projekte/eu-strategiegruppe, 30. Okt. 2019)*

Anforderungsniveau 1

1. Fassen Sie die wichtigsten Inhalte der folgenden Tabelle in Hinblick auf geschlechtsspezifische Unterschiede zusammen.

Wie oft treiben Sie Sport oder trainieren Sie?				
	regelmäßig	ziemlich regelmäßig	selten	nie
EU27	9 %	31 %	21 %	39 %
Geschlecht				
männlich	10 %	33 %	22 %	34 %
weiblich	9 %	28 %	20 %	43 %
Alter				
15 – 24	14 %	47 %	22 %	17 %
25 – 39	8 %	36 %	27 %	29 %
40 – 54	9 %	31 %	23 %	37 %
55 – 69	10 %	23 %	16 %	51 %
70+	8 %	14 %	12 %	66 %

Quelle: Europäische Kommission 2010: S. 15

2. Nennen Sie Gründe, die zu diesem Ergebnis beitragen.

Anforderungsniveau 2

Erklären Sie Strategien, die eine Gleichstellung von Frauen und Männern im Sport unterstützen.

Anforderungsniveau 3

Nehmen Sie kritisch zum Unterschied der medialen Aufbereitung von Frauen- und Männersport Stellung.

KOMPETENZCHECK

Ich kann …			
… Erscheinungsformen von Diversität im Sport erkennen und darlegen.			
… Möglichkeiten und Grenzen der Integration durch Sport diskutieren.			
… die derzeitige Situation um den Behindertensport beschreiben und zukünftige Herausforderungen beurteilen.			
… positive Wirkungen durch die Integration von beeinträchtigten Personen im Sport benennen.			
… Strategien zur Gleichstellung von Frauen und Männern im Sport beschreiben.			

Die kulturelle Bedeutung des Sports

Sport und die vielfältigen Sportarten, wie wir sie heute kennen, haben sich über tausende von Jahren entwickelt und sind bis heute einem ständigen Wandel unterworfen. Der verpflichtende Sportunterricht in der Schule, der Sport im Verein oder beispielsweise ein Volleyballmatch mit Freunden/Freundinnen gehören zu unserem Alltag. Wir nehmen diese Möglichkeiten, Sport zu betreiben, als selbstverständlich an.

Um die Wurzeln des Sports zu erkunden, muss man tausende Jahre zurückblicken. In diesem Kapitel werden auf Basis von historischen Quellen, Forschungskenntnissen und Interpretationen folgende Fragen genauer untersucht: Was waren die ersten Sportarten? Welchen Zweck erfüllten sie? Welcher Zusammenhang besteht zwischen Sport und bestimmten Kulturen? So wie in allen wissenschaftlichen Disziplinen gilt auch hier, dass immer wieder neue Forschungsergebnisse den derzeitigen Wissensstand verändern.

Das Hauptaugenmerk liegt dabei darauf, Bezüge zwischen den Merkmalen des Sports und sozialhistorischen Epochen herzustellen. Ein Beispiel sind die Spartaner im antiken Griechenland. Sie verstanden unter Sport vordergründig militärische Übungen und verfolgten ein konkretes Ziel; nämlich den Feind zu vernichten. Sport half ihnen, die nötigen körperlichen Voraussetzungen dafür zu schaffen.

Der Lernende/Die Lernende soll ...

- den Stellenwert des Sports in den einzelnen geschichtlichen Epochen erklären können,
- verstehen, welche Ziele mit der Ausübung von Sport in den unterschiedlichen Kulturen verfolgt wurden,
- einen Einblick über sportliche Großereignisse in unterschiedlichen Kulturen geben können.

Analysieren Sie in Partnerarbeit die unten stehenden Bilder so detailliert wie möglich. Beantworten Sie gemeinsam mit Ihrem Partner/Ihrer Partnerin dabei folgende Fragen und begründen Sie Ihre Aussagen:

1. Was erkennen Sie auf den jeweiligen Bildern im Detail?
2. Welche Sportart(en) können Sie erkennen?
3. Auf welchen archäologischen Funden könnte man diese Abbildungen finden?
4. Aus welcher Zeit könnten diese Malereien stammen?
5. Aus welchen Kulturen könnten sie jeweils stammen?
6. Welche gesellschaftliche Bedeutung könnte der Sport in der jeweiligen Kultur gehabt haben?

Im Abbildungsverzeichnis finden Sie genaue Angaben zu den jeweiligen Abbildungen. Vergleichen Sie Ihre Ergebnisse mit diesen Informationen.

Abb. 1

Abb. 2

Abb. 3

Abb. 4

1 Sport in prähistorischer Zeit und in der Antike

1.1 Prähistorische Kulturen

Die Ursprünge des Sports lassen sich bis zu den prähistorischen Kulturen zurückverfolgen. Prähistorische Kulturen beschreiben einen Zeitraum von Anbeginn der Menschheit bis zur Einführung von Schrift in den jeweiligen Kulturen. Im europäischen Raum unterscheidet man vier Zeiten: die Ältere Steinzeit, die Jüngere Steinzeit, die Bronzezeit und die vorrömische Eisenzeit.

Prähistorische Kulturen im europäischen Raum
Ältere Steinzeit
Jüngere Steinzeit
Bronzezeit
Vorrömische Eisenzeit

Die **Ältere Steinzeit** umfasst den Zeitraum von zirka 1 Million – 5000 v. Chr. Die Menschen waren Jäger, Nomaden und Sammler, benutzten Steinwerkzeuge und hausten in Höhlen, Laubzelten und geflochtenen Hütten. Das Leben war sehr einfach, die Menschen waren hauptsächlich mit der Beschaffung von Nahrung beschäftigt. Obwohl für die Jagd sportliche Fähigkeiten und Fertigkeiten notwendig waren, gibt es nur wenige Quellen, die auf sportliche Aktivitäten hinweisen.

Ältere Steinzeit
ca. 1 Million – 5000 v. Chr.

Erste sportrelevante Aufzeichnungen in Form von Felsmalereien finden sich in der **Jüngeren Steinzeit** (zirka 5000 v. Chr. – 2000 v. Chr.). Die Menschen wurden allmählich sesshaft und arbeiteten als Ackerbauern und Viehzüchter. Sie lebten in Holzhäusern und Pfahlbauten und benutzten bereits besser entwickelte Steinwerkzeuge.

Jüngere Steinzeit
ca. 5000 – 2000 v. Chr.

Die Bevölkerung in der **Bronzezeit** (zirka 2000 – 1000 v. Chr.) bestand hauptsächlich aus Bauern, Handwerkern, Händlern und Bergleuten. Es formten sich häusliche Gemeinschaften, die mit heutigen Siedlungen vergleichbar sind. Im Alltag benutzten die Menschen bereits Werkzeuge, Gefäße, Geräte, Gegenstände (wie z. B. Schmuck), die aus Bronze und Kupfer angefertigt wurden. Aus dieser Zeit gibt es mehrere Quellen, die mit Sport in Verbindung gebracht werden können.

Bronzezeit
ca. 2000 – 1000 v. Chr.

In der **vorrömischen Eisenzeit** (zirka 1000 v. Chr. bis Christi Geburt) entwickelten sich die Siedlungen weiter zu Dörfern und teilweise zu Städten mit eigenen Stadtmauern. Die Menschen der damaligen Zeit arbeiteten als Handwerker, Händler, Bauern und Bergleute. Sie besaßen (verzierte) Geräte, Waffen, Gefäße sowie Schmuck aus Eisen.

Vorrömische Eisenzeit
ca. 1000 – Christi Geburt

Funde, die Informationen über die Vergangenheit preisgeben, stammen aus Gräbern oder Kultstätten, wie z. B. Waffen, Höhlenmalereien, Schmuck, verzierte Geräte oder Gefäße. Erste Beweise für sportliche Aktivitäten finden sich in Österreich um zirka 1000 vor Christus. In der **Hallstattkultur** fand man Knochenschlittschuhe, die zirka dem Zeitraum 800 – 400 v. Chr. zugeordnet wurden.

Sportdarstellungen zeigen, dass Tanz, Jagd und militärische Vorübungen, Pferdesport/Wagenrennen, Faustkampf, Ringen, Akrobatik, Turnen, Ballspiele und Schwimmen bereits fester Bestandteil früherer Kulturen waren. Sport wurde als Teil von Zeremonien durchgeführt. So nimmt man an, dass Tänze die Götter wohlgesinnt stimmen sollten. Es ist denkbar, dass Ballspiele, Tanz oder turnerische bzw. akrobatische Vorführungen auch Teil der Unterhaltung von Festen waren. Eine weitere wichtige Aufgabe, die der Sport erfüllen sollte, war die körperliche Ertüchtigung, um bei der Jagd erfolgreich zu sein. Darüber hinaus wurden Sieger bei Wettkämpfen von der Bevölkerung bewundert.

GET ACTIVE 1

Ordnen Sie die geschichtlichen Ereignisse (1 – 6) der jeweiligen prähistorischen Zeit zu. Das erste Beispiel (0) wurde bereits für Sie gemacht.

0	In dieser Zeit waren die Menschen Jäger und Sammler und noch nicht sesshaft.	*Ältere Steinzeit*
1	In Hallstatt wurden Schlittschuhe aus Knochen gefunden, ein Indiz für Sport.	
2	Es entstanden erste Siedlungen.	
3	Um das Überleben zu sichern, waren die Menschen fast den ganzen Tag mit der Nahrungsbeschaffung beschäftigt.	
4	Die Menschen lebten damals sehr einfach und bewohnten Höhlen, Zelte aus Laub und geflochtene Hütten.	
5	Viele Quellen belegen sportliche Tätigkeiten der Bevölkerung in dieser Zeitspanne.	
6	Aus dieser Zeit stammen Malereien in Höhlen, die sportliche Tätigkeiten darstellen.	

1.2 Antike griechische Kultur

Die griechische Antike umfasst einen Zeitraum von knapp 800 Jahren (zirka 1000 – 200 v. Chr.). Zu dieser Zeit hatte der Sport einen enorm **hohen Stellenwert** in der Gesellschaft. Tanz bot Unterhaltung bei Festlichkeiten, aber auch sportliche Wettkämpfe, Spiel und körperliche Ertüchtigung wurden von der griechischen Bevölkerung durchgeführt, vorausgesetzt es herrschte kein Krieg.

> Antike griechische Kultur
>
> *ca. 1000 – 200 v. Chr.*

Im 8. und 7. Jh. v. Chr. entstanden auf dem griechischen Festland Stadtstaaten, unter denen **Sparta** durch seinen erstaunlichen kulturellen Fortschritt hervorstach. Der Lebensstil war auf das bürgerliche Wohlergehen ausgerichtet und dazu gehörte auch die sportliche Betätigung durch Tanz, Gymnastik und Reiten. Um 550 v. Chr. entwickelt sich Sparta rasch zu einem militärischen Staat. Die einst vorherrschende große Vielfalt an sportlichen und künstlerischen Aktivitäten wurde auf militärische Übungen wie Marschieren, Ringen und Wettkämpfe reduziert.

1.2.1 Olympische Spiele

Der hohe Stellenwert des Sports in der griechischen Kultur fand auch Ausdruck in der Durchführung der ersten **panhellenischen Spiele**, die zu Ehren der griechischen Götter an unterschiedlichen Orten in Griechenland ausgetragen wurden: zu Ehren der Olympien in Olympia, der Pythien in Delphi, der Isthmien am Isthmos von Korinth und der Nemeen in Nemea. Diese Bewerbe erfreuten sich größter Beliebtheit. Für sie wurden eigene Sportanlagen errichtet. Die panhellenischen Spiele fanden in regelmäßigen Abständen statt.

Das antike Olympia in Griechenland

Die **Olympischen Spiele** wurden alle vier Jahre zu Ehren des Göttervaters Zeus in Olympia veranstaltet. Die erste Austragung vermutet man um 776 v. Chr., 393 n. Chr. verbot der römische Kaiser Theodosius jede weitere Austragung. Die Olympischen Spiele, die wichtigste Veranstaltung der griechischen Antike, dauerten etwa eine Woche und waren für alle freien Griechen und somit nicht für Sklaven zugänglich. Frauen durften nur bei Wagenrennen teilnehmen, da hier nicht der Lenker/die Lenkerin, sondern der Rennstallbesitzer geehrt wurde. Für Frauen gab es eigene Wettkämpfe, die „Heraia", die ebenfalls im Abstand von vier Jahren stattfanden. Unverheiratete Frauen durften an diesem Lauf zu Ehren der Göttin der Ehe „Hera" teilnehmen.

Der korrekte Ablauf der Olympischen Spiele wurde von Hellanodiken (Schiedsrichter) überprüft. Die Bewerbe wurden nackt ausgetragen. Sieger war jene Person, die als beste aus den jeweiligen Disziplinen hervorging; auf Messungen wurde verzichtet. Zweit- und Drittplatzierte waren unbedeutend, sie wurden von der Bevölkerung für den Rest ihres Lebens verachtet. Die Sieger erhielten bei den offiziellen Siegerehrungen zwar nur einen Ölbaumzweig, wurden aber in ihrer Heimat verehrt. Sie genossen hohes Ansehen, erhielten materielle Geschenke, Steuervergünstigungen und ehrenwerte Begräbnisse.

Die unterschiedlichen **Wettbewerbe** wurden bei den Olympischen Spielen über mehrere Tage verteilt.

Olympische Wettbewerbe			
Lauf	Sprung	Diskuswurf	Speerwurf
Faustkampf	Ringkampf	Pankration (siehe unten)	Pentathlon (siehe unten)

Das Laufen hat aus geschichtlicher Sicht eine lange Tradition, da es bei militärischen Auseinandersetzungen eine wichtige sportliche Komponente war. Bei den Olympischen Spielen gab es unterschiedliche Laufbewerbe wie zum Beispiel den Stadionlauf (192,27 m), den Waffenlauf (mit voller Ausrüstung), den Doppel- (400 m), Mittel- (800 m) und Langstreckenlauf (5 km). Der Fackellauf, den man auch heute noch bei den Olympischen Spielen sieht, war auch damals Teil der Zeremonie.

Eine der beliebtesten Disziplinen war der **Pentathlon (Fünfkampf)**. Er bestand aus Diskuswurf, Speerwurf, Lauf, Ringen und Weitsprung.

Diskuswerfer und Faustkämpfer

Pankration bedeutet „Allkampf" und versteht sich als eine Kombination der Kampfstile Ringen und Boxen. Ein Los entschied über die Gegner im härtesten und brutalsten Wettkampf. Das Regelwerk erlaubte sämtliche Griffe, Würfe, Verrenkungen und Schläge. Der Kampf endete nicht mit dem Zu-Boden-Gehen des Gegners, sondern wurde am Boden fortgesetzt, bis einer der Athleten wegen Verletzung oder Erschöpfung aufgab. Im schlimmsten Fall entschied der Tod über Sieg oder Niederlage.

Pankratiasten

1.2.2 Der Einfluss des Sports auf die Gesellschaft

Sport hatte einen sehr hohen Stellenwert in der antiken griechischen Gesellschaft. Neben dem **Unterhaltungsfaktor** bei Festen erkannte man auch die positiven Auswirkungen der regelmäßigen Sportausübung auf den Körper und die **Erziehung**.

Ziel der Erziehung war, das Wesen eines edlen Mannes, die „Kalokagathie", zu erreichen. „Kalos" bedeutet „schön" und beschreibt das erstrebenswerte Aussehen. Statuen repräsentieren dieses Ideal und zeigen muskulöse, athletische Körper. Um dieses Ziel zu erreichen, war regelmäßiges sportliches Training notwendig. „Agathos" bedeutet „gut" und bezieht sich auf das Wesen des Menschen, der tapfer, gerecht, fromm und tüchtig sein sollte. Beide Ideale, die Schönheit und das Gutsein, mussten in einem harmonischen Verhältnis zueinanderstehen.

Um Kinder und Jugendliche in der Ausübung von Sport zu unterstützen, gab es bereits im antiken Griechenland Sportlehrer, genannt „Paidotribes". Zu ihren Aufgaben zählten das Erklären von sportlichen Übungen, die Aufsicht bei Spielen und das Leiten des Trainings für nationale Wettkämpfe.

Die antiken Ärzte erkannten die **positiven Auswirkungen des Sports** als Prävention (Vorbeugung gegen Krankheiten) und Therapie. Sie entwickelten Empfehlungen im Bereich Ernährung, Lebensstil und Körperpflege. Aufgrund des hohen Stellenwertes des Sports wurden auch erste trainingswissenschaftliche Überlegungen angestellt. Damit der Sport ordentlich umgesetzt werden konnte, wurden entsprechende **Sportstätten** gebaut, deren Bezeichnungen heute noch verwendet werden, z. B. Gymnasion (Trainingsplatz), Palästra (Ringplatz), Stadion, Hippodrom (Pferderennbahn).

Herakles, ein Heroe und Halbgott der griechischen Mythologie

1.3 Antike römische Kultur

Die römische Kultur (zirka 500 v. Chr. – 476 n. Chr.) wurde stark von der Kultur des antiken Griechenlands beeinflusst, wodurch die **körperliche Ertüchtigung** ebenfalls große Beachtung erfuhr. Viele der Sportarten und Ansichten, die auch im antiken Griechenland bekannt waren, wurden ebenfalls in der römischen Kultur praktiziert.

Antike römische Kultur

ca. 500 v. Chr. – 476 n. Chr.

1.3.1 Wettkämpfe und Spiele

In der römischen Kultur waren **Sportveranstaltungen** ebenso von Bedeutung wie in der griechischen Antike. Besonders beliebt waren die sogenannten „Circusspiele", „Gladiatorenspiele" und „Tierhetzen". Circusspiele wurden zu Ehren der Götter veranstaltet. Das Programm beinhaltete sowohl Theateraufführungen, kultische Zeremonien als auch sportliche Wettkämpfe. Neben den bereits aus der griechischen Antike bekannten Sportarten war vor allem das Wagenrennen im Vierergespann besonders beliebt. Extreme Härte und Brutalität konnte bei Gladiatorenspielen erwartet werden. Im Kolosseum traten Gladiatoren, ausgerüstet mit Schwertern, Lanzen,

Kolosseum in Rom

Schildern etc., im Zweikampf gegeneinander an – oft mit tödlichem Ausgang. Weitere Programmhöhepunkte waren Kämpfe zwischen Sklaven und Tieren. Darüber hinaus wurden auch reine Tierkämpfe zur Schau geboten. Austragungsorte waren ovale Amphitheater, die durch Tribünen vielen Zuschauern/Zuschauerinnen Platz boten.

1.3.2 Der Einfluss des Sports auf die Gesellschaft

In der antiken römischen Kultur wurden der militärischen Tüchtigkeit, den Thermenanlagen und Veranstaltungen besonderes Augenmerk gewidmet. Um die Leistungsfähigkeit im Krieg zu erhöhen, wurde die **militärische Tüchtigkeit** stark gefördert. Schwerpunkte waren Laufen, Springen, Klettern, Tragen, Reiten, Schwimmen und der Zweikampf.

Thermenanlagen waren in der römischen Bevölkerung sehr beliebt. Sie galten als gesellschaftlicher Treffpunkt, wo die Besucher/Besucherinnen unterschiedliche Bäder, Massagen, Pflege und Saunen genossen.

Caracalla-Thermen, eine antike Badeanlage in Rom

GET ACTIVE 2

Lesen Sie folgende Aussagen (1 – 7) und entscheiden Sie, ob diese „richtig" (R) oder „falsch" (F) sind. Korrigieren Sie die falschen Aussagen. Vergleichen Sie anschließend Ihre Ergebnisse mit den Ergebnissen eines Mitschülers/einer Mitschülerin. Ein Beispiel (0) wurde bereits für Sie gemacht.

Lesen Sie gegebenenfalls die Unterkapitel 1.2 *Antike griechische Kultur* und 1.3 *Antike römische Kultur* durch.

	Aussage	R	F	Richtige Aussage
0	Die griechische Antike dauerte etwa 1000 Jahre.		X	*knapp 800 Jahre*

	Aussage	R	F	Richtige Aussage
1	Nachdem sich Sparta zu einem militärischen Staat entwickelt hatte, reduzierte sich der Sport auf militärische Übungen.			
2	Die panhellenischen Spiele wurden zu Ehren der Herrscher abgehalten.			
3	Die Olympischen Spiele wurden zu Ehren von Zeus abgehalten.			
4	Sieger der Olympischen Spiele erhielten einen Pokal und wurden in ihrer Heimat verehrt.			
5	Die Ärzte im antiken Griechenland sprachen bereits Empfehlungen zur richtigen Ernährung, zum Lebensstil und zur Körperpflege aus.			
6	Die antike römische Kultur beeinflusste die antike griechische Kultur stark.			
7	„Circusspiele", „Gladiatorenspiele" und „Tierhetzen" waren bei den Römern äußerst beliebt.			

RP-TRAINING 1

Anforderungsniveau 1

1. Nennen Sie die vier zeitlichen Unterscheidungen der prähistorischen Zeit.
2. Geben Sie einige Hinweise zu sportbezogenen Aktivitäten in der prähistorischen Zeit.
3. Zählen Sie Sportarten auf, die in der antiken römischen Kultur verstärkt trainiert wurden, um die militärische Tüchtigkeit zu erhöhen.

Anforderungsniveau 2

1. Erklären Sie die Bedeutung von Sportveranstaltungen im antiken Griechenland anhand unterschiedlicher Beispiele.
2. Beschreiben Sie Sportveranstaltungen in der antiken römischen Kultur, die sich größter Beliebtheit erfreuten.

Anforderungsniveau 3

1. Vergleichen Sie den Stellenwert des Sports innerhalb der prähistorischen Kulturen.
2. Vergleichen Sie den Stellenwert des Sports in der griechischen Antike mit dem Stellenwert des Sports in unserer Gesellschaft.
3. Vergleichen Sie den gesellschaftlichen Stellenwert von Thermenanlagen in der römischen Kultur mit heute.

2 Sport vom Mittelalter bis ins 19. Jahrhundert

2.1 Mittelalter

Das Mittelalter bezeichnet jene geschichtliche Epoche Europas, die zwischen Antike und Neuzeit liegt und in etwa in die Zeitspanne von 500 bis 1500 n. Chr. eingeordnet wird. Das Leben zu dieser Zeit ist gekennzeichnet durch einen wesentlichen Einfluss des Christentums in den Bereichen Bildung, Religion, Macht und Politik. Die

> **Mittelalter**
>
> *ca. 500 – 1500 Chr.*

mittelalterliche Gesellschaft war in Gruppen, sogenannte **Stände**, gegliedert, deren Rechte und Freiheiten sie klar voneinander abgegrenzten. Aus diesem Grund wird der Sport jeweils aus dem Blickwinkel einzelner Stände – hier der Bauern, Ritter und Bürger – betrachtet.

2.1.1 Bauern

Das Leben der Bauern war geprägt von harter Arbeit in der Landwirtschaft und Viehzucht. Als Leibeigene des Adels wurden sie ausgebeutet, indem sie hohe Abgaben bezahlen mussten, wenig Bildungschance hatten und viel arbeiten mussten. Somit hatten sie kaum Möglichkeit zur sportlichen Betätigung. Dennoch wurde bei Festen und zur Unterhaltung Sport gemacht, z. B. Tanzen, Laufen, Springen, Ringen, Steinestoßen, Werfen, Fechten, Spiele mit Kugel, Kegel oder Ball. Die Nachahmung der Ritter in Form von Turnieren mit Strohschildern und Holzwaffen war ebenfalls sehr beliebt.

> **Sportliche Betätigung**
>
> *Tanzen, Laufen, Springen, Ringen, Steinestoßen, Werfen, Fechten, Spiele mit Kugel, Kegel, Ball, Nachahmung der Ritterturniere*

2.1.2 Ritter

Die Aufgabe der Ritter, die meist dem Adelsstand angehörten, war es, für Sicherheit zu sorgen und diese zu wahren. Dadurch waren Ritter beim Volk sehr angesehen. Es entwickelte sich ein Idealbild, das von Tapferkeit und dem Schutz der Wehrlosen geprägt war.

> **Sportliche Betätigung des Ritterstandes**
>
> *Fechten, Reiten, Auf- und Abspringen, Speerwurf, Zweikampf, Kampf mit der Lanze*

Sport nahm bei den Rittern einen besonders **hohen Stellenwert** ein. Aufgrund der militärischen Aufgaben, die sie zu verrichten hatten, war es enorm wichtig, über gut entwickelte motorische Fähigkeiten und Fertigkeiten zu verfügen. Von besonderem Interesse waren die Disziplinen des Zweikampfes und der Kampf vom Pferd aus, z. B. Ringen, Fechten, Speerwurf auf Gegner mit Schild, Zweikampf mit Schwert und Schild, Reiten, Auf- und Abspringen und der Kampf mit der Lanze.

Buhurt und Tjost – zwei Turnierformen im Mittelalter

Zwei wichtige Veranstaltungen im Mittelalter waren der Buhurt und der Tjost. Beide Turniere unterlagen strengen Regeln, aufgrund der Ehrenhaftigkeit der Ritter wurden diese sehr genau eingehalten. Sie dienten als **Training für Kriege**. Durch den Einsatz von Waffen kam es oft zu schweren Verletzungen.

Beim Buhurt traten zwei Gruppen entweder zu Fuß oder mit Pferd gegeneinander an. Auf einer abgegrenzten Fläche kämpfte Mann gegen Mann. Aus dieser Zeit stammt das Wort „Rennen".

Beim Tjost handelt es sich um einen Zweikampf, bei dem die Ritter zu Pferd – ausgerüstet mit Ritterrüstung und Lanze – versuchten, den Gegner aus dem Sattel zu heben. Bei den Turnieren war die Einhaltung des **Ehrenkodexes**, geprägt von Fairness und Großmut, besonders wichtig. So wurde zum Beispiel erst weitergekämpft, wenn der zu Boden gegangene Gegner sich wieder vollständig aufgerichtet hatte. Die Errichtung von Turnierplätzen ist ein weiteres Indiz für den hohen Stellenwert.

2.1.3 Bürger

Aufgrund des Aufblühens des Handels entstand gegen Ende des Mittelalters in den Städten eine neue Bevölkerungsschicht, die Bürger. Sie waren u. a. auch für die Sicherheit der städtischen Bevölkerung zuständig. Gleichzeitig verloren die Ritter zunehmend an Bedeutung. Um die Sicherheit gewährleisten zu können, waren vor allem Fechten, Ringen und Armbrustschießen von Bedeutung. Neben dem **militärischen Einsatz der Sportarten** wurden auch Schaugefechte und Schützenfeste veranstaltet. Um 1500 wurden Fechten und Bogen- sowie Armbrustschießen durch Feuerwaffen nach und nach ersetzt.

> **Sportliche Betätigung des Bürgerstandes**
>
> *Fechten, Ringen, Schießen mit der Armbrust, ab ca. 1500 Schießen mit Feuerwaffen*

2.1.4 Wandergruppen

Im Mittelalter gab es auch nicht sesshafte Wandergruppen, die auch als „fahrendes Volk" bezeichnet werden. Sie gehörten unterschiedlichen niedrigen Sozialgruppierungen an, die keinem Stand zuzuordnen waren. Diese Wandergruppen zogen meist von Stadt zu Stadt, um der Bevölkerung ihr künstlerisches Programm zu präsentieren. Bei diesen Veranstaltungen wurden musikalische, dichterische und **turnerisch-akrobatische Darbietungen** vorgeführt.

> **Sportliche Betätigung des nicht sesshaften Volkes**
>
> *turnerisch-akrobatische Darbietungen*

2.2 Frühe Neuzeit

2.2.1 Adelige im Barock

Der Lebensstil der Menschen in der Barockzeit, die als europäische kulturgeschichtliche Epoche vom Ende des 16. Jh. bis ins 18. Jh. dauerte, ist geprägt vom Adel. Unabhängig der gesellschaftlichen Schicht spielte der Erhalt eines guten Rufes eine zentrale Rolle. Besonderes Interesse galt der Kunst und der Musik. Die adeligen Menschen kleideten sich mit Perücken, viel Schmuck und vielen Kleidungsschichten. Sie sprachen französisch und drückten sich überschwänglich aus. Als Ideal galt der „galant homme", der Ehrenmann. Dieses Idealbild eines Mannes wurde über die Sprache, Gestik und den Kleidungsstil ausgedrückt.

> **Barock**
>
> *ca. 1575 – 1770 n. Chr.*

Der Unterricht der jungen Adeligen fand in **Ritterakademien** statt. Sie wurden dabei in unterschiedlichsten Fächern wie zum Beispiel Wirtschaft, Spanisch, Italienisch, Mathematik unterrichtet. **Sportliche Schwerpunkte** waren Reiten, Voltigieren, Tanzen, Fechten, Ringen, Ballspiele (Tennis, Federball, Billard, Faustball) und Exerzieren.

Ballhaus der Universität Tübingen (um 1600)

Die Schüler wurden dabei von eigenen Lehrern (Reit-, Tanz- und Fechtlehrern etc.) unterrichtet. Aus dieser Zeit stammen auch die bekannten österreichischen Ritterakademien Theresianum in Wien, die Theresianische Akademie in Innsbruck sowie die Theresianische Militärakademie in Wiener Neustadt (NÖ).

Freizeitsportarten waren Eislauf, Tanz und Rückschlagspiele. Besonders beliebt waren damals Ballspiele. Es entstanden viele Ballhäuser, in denen man diesem Sport nachgehen konnte. Es wurde dabei mit einem Ball und zwei Rackets gespielt: ein Vorläufer des heutigen Tennis.

2.2.2 Philanthropen

Die Philanthropen, übersetzt Menschenfreunde, waren **Pädagogen**, die in der zweiten Hälfte des 18. Jahrhunderts für die Verankerung des Sports in der Schule verantwortlich waren. Sie sprachen sich für einen regelmäßigen Sportunterricht aus und erkannten auch einen **erzieherischen Effekt durch Spiel und Sport**. Ziel war es, Kinder durch natürliche Bewegungsformen in ihrer Entwicklung ganzheitlich zu fördern, sodass sie zu körperlich und geistig gleichermaßen ausgebildeten, selbstbewussten, tatkräftigen Menschen heranwachsen. Die Philanthropen waren der Auffassung, dass diese Art

Naturverbundene Bewegungsformen der Philanthropen

der Entwicklung am besten in der **freien Natur** stattfinde. Die gymnastischen Übungen reichten dabei von klassischen Bewegungen wie Laufen, Balancieren, Klettern etc. bis zu traditionellen Sportarten wie Eislaufen, Ringen, Schwimmen. Darüber hinaus wurde auch gefochten, gerungen und voltigiert. Unzählige Spiele rundeten die breite Palette sportlicher Möglichkeiten ab.

RP-TRAINING 2

Anforderungsniveau 1

Skizzieren Sie die sportlichen Betätigungen des Bauernstandes und des Ritterstandes im Mittelalter.

Anforderungsniveau 2

1. Beschreiben Sie die Zielsetzung des Sports innerhalb der Gruppe der Philanthropen.
2. Setzen Sie deren Zielsetzung mit den von ihnen im Sportunterricht eingesetzten Sportarten und Bewegungsformen in Beziehung.

Anforderungsniveau 3

Nehmen Sie zu folgendem Vergleich Stellung: „Man könnte die Ritter im Mittelalter mit der Polizei oder dem Militär vergleichen."

3 Sport vom 19. bis ins 21. Jahrhundert

3.1 Die Turnbewegung

Friedrich Ludwig Jahn (1778 – 1852)

Der heutige Turnverein findet seine Wurzeln zu Beginn des 19. Jahrhunderts in Deutschland. **Friedrich Ludwig Jahn**, der Gründer der Turnbewegung, beabsichtigte, das Bewusstsein der Jugend für die eigene Heimat zu stärken. Diese Bewegung ist mit dem Aufkommen des Nationalgedankens im frühen 19. Jahrhundert verbunden und Ausdruck seiner politischen Gesinnung. Durch Vorträge, Verbreitung von Texten und Turnen wollte er sein Ziel erreichen. Der Leistungsgedanke im Turnen war weniger bedeutend. Für Jahn zählte vielmehr die Förderung der Wehrfähigkeit, die Zusammengehörigkeit und das Deutschtum, welches er durch das Turnen zu erreichen glaubte.

Jahn hatte für die Umsetzung seiner Ziele konkrete Pläne. 1810 rief er die Deutschen zur patriotischen Gesinnung und zur deutschen Einheit auf, 1811 wurde der erste öffentliche Turnplatz in Berlin errichtet. Die deutsche Turnkunst war von einer „Turnsprache", bestimmten Turnübungen, einem Turnplatz, dem Turnzeug, dem Turnbetrieb und den Turngesetzen geprägt.

Neben den bereits bekannten Übungen wie Laufen, Springen, Werfen, Klettern, Hängen, Ziehen, Stoßen etc. wurden Geräte wie das Reck, der Barren und der Schwebebaum eingeführt. Betreut wurden die Turner von sogenannten Vorturnern. Alle Turner waren einheitlich (grau, Leinen) gekleidet. Unabhängig von der sozialen Stellung sprachen sie einander mit „Du" an. Turnen sollte auch die Persönlichkeit positiv beeinflussen. Jahn erwartete von den Turnern folgende Einstellung: „Tugendsam und tüchtig, rein und ringfertig, keusch und kühn, wahrhaft und wehrhaft sei sein Wandel." „Frisch, frey, fröhlich und fromm – das ist des Turners Reichthum." *(Francois/Schulze 2003: S. 203)*

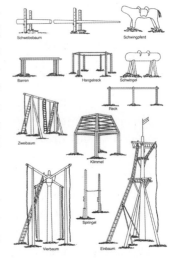

Turngeräte von F. L. Jahn

Der Staat sah in der **politisch motivierten Turnbewegung** eine Gefahr und erließ eine Turnsperre (1819 – 1842). Daraufhin verschwanden öffentliche Turnplätze. Im Gegenzug entstanden Turnhallen, um trotz des Verbots weiterhin turnen zu können.

Friedrich Ludwig Jahn und seine Persönlichkeit werden heute noch kontrovers diskutiert. Aufgrund einiger seiner Aussagen wird ihm eine rassistische und frauenfeindliche Weltanschauung nachgesagt.

3.2 Das Schulturnen

Adolf Spiess wird als Vater des Schulturnens bezeichnet. Er gilt als die Person, die das Turnen des Friedrich Ludwig Jahn im **Schulunterricht** verankerte. Der Turnunterricht wurde nicht nur in Deutschland, sondern in der zweiten Hälfte des 19. Jahrhunderts auch in Österreich fixer Bestandteil des Lehrplans.

Auf der einen Seite verfolgte man durch den Turnunterricht in der Schule das Ziel, Ordnung und Gehorsam gegenüber der Obrigkeit sowie militärische Tüchtigkeit zu erlangen. Auf der anderen Seite sah man einen gesunden, trainierten Körper als Voraussetzung für einen gesunden Geist.

Damit diese Zielsetzungen erfolgreich umgesetzt werden konnten, forderte Spiess tägliche Turnstunden, Sportplätze und Sporthallen, Schulturnen für Mädchen sowie ordentlich ausgebildete Turnlehrer. Die Übungen setzten sich dabei aus Einzelübungen und gemeinschaftlichen Übungen zusammen.

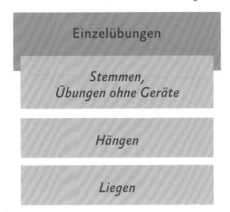

Einzelübungen

Stemmen, Übungen ohne Geräte

Hängen

Liegen

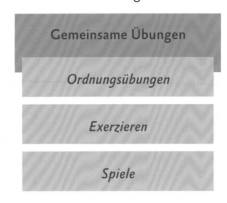

Gemeinsame Übungen

Ordnungsübungen

Exerzieren

Spiele

Nach dem Ersten Weltkrieg kam es zu einer großen politischen und geistigen Veränderung im demokratischen Kleinstaat Österreich, die auch das Schulturnen beeinflusste. Das Schulkonzept **„Natürliches Turnen"** **von Karl Gaulhofer und Margarete Streicher** fand rasch Anklang und führte zu einem Neuaufbau des Schulturnens nach dem Ersten Weltkrieg. Die Idee **„Pädagogik vom Kinde aus"** ließ das Ziel, immer neue Rekorde zu erreichen, in den Hintergrund treten. Man wandte sich auch von den strikten Übungsformen nach Adolf Spiess ab und erlaubte Mädchen und Knaben, sich frei zu bewegen (schwingen, klettern, laufen etc.). Die bekannten Turngeräte waren zwar noch immer Teil des Unterrichts, sie wurden aber anders benutzt, zum Beispiel als Hindernisse.

THEORIE ······➡ PRAXIS

Lehrpläne, Zielsetzungen und Inhalte sind einem ständigen Wandel unterworfen. Der Unterrichtsgegenstand „Bewegung und Sport" wird sich auch in Zukunft weiter verändern: Er muss sich heute der Herausforderung stellen, dass die Lebenswelt der Kinder immer bewegungsärmer wird. Die Vielfalt des Sports zu erleben und zu verstehen, eine positive Grundeinstellung zum Bewegen und Handeln aufzubauen, wird wichtiger sein als reine Fertigkeitsvermittlung. Ein bewussterer Umgang mit dem eigenen Körper, mit der Natur, der Umwelt und eine Auseinandersetzung mit dem eigenen Sporttreiben soll angestrebt werden. Gesundheit und Wohlbefinden werden mehr in den Mittelpunkt rücken. Regionale und lokale Sportmöglichkeiten (auch außerhalb der Schule) werden an Bedeutung gewinnen.

Die Lehrpläne der neueren Generation tragen diesen Trends bereits Rechnung. Sie legen Kompetenzen (Fähigkeiten, Fertigkeiten [Können], Kenntnisse [Wissen], Einstellungen und Haltungen) fest, die von den Schülerinnen/Schülern im Unterricht verbindlich zu erreichen sind. Diese sollen eine umfassende bewegungs- und sportbezogene Handlungskompetenz für ein selbstbestimmtes, verantwortliches Sporttreiben und einen aktiven, gesunden Lebensstil sicherstellen.

3.3 Sport im Dritten Reich

Sport hatte im **Nationalsozialismus** einen enorm hohen Stellenwert in der Gesellschaft. In seinem Buch „Mein Kampf" beschreibt Adolf Hitler, dass Sport in erster Linie dazu diene, um einen gesunden Körper heranzuziehen. Er war der Ansicht, dass ein „körperlich gesunder Mensch, mit einem festen Charakter, Entschlussfreudigkeit und Willenskraft" wertvoller sei, als ein „geistreicher Schwächling". (*Stegemann 2014*)

Hitler verfolgte durch die Leibesübungen (das Wort „Sport" sollte nicht mehr benutzt werden, da es aus dem Englischen kommt) neben der körperlichen Ertüchtigung weitere Ziele. Sport sollte abhärten und die Wehrtüchtigkeit fördern, er sollte – im Sinne einer rassenpolitischen Auslese – die „Schwachen" von den „Starken" trennen. Alle Vereine, die diesem Ziel nicht nachkommen wollten, wurden verboten oder in den „Deutschen Reichsbund für Leibesübungen" eingegliedert.

In der Schule wurde Sport bis zu fünf Stunden pro Woche unterrichtet. Die Anleitung der Übungen erfolgte durch Kommandosprache der Sturmabteilung. Die Unterrichtseinheiten beinhalteten Boxen, kämpferische Mannschaftsspiele, geländesportliche Übungen und wehrsportliche Lagerausbildung. Die gesamte Bevölkerung, auch Schüler/Schülerinnen, hatte sich an den nationalsozialistisch-ideologischen Werten Rasse, Führertum und Wehrhaftigkeit zu orientieren. Sport wurde diesen Werten untergeordnet und von den Nationalsozialisten **ideologisch missbraucht**.

3.4 Sport in der DDR

Die Deutsche Demokratische Republik (DDR) existierte von 1949 bis 1989 und entstand aus der Teilung Deutschlands nach 1945. Der Sport in der DDR erlangte einen besonders hohen Stellenwert innerhalb der Gesellschaft und wurde **vom Staat unterstützt**. Die Bevölkerung, unabhängig vom Alter, wurde dazu aufgerufen, mehrmals wöchentlich Sport zu betreiben. Bereits im Kindergarten bis hin zu den Arbeitsstätten der Erwachsenen war es wichtig, sich dem Sport zu widmen. Die Wichtigkeit des Sports zeigt sich an der Mitgliederzahl des Deutschen Turn- und Sportbundes (DTS), der über 3,7 Millionen Mitglieder zählte.

Flagge der DDR

Um die Motivation aufrechtzuerhalten, aber auch um Sporttalente zu entdecken, wurden regelmäßig Wettkämpfe ausgetragen. Die Suche nach Talenten begann bereits im Kindesalter. Erste Wettkämpfe wurden im Kindergarten ausgetragen. Für Sporttalente wurden spezielle Schulen, die Kinder- und Jugendsportschulen, gegründet.

Die Sportler/Sportlerinnen der DDR gewannen regelmäßig bei Weltmeisterschaften und Olympischen Spielen. Durch die Siege bei internationalen Wettkämpfen wollte die DDR die Überlegenheit des Sozialismus zeigen.

Die Erfolge stellten sich jedoch nicht allein aufgrund intensiven Trainings ein. Es wurden gezielt **Dopingmittel** eingesetzt. Man schreckte auch nicht zurück, Jugendlichen im Alter von 13 Jahren, ohne ihre Zustimmung, Dopingmittel zu verabreichen. Rund 30 Todesfälle, herbeigeführt durch Doping-Experimente, verzeichnete man jährlich im Hochleistungssport der DDR. Es gilt jedoch anzumerken, dass Doping im Sport nicht nur in der DDR, sondern weltweit ein Problem war. In der DDR nahm Doping allerdings neue Ausmaße an.

3.5 Moderne Olympische Spiele

Nachdem Kaiser Theodosius I. die antiken Olympischen Spiele 393 n. Chr. aus politischen und kulturellen Gründen verboten hatte, dauerte es fast 1500 Jahre, bis sie durch **Pierre de Coubertin 1896** wieder zum Leben erweckt wurden. Dafür wurde eigens ein Komitee gegründet, das **Internationale Olympische Komitee (IOC)**.

Die ersten Olympischen Sommerspiele der Neuzeit wurden 1896 in Athen ausgetragen. 1924 fanden die ersten Olympischen Winterspiele statt. Es liegen jeweils vier Jahre zwischen den Veranstaltungen.

Die Farben der olympischen Ringe repräsentieren die Kontinente, die an den Spielen teilnehmen: Blau für Europa, Gelb für Asien, Schwarz für Afrika, Grün für Australien und Rot für Amerika.

Coubertin war bestrebt, die Olympischen Spiele stets in allen Bereichen weiterzuentwickeln. Ein wichtiger Schritt war die Teilnahme von Frauen an den Olympischen Spielen 1900. Sportlerinnen wurden bis dahin mit vielen Vorurteilen konfrontiert: Athletinnen seien nicht mehr weiblich, könnten unfruchtbar werden oder zu viele Muskeln haben. Coubertin ermöglichte Frauen, im Rahmen der Olympischen Spiele ihr Land zu vertreten. Für Coubertin galt: „[...] Das Wichtigste an den Olympischen Spielen ist nicht das Siegen, sondern das Teilnehmen. [...] Das Wichtigste im Leben ist nicht der Triumph, sondern der Kampf. Es ist nicht wesentlich, gesiegt, sondern gut gekämpft zu haben."

Das Olympische Komitee 1896

GET ACTIVE 4

Bilden Sie Vierergruppen und vertiefen Sie Ihr Wissen zu einem der Themengebiete:

1. Friedrich Ludwig Jahn und das Turnen
2. Einführung des Schulturnens
3. Moderne Olympische Spiele
4. Sport im Nationalsozialismus
5. Sport in der DDR
6. Frauen und Sport
7. eigenes Thema

Präsentieren Sie Ihre Ergebnisse in der Klasse. Bereiten Sie dafür ein einseitiges Handout und entsprechende Visualisierung vor (Prezi, PowerPoint etc.).

GET ACTIVE 5

Bilden Sie Vierergruppen und planen Sie eine Doppeleinheit für das Unterrichtsfach „Bewegung und Sport" basierend auf den zukünftigen Entwicklungen des Sports in der Schule.

Präsentieren Sie anschließend Ihre Stundenplanung. Nach den Präsentationen aller Gruppen wählen Sie die beste Unterrichtsgestaltung. Führen Sie diese Doppeleinheit in Ihrem „Bewegung und Sport"-Unterricht durch.

Anforderungsniveau 1

Nennen Sie fünf Merkmale der Turnbewegung nach Friedrich Ludwig Jahn.

Anforderungsniveau 2

Erläutern Sie, inwiefern die nationalsozialistische Ideologie Sport für die im Dritten Reich durchgeführte rassenpolitische Auslese missbrauchte.

Anforderungsniveau 3

Vergleichen Sie den Stellenwert und die Zielsetzung des österreichischen Schulsports in den Anfängen (zweite Hälfte des 19. Jahrhunderts) mit dem Stellenwert und den Zielsetzungen heute.

Auszug aus dem Lehrplan für Bewegung und Sport

Insbesondere ist bei der Gestaltung des Unterrichts darauf abzuzielen, dass Schülerinnen und Schüler

- lernen, ihre motorischen Fähigkeiten und Fertigkeiten realistisch einzuschätzen, und erfahren, wie sie diese verbessern können,
- die Bedeutung von Bewegung und Sport für die Gesundheit und das persönliche Wohlbefinden erkennen können,
- allfällige Risiken bei der Sportausübung erkennen und angemessen damit umgehen können,
- Situationen erleben, in denen sie ihre Fähigkeiten und Kenntnisse in der Sportpraxis selbstständig anwenden und auf neue Situationen übertragen können,
- gefordert werden, Fähigkeiten und Einstellungen zu erwerben, die gemeinsames und verantwortungsbewusstes Handeln ermöglichen,
- Freude an Bewegung, Spiel und Sport erfahren,
- die vorstehend genannten Aspekte in ihrer Bedeutung so aufgreifen können, dass damit auch ein Beitrag zur Weiterentwicklung der Persönlichkeit erfolgen kann.

Quelle: http://www.bewegung.ac.at/fileadmin/user_upload/COO_2026_100_2_1263913_LP_BESP.pdf (5. März 2019)

KOMPETENZCHECK

Ich kann ...			
... die Bedeutung des Sports in einigen geschichtlichen Epochen und Kulturen erklären.			
... Sportarten den jeweiligen Kulturen zuordnen.			
... erklären, warum gewisse Sportarten in bestimmten Perioden besonders bedeutsam waren.			
... bestimmte Sportveranstaltungen erklären und einen Zusammenhang zur Gegenwart herstellen.			
... Zielsetzung und Stellenwert des Sports im Nationalsozialismus und in der DDR darlegen.			
... die Olympischen Spiele in der Antike mit jenen der Neuzeit vergleichen.			

Bewegungsapparat und Organsysteme

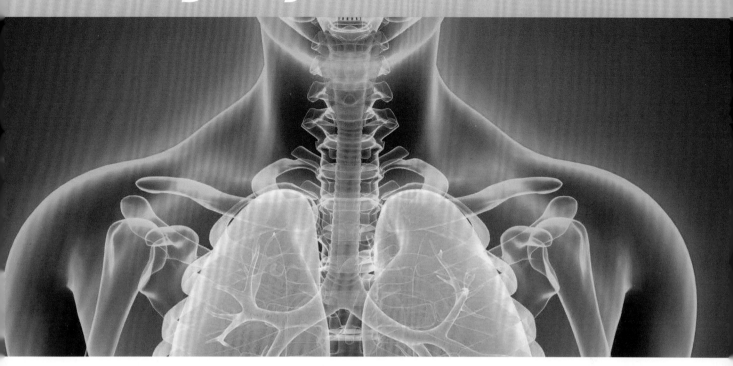

Seit jeher hat die Erforschung des Lebens und des menschlichen Geistes die Wissenschaft in besonderer Weise beschäftigt. Um den Aufbau und die Funktionsweise des Körpers besser zu verstehen, untersuchen unterschiedliche Wissenschaftsbereiche, wie ein Organismus aufgebaut ist und funktioniert. Technische Errungenschaften wie das Mikroskop haben es uns ermöglicht, in die Welt der Moleküle und Zellen zu blicken und nach Erklärungen für einzelne Prozesse im menschlichen Körper zu suchen. Wissenschaftliche Neugier und Wissensdrang waren der Antrieb für die Entstehung der Naturwissenschaften.

In der Sportwissenschaft bauen viele Themenbereiche auf Erkenntnisse der Anatomie und Physiologie auf, z. B. das Wissen um gesunde Bewegung und darauf abzielende Bewegungshandlungen. Trainingspläne und Trainingseinheiten können nur dann effektiv eingesetzt werden, wenn man die Reaktionen des Körpers auf die gesetzten Belastungen kennt. Kenntnisse über den passiven und aktiven Bewegungsapparat verhindern eine Überforderung oder Verletzung der einzelnen Strukturen des menschlichen Körpers. Kenntnisse über die genauen Vorgänge bei der Energiegewinnung und Energiebereitstellung können diese durch geeignete Maßnahmen beschleunigen oder unterstützen. Diagnostische Verfahren wie der Laktattest oder die Messung des Sauerstoffverbrauches bei Belastung dienen der besseren Steuerung der Trainingseinheiten. Die richtige Ernährung und der richtige Elektrolythaushalt können über Sieg oder Niederlage im Sport entscheiden.

In diesem Kapitel werden die wesentlichen Eigenschaften des aktiven und passiven Bewegungsapparates, des Herz-Kreislauf-Systems und des Nervensystems besprochen.

Der Lernende/Die Lernende soll ...

- die verschiedenen Organsysteme unterscheiden und erklären können,
- einen Überblick über die für den Sport relevanten Organsysteme geben können,
- sein/ihr Wissen über Organsysteme in trainingsrelevanten Bereichen anwenden können.

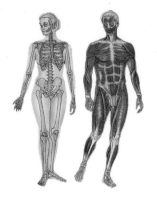

Der menschliche Körper ist ein sehr flexibles und komplexes System. Er hat sich im Laufe der Evolution immer wieder den sich ändernden Gegebenheiten und Anforderungen angepasst. Heutzutage wird unser Körper fast nur noch bei der Arbeit oder beim Sport stärker belastet. Verschaffen Sie sich einen Überblick über die verschiedenen Organsysteme des Menschen und finden Sie deren Aufgaben heraus.

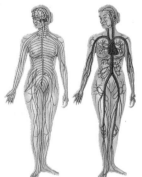

Der menschliche Organismus ist auf die Sicherung des Überlebens ausgerichtet. Das kann nur funktionieren, wenn alle Körpersysteme so zusammenarbeiten, dass die **Gesundheit** erhalten bleibt. Jedes Körpersystem arbeitet als eigenes System, ist aber auf die physikalische und biochemische Unterstützung der anderen Systeme angewiesen. Durch sportliche Aktivitäten werden diese Systeme ständig belastet und geschwächt. Der Körper reagiert auf diese Schwächung durch eine Überkompensation der einzelnen Funktionssysteme (siehe Kapitel 12 *Grundlagen des Trainings*, 1.1 *Funktionssysteme*).

1 Passiver Bewegungsapparat

Knochen, Gelenke, Bänder, Knorpel und Bandscheiben bilden den passiven Bewegungsapparat. Der passive Bewegungsapparat wird auch **Stützapparat** genannt. Die Gestalt des Menschen wird dabei vom Skelett festgelegt. Gelenke und Bänder bestimmen, an welchen Stellen des Skeletts Bewegungen möglich sind. Sie schränken aber auch den Bewegungsumfang in den einzelnen Gelenken ein. Ohne den aktiven Bewegungsapparat blieben die Gelenke allerdings starr.

1.1 Knochen

Die Knochen sind ein wichtiger Teil des passiven Bewegungsapparates. Die Gesamtheit unserer ca. 200 Einzelknochen bezeichnet man als das menschliche **Skelett**. Es schützt die inneren Organe wie die Leber, die Nieren oder das Herz vor äußeren Einwirkungen und bildet das Stützgerüst des menschlichen Körpers.

Aufgaben der Knochen
Schutz der inneren Organe *Stützfunktion (Stützgerüst)* *Blutbildung*

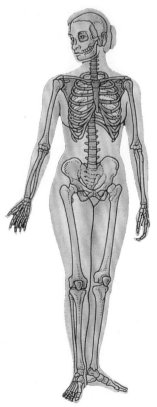

Im Laufe des Lebens verändert sich die dafür notwendige Knochenfestigkeit. Die Festigkeit des Knochens wird durch Kalziumeinlagerungen gewährleistet und nimmt mit dem Alter ab. Die Knochen dienen auch als Ansatzpunkt für viele Muskeln und sind für die Bildung von Blutzellen verantwortlich. Knochen sind einerseits so stabil, dass sie unser Gewicht tragen, und andererseits so leicht, dass wir uns bewegen können. Sie sind sehr hart, aber auch elastisch genug, um nicht leicht zu brechen. Knochen besitzen außerdem die Fähigkeit, sich an die funktionellen Anforderungen anzupassen, da sie eine lebende Substanz sind, die ständig „Umbauvorgängen" unterworfen ist, deshalb heilt auch ein Knochenbruch normalerweise von selbst.

Knochen

Jeder Knochen hat eine bestimmte Form und Größe, abhängig von seiner Funktion. Man unterscheidet die langen Röhren- bzw. Lamellenknochen der Gliedmaßen (z. B. Oberschenkelknochen oder das Wadenbein) von kurzen Knochen (z. B. Wirbel-, Hand- und Fußwurzelknochen) und platten Knochen (z. B. Schädel- und Beckenknochen, Schulterblätter und Brustbein). Die Wirbel bezeichnet man als unregelmäßig geformte Knochen. Obwohl es viele verschiedene Knochenformen gibt, bestehen alle aus denselben Substanzen.

Formen und Größen von Knochen
lange Röhren- bzw. Lamellenknochen der Gliedmaßen z. B. Oberschenkelknochen
kurze Knochen z. B. Wirbelknochen
platte Knochen z. B. Schädelknochen

1.2 Gelenke

Als Gelenke werden die Verbindungsstellen zwischen den Knochen bezeichnet. Ihre Aufgabe ist es, Bewegungen zwischen den Knochen zu ermöglichen und Kräfte von einem Knochen auf den anderen zu übertragen. Damit diese Bewegungen reibungslos und schonend ablaufen können, sind die Gelenksflächen von glatten **Knorpeln** umhüllt. Größere Gelenke enthalten zusätzlich eine schleimige **Flüssigkeit**, die Reibung an den Berührungsflächen vermindern soll und dadurch die Beweglichkeit des Gelenkes erhöht. Es werden zwei Gruppen von Gelenken unterschieden: echte und unechte Gelenke.

Echte Gelenke: Bei echten Gelenken sind die beiden Knochen immer durch einen **Gelenksspalt** voneinander getrennt. Die weiteren typischen Merkmale eines echten Gelenkes sind die **Gelenkshöhle**, die **Gelenkskapsel** und der **Gelenksknorpel**. Der Bewegungsumfang und die Bewegungsrichtung eines echten Gelenkes werden durch die Form der Gelenksfläche und des Gelenksknorpels bestimmt.

Unechte Gelenke: Bei unechten Gelenken befindet sich zwischen den Knochen **kein Gelenksspalt**, sondern **ein Füllgewebe**, ein Knorpel oder Bindegewebe. Sie lassen sich kaum oder gar nicht bewegen. Ist die Verbindung wie bei den beiden Unterarmknochen, der Elle und Speiche, ein Bindegewebe, so spricht man von **Bandhaften (Syndesmosen)**. Zwischen zwei Wirbelkörpern der Wirbelsäule befindet sich eine faserknorpelige Zwischenwirbelscheibe, solche unechten Gelenke werden **Knorpelhaften (Synchondrosen)** genannt. Eine Verbindung mit Knochengewebe, wie bei der Verschmelzung der fünf Kreuzbeinwirbel der Wirbelsäule, wird **Knochenhaften (Synostosen)** bezeichnet.

Lässt ein Gelenk zwei Bewegungsrichtungen zu, so spricht man von einem **Freiheitsgrad des Gelenkes**. Bei vier oder sechs Bewegungsrichtungen hat das Gelenk dementsprechend zwei oder drei Freiheitsgrade. Mit der Anzahl der Freiheitsgrade steigt der Bewegungsumfang, aber auch das Verletzungsrisiko des Gelenkes.

Scharniergelenk	Zapfen- oder Radgelenk	Sattelgelenk
1 Freiheitsgrad = 2 Bewegungsrichtungen Bsp.: Ellbogengelenk	*1 Freiheitsgrad = 2 Bewegungsrichtungen* Bsp.: Wirbel (Atlas u. Axis)	*2 Freiheitsgrade = 4 Bewegungsrichtungen* Bsp.: Daumensattelgelenk

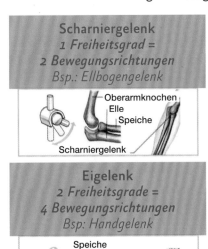 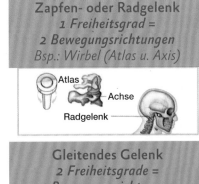 

Eigelenk	Gleitendes Gelenk	Kugelgelenk
2 Freiheitsgrade = 4 Bewegungsrichtungen Bsp: Handgelenk	*2 Freiheitsgrade = 4 Bewegungsrichtungen* Bsp: Oberes Fußgelenk	*3 Freiheitsgrade = 6 Bewegungsrichtungen* Bsp: Schultergelenk

Die Wirbelsäule

Die Wirbelsäule besteht aus **33 ringförmigen Wirbeln**, die überwiegend mit beweglichen Gelenken verbunden sind. Zwischen den Wirbeln befinden sich **Bandscheiben** aus straffen Faserknorpeln. Diese fangen Kräfte auf, die längs der Wirbelsäule wirken. Beim Beugen und Strecken der Wirbelsäule wirken sie wie Kugellager. Bänder und Muskeln, die sich entlang der Wirbelsäule erstrecken, stabilisieren die Wirbel und ermöglichen eine kontrollierte Bewegung. Im Inneren der Wirbelringe verläuft das zentrale Nervensystem, das Botschaften und Signale im ganzen Körper verteilt. Die Wirbelsäule hat die Aufgabe, den Kopf zu stützen und den Körper aufrecht zu halten. Sie ermöglicht aber auch Drehungen und Bewegungen des Körperrumpfes und des Kopfes.

Ein Wirbelgelenk ist nur geringfügig beweglich, aber die große Anzahl der Wirbel ermöglicht der Wirbelsäule einen hohen Bewegungsumfang. Die verschiedenen Abschnitte der Wirbelsäule sind je nach Form der Wirbelkörper unterschiedlich beweglich. Die **Halswirbelsäule** und die **Lendenwirbelsäule** sind die beiden beweglicheren Bereiche der Wirbelsäule. Der **Brustwirbelbereich** ist in seiner Beweglichkeit stark eingeschränkt. Dies rührt daher, dass an den Brustwirbeln die Rippen befestigt sind, die innere Organe wie das Herz und die Lunge schützen. **Kreuz- und Steißbein** sind aufgrund der Verknöcherung der Wirbel unbeweglich. Die Wirbelsäule ist nach vorne hin viel flexibler, da nach hinten hin die Dornfortsätze der Wirbel die Bewegung mechanisch blockieren.

Halswirbelsäule
Stützfunktion für den Kopf

Brustwirbelsäule
Schutzfunktion der inneren Organe Befestigung für die Rippen

Lendenwirbelsäule
Stütz- und Haltefunktion des Oberkörpers

Kreuzbein
Schutzfunktion für das Becken Befestigung für die Hüftknochen Bildung des Beckens

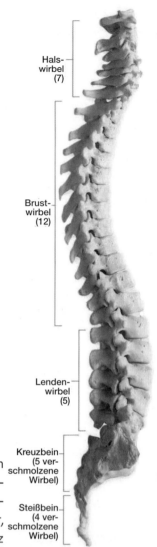

Hals-
wirbel
(7)

Brust-
wirbel
(12)

Lenden-
wirbel
(5)

Kreuzbein
(5 ver-
schmolzene
Wirbel)

Steißbein
(4 ver-
schmolzene
Wirbel)

Wirbelsäule

Die Wirbelsäule ist bei fast allen sportlichen Aktivitäten direkt oder indirekt beteiligt. Diese Belastungen sind sogar wichtig für die Bandscheiben der Wirbelgelenke. Die Bandscheiben werden passiv mit Nährstoffen versorgt. Durch den Druck auf die Wirbelsäule werden sie zusammengedrückt und nach der Belastung saugen sie, wie ein Schwamm, die Nährstoffe aus dem umliegenden Gewebe ein. Bei Bewegungsmangel kommt es dadurch zu einer Unterversorgung der Bandscheiben, was auf lange Sicht zu einer Schädigung der Bandscheiben führt. Zu starke Belastungen auf die Wirbelgelenke können aber auch, wie bei jedem anderen Gelenk, kurzfristig zu Verletzungen führen und langfristig zu einer Abnützung der im Gelenk vorhandenen Strukturen.

Vor allem bei Sportarten mit sehr hohen Belastungsspitzen sollte auf diese Tatsachen Rücksicht genommen werden. Durch eine Verbesserung der Stützmuskulatur der Wirbelsäule und durch die Vermeidung von unnatürlichen Belastungen (z. B. Drehbewegungen, Querbewegungen) kann die Gesamtstruktur des Stützapparates gefestigt werden. Da die Bandscheiben passiv versorgt werden, ist es notwendig, vor hohen körperlichen Belastungen die Wirbelsäule durch ausreichendes Aufwärmen vorerst nur schwach zu belasten, um so eine gewisse Grundversorgung der Bandscheiben herzustellen. Nach langer Inaktivität, wie zum Beispiel nach dem Schlafen, sind die Bandscheiben sehr schlecht mit Nährstoffen versorgt. Es ist besonders darauf zu achten, die Wirbelsäule keinen zu hohen Belastungen auszusetzen. Eine der häufigsten Verletzungen der Wirbelsäule ist der Bandscheibenvorfall, bei dem eine oder mehrere Bandscheiben, meist im Bereich der Lendenwirbelsäule, aufgrund zu hoher Belastungskräfte immer mehr nach außen gedrückt werden und dadurch auf das Innere ausweichen und unter Umständen auf das Innere der Wirbelringe und damit auf das zentrale Nervensystem drücken. Bei besonders schweren Fällen kann das sogar zu einer Lähmung führen.

THEORIE ····■■➡ PRAXIS

Über 70 % aller Menschen haben im Laufe ihres Lebens zumindest einmal Rückenschmerzen im unteren Bereich der Wirbelsäule. Rückenschmerzen zählen zu den häufigsten Leiden der Bevölkerung. Fehlbelastungen und eine zu schwache Muskulatur sind die Hauptursachen für die auftretenden Schmerzen. In vielen Fällen wird nach einer Abklärung durch einen Facharzt/eine Fachärztin zu mehr sportlicher Aktivität geraten. Die folgenden Sportarten wirken sich sehr positiv auf die Linderung von Rückenschmerzen aus.

Schwimmen

Durch den Auftrieb im Wasser ist das Schwimmen gelenksschonend und damit für jedes Alter geeignet. Es werden neben der Rückenmuskulatur noch die Arm- und Beinmuskulatur trainiert. Schwimmen ist nebenbei auch ideal für die Gewichtsreduktion. Die verstärkte Durchblutung und die erhöhte Atmung führen zu einer allgemeinen Verbesserung der Kondition.

Rudern

Diese technisch etwas anspruchsvollere Sportart sorgt für eine Stärkung der Rückenmuskulatur bei gleichzeitiger Entspannung der Haltemuskulatur. Trainiert werden Arme, Beine, Rücken, Rumpf und Bauch. Da beim Rudern keine abrupten Bewegungen stattfinden, ist es sehr gelenksschonend und das Verletzungsrisiko sehr gering.

Klettern

Das Klettern ist ein gutes Krafttraining für den Rücken. Die Streckbewegungen beim Klettern lösen Verspannungen. Gleichzeitig werden die Muskeln gedehnt und die Gelenke mobilisiert. Es erhöht die Konzentration und verbessert die Koordination. Vor allem Muskeln, die bei anderen Sportarten weniger gefordert sind, werden beim Klettern vermehrt beansprucht.

Das Kniegelenk

Das Knie ist das **größte Gelenk** im menschlichen Körper. Es verbindet den Oberschenkelknochen (Femur), das Schienbein (Tibia) und die Kniescheibe (Patella) miteinander. Es ermöglicht die Beugung und Streckung des Beines sowie eine leichte Ein- und Auswärtsdrehung in gebeugtem Zustand. Da das Kniegelenk eine sehr hohe Beweglichkeit aufweist, muss es sehr stark durch einen Bandapparat gestützt werden. Neben **zwei Seitenbändern** bieten auch die beiden **innen liegenden Kreuzbänder** ein gewisses Maß an Stabilität.

Wie jedes andere Gelenk wird auch das Kniegelenk durch Muskeln, Sehnen, Gelenkskapseln und Gelenksknorpel gestützt und geschützt. Die dazwischenliegenden Gelenksscheiben des Kniegelenkes werden **Menisken** genannt. Die **Patella** ist ein flacher Knochen, der von der Sehne des großen Oberschenkelknochens (musculus quadrizeps femoris) auf seiner Position gehalten wird. Die Patella schützt das Kniegelenk und vergrößert die Kraftwirkung auf das Schienbein.

Das Kniegelenk ist neben dem Schultergelenk und dem Sprunggelenk das Gelenk mit der größten **Verletzungsanfälligkeit im Sport**. Durch übermäßige Belastung des Kniegelenkes kann die Patellasehne gereizt oder entzündet werden. Risse in den Menisken, die sich zwischen Oberschenkelknochen und Schienbein befinden, können genauso auftreten wie gezerrte oder gerissene Bänder. Bei **Kniescheibenluxationen** springt die Patella aus ihrer Führung und bewegt sich nach außen. Ebenso können Frakturen der Patella oder der angrenzenden Knochenstruktur auftreten. Um all diesen Verletzungen entgegenzuwirken, sollten gezielte Kraftübungen zur Stärkung und Förderung der Durchblutung regelmäßig durchgeführt werden. Idealerweise wird man Kräfte, die nicht in Bewegungsrichtung des Kniegelenkes wirken, vermeiden. Besonders bei Sportarten wie Fußball treten immer wieder Kräfte auf, die quer zur Gelenksrichtung wirken. Solche Scherkräfte sollten unter allen Umständen vermieden werden.

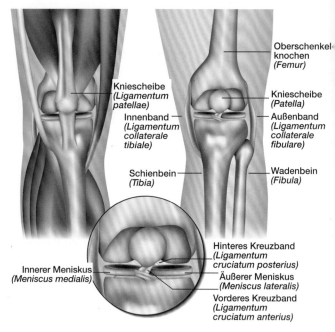

Oberschenkelknochen (Femur)

Kniescheibe (Ligamentum patellae)

Kniescheibe (Patella)

Innenband (Ligamentum collaterale tibiale)

Außenband (Ligamentum collaterale fibulare)

Schienbein (Tibia)

Wadenbein (Fibula)

Innerer Meniskus (Meniscus medialis)

Hinteres Kreuzband (Ligamentum cruciatum posterius)

Äußerer Meniskus (Meniscus lateralis)

Vorderes Kreuzband (Ligamentum cruciatum anterius)

1.3 Binde- und Stützgewebe

Binde- und Stützgewebe befindet sich an vielen Stellen des Körpers. Es bildet die **Grundsubstanz** von Knochen, Knorpeln und Sehnen und der Haut. Beim Binde- und Stützgewebe liegen die fixen Zellen im Zellverband sehr weit auseinander. Der dazwischenliegende Raum ist mit einer Zellsubstanz gefüllt, die je nach Gewebetyp – von den Fasern des lockeren Bindegewebes bis zur **mineralisierten Matrix** des Knochens – sehr unterschiedlich ausfällt. Diese Zellsubstanz bestimmt weitgehend die Eigenschaften des Bindegewebes. Faserreiches Bindegewebe wirkt als Füllgewebe, bildet Sehnen und Bänder oder Gefäßwände. Zellreiches Bindegewebe bildet eher Fettgewebe oder Knochenmark. Bindegewebe mit sehr viel Zellsubstanz bildet das Knorpel- und Knochengewebe.

RP-TRAINING 1

Anforderungsniveau 1

1. Beschreiben Sie den unterschiedlichen Aufbau von echten und unechten Gelenken.
2. Nennen Sie jeweils einen Vertreter für jede Art dieser Gelenke.

Anforderungsniveau 2

1. Erläutern Sie die Bedeutung der Freiheitsgrade eines Gelenkes in Bezug auf die Beweglichkeit in einem Gelenk.
2. Gehen Sie auf eventuelle Probleme ein, die dadurch im Sport entstehen können.
3. Erklären Sie die unterschiedlichen Funktionen der einzelnen Bereiche der Wirbelsäule.

Anforderungsniveau 3

1. Entwickeln Sie eine Übungsreihe zur Stabilisierung der Wirbelsäule.
2. Nehmen Sie zu den Problemen Stellung, die im Sport durch falsche Belastungen auf die Wirbelsäule entstehen.

2 Aktiver Bewegungsapparat

Der aktive Bewegungsapparat besteht aus den Muskeln und macht circa die Hälfte des Körpergewichtes aus. Die **unwillkürlich kontrahierenden Muskeln** führen die unbewussten, routinemäßigen Körperfunktionen aus. Sie sind für das Transportieren der Nahrung im Darm genauso zuständig wie für das Fokussieren der Augenlinse. Die **willkürlich kontrahierenden Muskeln**, wie z. B. der Bizeps (musculus biceps brachii), werden auch quergestreifte Muskulatur genannt. Die über 430 Einzelmuskeln der Skelettmuskulatur machen den größten Teil des aktiven Bewegungsapparates aus.

Ein **Skelettmuskel** hängt für gewöhnlich am Ende eines Knochens und erstreckt sich über ein Gelenk bis hin zu einem anderen Knochen. Diese Muskeln werden direkt vom Nervensystem angesteuert und können sich aktiv verkürzen. Dabei wird einer der beiden angrenzenden Knochen bewegt, während der andere relativ stabil bleibt. Der Punkt, an dem der Muskel am unbeweglichen Knochen hängt, heißt **Ursprung** und liegt meistens in Körpernähe. Der Punkt, an dem der Muskel am beweglichen Knochen hängt, heißt **Ansatz**. Es gibt sehr viele Muskeln, die mehrere Ursprünge und Ansätze haben. Jeder Muskel ist von einer Muskelhaut umgeben, die am Ende in eine Sehne, einen fasrigen Bindegewebsstrang, übergeht. Diese Sehnen sind sehr oft von Sehnenscheiden und Gelenksschmiere umgeben. Sie dienen als Schutz und haben die Aufgabe, die Reibung von gespannten Sehnen zu reduzieren.

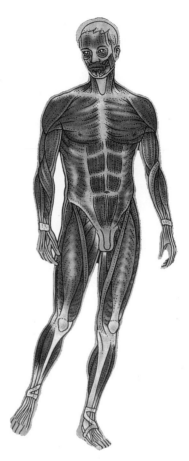

Muskeln

2.1 Agonist, Antagonist und Synergist

Bei jeder Bewegung arbeitet eine Vielzahl von Muskeln zusammen. Es gibt meistens einen Muskel, der die Hauptarbeit verrichtet – der **Spieler** oder auch **Agonist** – und einen, der gegen die Bewegungsrichtung wirkt – der **Gegenspieler** oder **Antagonist**. Beispielsweise wirkt bei einer Beugung im Ellbogengelenk der Bizeps (m. biceps brachii) als Agonist und der Trizeps (m. triceps brachii) als Antagonist. Als sogenannte „Synergisten" werden jene Muskeln bezeichnet, die Agonisten bei der gemeinsamen Ausübung der Bewegung unterstützen und in dieselbe Richtung Kraft auswirken.

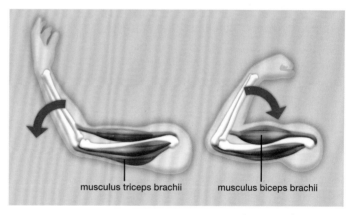

musculus triceps brachii   musculus biceps brachii

Agonist und Antagonist

GET ACTIVE 1

Wählen Sie gemeinsam mit einem Mitschüler/einer Mitschülerin drei einfache Übungen aus dem Krafttraining aus. Recherchieren Sie anschließend im Internet nach den Agonisten, Antagonisten und Synergisten, die bei diesen drei Übungen zum Einsatz kommen. Erstellen Sie von einer dieser Übungen eine Übersichtsgrafik, in der die Funktionen der einzelnen Muskeln dargestellt werden. Fügen Sie auch Informationen über den Ansatz und den Ursprung der einzelnen Muskeln ein.

2.2 Muskelaufbau

Es gibt eine große Zahl verschiedener Muskelformen. Eine der häufigsten Formen ist der **spindelförmige Muskel**. Er besteht aus einem dicken Muskelbauch, der sich gleichmäßig zu beiden Sehnenenden verjüngt, die man auch als Muskelköpfe bezeichnet. Ferner können solche Muskeln eine unterschiedliche Anzahl von Köpfen aufweisen, so hat z. B. der zweiköpfige Oberarmmuskel (musculus bizeps brachii), wie sein Name sagt, zwei Köpfe, der dreiköpfige Unterarmstrecker (musculus triceps brachii) sogar drei Köpfe. Jeder dieser Köpfe oder Stränge ist von einer Muskelhaut umgeben, die in den Sehnen des Muskels enden. Die innere Struktur der Skelettmuskulatur ist aber bei allen verschiedenen Muskelformen sehr ähnlich. Für den Aufbau eines Muskels muss zwischen einer Längsstruktur und Querstruktur unterschieden werden.

Längsstruktur

In Längsrichtung besteht jeder Muskel aus einer Vielzahl von Faszikeln, das sind Muskelfaserbündel, die wie Drähte in einem Kabel den Muskel bilden. Diese **Muskelfaserbündel** sind umgeben von einer bindegewebigen Muskelhülle. Die Muskelfasern in diesen Muskelfaserbündeln sind von Kapillaren – kleinen Gefäßen – umgeben, die Nährstoffe zur Muskelzelle bringen.

Die **Muskelfaser** besteht aus einer großen Anzahl von sogenannten **Myofibrillen**. Jede Myofibrille besteht aus dicken Myofilamenten, die in der Grafik blau gezeichnete Struktur. Sie bestehen aus dem Protein **Myosin**, das einen unbeweglichen

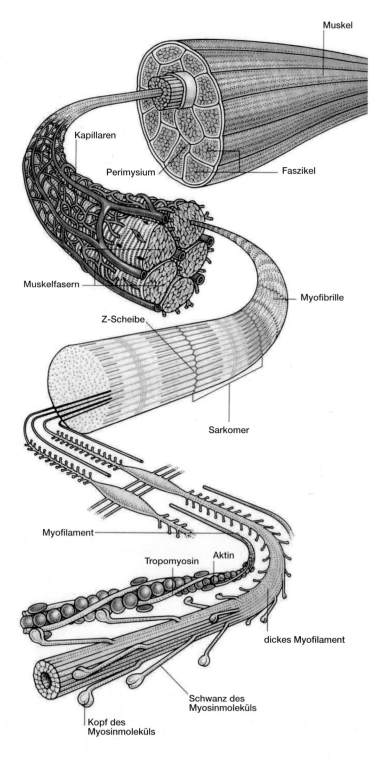

Muskelaufbau

Schaft bildet, aber bewegliche, eiförmige Köpfe besitzen. Diese beweglichen Köpfe sorgen bei einer Muskelkontraktion für die Verkürzung des Muskels. Die dünnen Myofilamente bestehen aus den Proteinen **Aktin** – die in der Grafik rot gezeichnete, verdrillte Perlenkette – und **Tropomyosin** – dem in der Grafik dargestellten gelben Band, das die Aktinkette umschlingt. Sie ist die starre Struktur der **Myofilamente**.

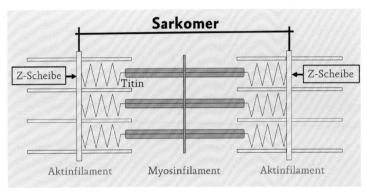

Querstruktur

In der Querstruktur kann man eine Struktur erkennen, die sich immer wiederholt. Diese Struktur wird auch **Sarkomer** genannt. Ein Sarkomer ist die kleinste Einheit einer Myofibrille und damit auch des Muskels. Ein Sarkomer ragt immer von einer Z-Scheibe zur nächsten Z-Scheibe. Die Z-Scheibe verbindet alle Aktinfilamente miteinander. An der Z-Scheibe hängen links und rechts die Aktinfilamente. Die Myosinfilamente sind über das elastische Protein **Titin** mit jeweils zwei benachbar-

Sarkomer-Aufbau

ten Z-Scheiben verbunden und werden dadurch in der Mitte des Sarkomers zentriert. Im Ruhezustand des Muskels überlappen sich die Aktin- und Myosinfilamente nur ein wenig. Bei einer Kontraktion gleiten die Myosinfilamente weiter zwischen die dünnen Aktinfilamente in Richtung der Z-Scheiben und drücken damit die Titinfilamente zusammen. Dabei verkürzt sich das Sarkomer um einen Bruchteil. Dieser Vorgang findet in jedem einzelnen Sarkomer statt, wodurch der Muskel um ein paar Zentimeter verkürzt wird. Die Stärke der Kontraktion hängt von der Anzahl der dabei beteiligten Muskelfasern ab.

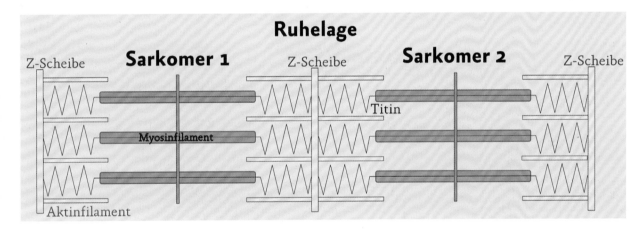

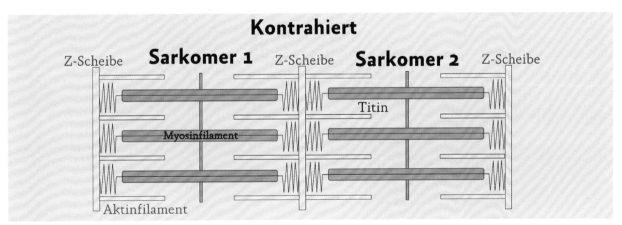

Verkürzung des Sarkomers

Querbrückenzyklus

Unter dem Querbrückenzyklus versteht man jene Prozesse, die bei einer Muskelkontraktion in den kleinsten Einheiten des Muskels vorgehen. Diese kleinste Einheit ist das Sarkomer (siehe oben). Bevor ein Muskel zu kontrahieren beginnt, muss ein elektrisches Signal vom Gehirn aus über das zentrale und periphere **Nervensystem** zum Muskel gelangen. Das Nervensystem ist mit dem Muskel über ein sogenanntes **Motoneuron** verbunden. Diese Verbindung sorgt beim Ankommen des elektrischen Signales für eine Ausschüttung von **Ionen**. Beim Erreichen einer bestimmten Ionenkonzentration – des Aktionspotentials – beginnt der Muskel mit der **Muskelkontraktion**. Ist die Muskelkontraktion erst einmal eingeleitet, wird sie bis zum Ende durchgeführt. Die folgende Darstellung der bei der Muskelkontraktion stattfindenden Prozesse zeigt, wie und wann bei der Muskelkontraktion Energie benötigt wird.

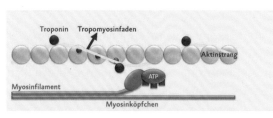

In den nebenstehenden Grafiken ist jener Teil des Sarkomers dargestellt, bei dem sich die Aktin- und Myosinfilamente überlappen. Im Ruhezustand befindet sich um den Aktinstrang ein Tropomyosinfaden, der die Andockstellen für die Myosinköpfchen blockiert.

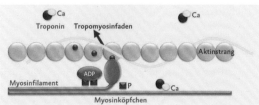

Beim Erreichen des Aktionspotentials sorgen die einströmenden Ca+-Ionen durch Bindung an das Troponin ein Aufdrehen des Tropomyosinfadens. Gleichzeitig spaltet sich ein Phosphorrest vom eingelagerten Adenosintriphosphat und liefert damit die Energie zur Vorspannung des Myosinköpfchens. Das so aufgeklappte Myosinköpfchen kann sich nun an den Aktinstrang binden.

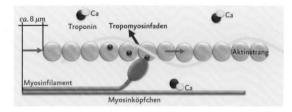

Durch die Freisetzung des immer noch am Myosinköpfchen anliegenden Phosphors und des Adenosindiphosphats wird die Verspannung des Myosinköpfchens in mechanische Energie umgesetzt. Die Myosinköpfchen kippen wieder in ihre Ausgangsstellung und ziehen dabei die Aktinfilamente von rechts und links zur Sarkomermitte. Damit verkürzt sich das Sarkomer für ein paar Mikrometer.

Wie schon erwähnt wiederholt sich dieser Vorgang in allen Sarkomeren des Muskels. Da diese hintereinandergereiht sind, verkürzt sich der Gesamtmuskel um mehrere Zentimeter.

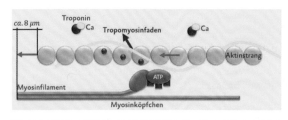

Durch neuerliche Bindung von ATP an das Myosinköpfchen löst sich dieses wieder vom Aktinstrang. Das Sarkomer geht aufgrund der Federwirkung des am Myosinstrang haftenden Titins wieder auf seine ursprüngliche Länge zurück.

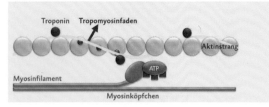

Verlassen die Ca+-Ionen wieder die Muskelzelle, indem sie sich in der motorischen Endplatte sammeln, dreht sich der Tropomyosinfaden wieder zurück und blockiert erneut die Andockstellen für das Myosinköpfchen. Folgen keine weiteren Signale aus dem Nervensystem, ist die Muskelkontraktion abgeschlossen.

2.3 Kontraktionsarten

Bei einer **Verkürzung des Muskels**, der Kontraktion, muss Arbeit geleistet werden. Man unterscheidet zwischen drei verschiedenen Arten der Muskelkontraktion.

Überwindende (konzentrische) Muskelarbeit

Die überwindende (konzentrische) Muskelarbeit bezeichnet die Kraftanstrengung beim Überwinden eines Widerstandes. Dabei verkürzt sich der gesamte Muskel und sorgt für eine Bewegung in jenem Gelenk, das von diesem Muskel beeinflusst wird. Beispielsweise sind das Heben des Körpers zur Reckstange beim Klimmzug oder das Anwinkeln des Unterarms beim Hanteltraining typische Vertreter einer konzentrischen Muskelarbeit.

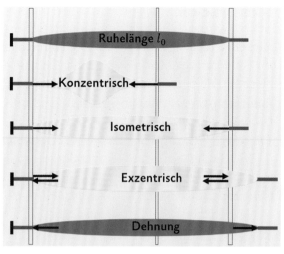

Arten der Muskelkontraktion

Statisch haltende (isometrische) Muskelarbeit

Bei der statisch haltenden (isometrischen) Muskelarbeit verkürzt sich der Muskel nur wenig oder gar nicht. Dabei kommt es zu einer Kraftanstrengung bzw. Spannung im Muskel bei gleichbleibender Muskellänge. Bei vielen Übungen, bei denen eine Stabilisierung des Körpers notwendig ist, leisten die dabei beteiligten Muskelgruppen isometrische Arbeit. Beispielsweise sind das Halten von Hanteln bei ausgestrecktem Arm, das Verharren im Handstand oder das Halten im Stütz beim Reck Vertreter einer isometrischen Muskelarbeit.

Nachgebende (exzentrische) Muskelarbeit

Die nachgebende (exzentrische) Muskelarbeit ist jene Muskelarbeit, die beim Abbremsen eines Widerstandes verrichtet wird. Der Widerstand ist größer als die Spannung im Muskel selbst, der Muskel wird dabei gedehnt. Beispielsweise sind das Hinunterführen des Körpers beim Klimmzug oder das Hinunterführen des Gewichtes beim Bankdrücken Vertreter einer exzentrischen Muskelarbeit.

2.4 Muskelfasertypen

Die Muskulatur des Menschen setzt sich aus verschiedenen Muskelfasertypen zusammen. Diese variiert genetisch bedingt von Mensch zu Mensch. Im Normalfall hat der Mensch 5 bis 10 % mehr Muskelfasern des Typs I als des Typs II. In Ausnahmen kann diese Verteilung auch in die eine oder andere Richtung stark abweichen. Die Veranlagung eines Menschen bestimmt, ob er sich eher für einen Marathon oder einen 100-Meter-Sprint eignet.

Muskelfasern Typ I

Die Muskelfasern des Typs I werden auch **Slow-Twitch-Fasern** oder **rote Muskelfasern** genannt. Sie haben eine höhere Anzahl an Mitochondrien und kontrahieren eher langsam. Durch diese hohe Mitochondrienzahl können sie sehr lange Leistung bringen. Sie arbeiten daher bei sehr langen, wenig intensiven Belastungen effizienter.

Muskelfasern Typ II

Bei den Muskelfasern des Typs II werden drei Arten unterschieden. Neben dem Typ IIa und IIb gibt es noch einen dazwischenliegenden Fasertyp IIx. Die Muskelfasern des Typs II werden auch **Fast-Twitch-** oder **weiße Muskelfasern** genannt. Sie kontrahieren sehr schnell, haben aber eine geringere Mitochondrienzahl und arbeiten daher nur für sehr kurze Zeit effektiv. Nach dem bisherigen Kenntnisstand der Forschung ist es nur bedingt möglich, einzelne Muskelfasern in andere umzuwandeln. Man kann aber durch gezieltes

Training den Querschnitt der einzelnen Muskelfasern, mit denen der Mensch ausgestattet ist, vergrößern. Dadurch wird zum Beispiel der Anteil der Querschnittsfläche der Typ-II-Fasern im Vergleich zur gesamten Querschnittsfläche des Muskels größer und damit werden auch die Maximalkraft und Schnellkraft besser.

In der unten abgebildeten Übersicht sind die wesentlichen **Merkmale der verschiedenen Muskelfasertypen** noch einmal zusammengefasst.

Rote Muskelfaser Typ I	Weiße Muskelfaser Typ IIa	Weiße Muskelfaser Typ IIb
langsam *Leistung für Stunden* *hohe Mitochondrienzahl* *Energie mit Sauerstoff* *Fette* *lockeres Ausdauertraining*	*moderat* *Leistung unter 30 Minuten* *mittlere Mitochondrienzahl* *Energie mit/ohne Sauerstoff* *Kohlenhydrate* *mittleres Ausdauertraining*	*sehr schnell* *Leistung unter 1 Minute* *geringe Mitochondrienzahl* *Energie ohne Sauerstoff* *energiereiche Phosphate* *Schnellkrafttraining*
	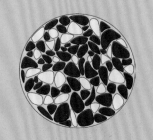	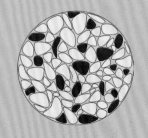

GET ACTIVE 2

Die Muskelkontraktion ist ein sehr komplexer Vorgang. Spielen Sie in einer Gruppe von fünf Personen eine Muskelkontraktion nach, indem jede Person die Rolle einer Struktur im Muskel übernimmt. Die notwendigen Strukturen sind Aktinfilament, Myosinfilament, Titin und zwei Z-Scheiben. Sollten Sie an dem Rollenspiel Gefallen gefunden haben, erweitern Sie das Modell mit den anderen beteiligten Strukturen.

RP-TRAINING 2

Anforderungsniveau 1

1. Skizzieren Sie den Aufbau eines Muskels bis in die kleinsten Einheiten der Filamente.
2. Beschreiben Sie die verschiedenen Formen der Skelettmuskeln.

Anforderungsniveau 2

1. Erläutern Sie die Funktionsweise einer Muskelkontraktion, die durch Verkürzung der Sarkomere erfolgt.
2. Analysieren Sie mehrere sportliche Bewegungen und finden Sie jeweils einen Vertreter für die drei unterschiedlichen Kontraktionsarten.

Anforderungsniveau 3

Entwickeln Sie aus dem Modell zur Muskelkontraktion ein Blockdiagramm, in dem der Kreislauf einer Muskelkontraktion in den Sarkomeren dargestellt wird. Verwenden Sie Blöcke für die ablaufenden Mechanismen und verbinden Sie diese mit Pfeilen.

3 Herz-Kreislauf-System

Das Herz-Kreislauf-System verbindet alle Organe zu einer **funktionellen Einheit**. Als Verbindung dienen die zähen, elastischen Röhren des **Gefäßsystems**. Das **Blut** wird mit hohem Druck durch dieses System gepumpt und hat die Aufgabe, alle Körperzellen ausreichend mit Sauerstoff und Nährstoffen zu versorgen. Außerdem ist das Blut für den Abtransport der entstandenen Stoffwechselendprodukte von Geweben zuständig. Der Transport durch den menschlichen Körper wird von einem Motor angetrieben, dem **Herzen**. Es pumpt das Blut durch das geschlossene Leitungssystem des Gefäßnetzes. Das Gefäßsystem ist zudem noch in der Lage, die Verteilung des Blutes je nach Anforderungen zu variieren. Dadurch werden Organsysteme, die aufgrund der erhöhten Anforderung viel Blut benötigen, besser versorgt als ruhende.

3.1 Blut

Im menschlichen Körper fließen ca. 5 bis 7 Liter Blut. Blut besteht zu ca. 44 % aus **festen Bestandteilen** und ca. 56 % aus **flüssigem Blutplasma**. Das gelbliche Plasma besteht hauptsächlich aus Wasser. Zudem enthält es noch Ionen (Na+, K+, Ca+, Mg+, Cl-) und Proteine wie das Fibrinogen, Antikörper und Hormone.

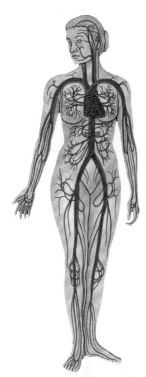

Herz-Kreislauf-System

Feste Bestandteile des Blutes		
rote Blutkörperchen (Erythrozyten)	*weiße Blutkörperchen (Leukozyten)*	*Blutplättchen (Thrombozyten)*

Die Blutbestandteile haben sehr spezifische Aufgaben. Die **roten Blutkörperchen** übernehmen den Transport der Atemgase. In der Lunge nehmen die **Erythrozyten** den Sauerstoff auf und geben das bei der Verbrennung in den Zellen entstandene Kohlendioxid ab. Der Sauerstoff wird dann zu den einzelnen Zellen gebracht und das entstandene Kohlendioxid für den Abtransport aufgenommen. Für die Aufnahme des Sauerstoffes ist der rote Blutfarbstoff **Hämoglobin** verantwortlich. Die Erythrozyten werden ständig im Knochenmark gebildet und haben eine Lebensdauer von ca. 100 bis 200 Tagen.

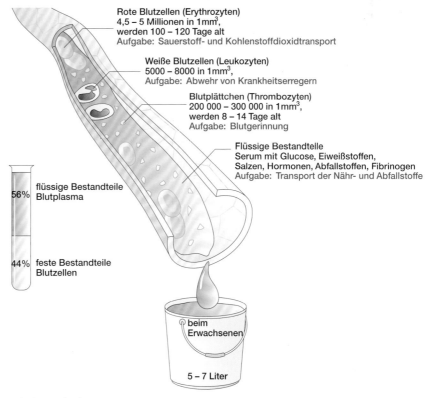

Rote Blutzellen (Erythrozyten)
4,5 – 5 Millionen in 1mm³,
werden 100 – 120 Tage alt
Aufgabe: Sauerstoff- und Kohlenstoffdioxidtransport

Weiße Blutzellen (Leukozyten)
5000 – 8000 in 1mm³,
Aufgabe: Abwehr von Krankheitserregern

Blutplättchen (Thrombozyten)
200 000 – 300 000 in 1mm³,
werden 8 – 14 Tage alt
Aufgabe: Blutgerinnung

Flüssige Bestandteile
Serum mit Glucose, Eiweißstoffen,
Salzen, Hormonen, Abfallstoffen, Fibrinogen
Aufgabe: Transport der Nähr- und Abfallstoffe

56% flüssige Bestandteile Blutplasma

44% feste Bestandteile Blutzellen

beim Erwachsenen

5 – 7 Liter

Blutbestandteile

Die **weißen Blutkörperchen** dienen der Abwehr von Krankheitserregern und körperfremden Stoffen. Diese Aufgabe verrichten sie größtenteils außerhalb der Blutgefäße im Bindegewebe. Das Blut dient hierbei nur als Transportmittel von den Bildungsstätten (Knochenmark) zu den Wirkungsorten. Zu den **Leukozyten** zählen unter anderem die Lymphozyten, Granulozyten und Makrophagen.

Das **Blutplasma** übernimmt den Transport von Nährstoffen, Stoffwechselprodukten, Hormonen und ist für den Abtransport von entstandener Wärme durch Reibung und Verbrennung zuständig. Die Nährstoffe werden vom Magen und Darm zu den einzelnen Organen transportiert. Die Stoffwechselprodukte werden zum Großteil über die Niere und die Hautoberfläche ausgeschieden. Im Rahmen der Blutgerinnung sind bei Verletzungen von Gefäßen die im Blutplasma gelösten Gerinnungsfaktoren, z. B. das **Fibrinogen**, sowie die Blutplättchen von lebenswichtiger Bedeutung. Diese Blutplättchen, die **Thrombozyten**, bilden bei einer Wundverletzung durch Luftkontakt eine Blutkruste und verhindern damit einen zu starken Blutverlust. Neben diesen Aufgaben übernimmt das Blut auch noch die Regulierung des **pH-Wertes** des Körpers. Dieser soll im Durchschnitt immer im leicht basischen Bereich, bei ca. 7,4, liegen. Dieser Wert sollte nur sehr geringe Abweichungen aufweisen.

Aufgaben des Blutes

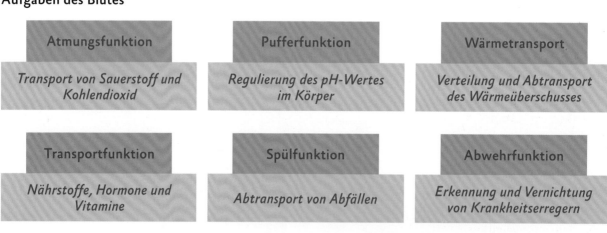

Atmungsfunktion	Pufferfunktion	Wärmetransport
Transport von Sauerstoff und Kohlendioxid	*Regulierung des pH-Wertes im Körper*	*Verteilung und Abtransport des Wärmeüberschusses*
Transportfunktion	Spülfunktion	Abwehrfunktion
Nährstoffe, Hormone und Vitamine	*Abtransport von Abfällen*	*Erkennung und Vernichtung von Krankheitserregern*

3.2 Herz

Das Herz ist ein leistungsstarker **Hohlmuskel**, der ungefähr die Größe einer Faust hat. Es arbeitet wie eine Kombination aus **zwei Pumpen**. Die eine drückt das Blut in das Herz-Kreislauf-System und die andere saugt das Blut wieder aus dem System heraus. Es liegt geschützt vom knöchernen Brustkorb zu zwei Drittel in der linken Körperhälfte. Seine Form ähnelt einem Kegel, dessen Grundfläche nach oben und leicht nach rechts hinten gerichtet ist. Die Spitze berührt zwischen der fünften und sechsten Rippe die Brustkorbwand. Das Herz wird vor allem durch die großen Arterien und Venen an seinem Platz festgehalten. Man unterscheidet zwischen der **linken und rechten Herzhälfte**. Beide Hälften bilden ein Pumpsystem mit jeweils einem **Vorhof** und einer **Herzkammer**.

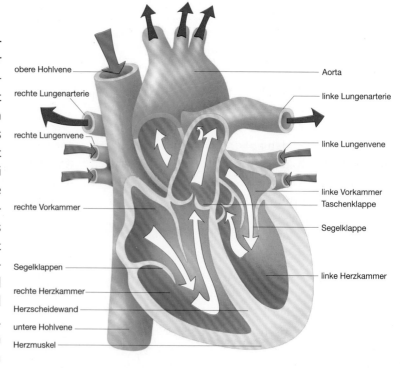

obere Hohlvene
rechte Lungenarterie
rechte Lungenvene
rechte Vorkammer
Segelklappen
rechte Herzkammer
Herzscheidewand
untere Hohlvene
Herzmuskel

Aorta
linke Lungenarterie
linke Lungenvene
linke Vorkammer
Taschenklappe
Segelklappe
linke Herzkammer

Herz

Die rechte Herzhälfte saugt das sauerstoffarme Blut aus den Hohlvenen und pumpt es dann weiter zu den Lungen. Die linke Herzhälfte saugt das mit Sauerstoff angereicherte Blut von der Lunge wieder an und pumpt es in die große Körperhauptschlagader **(Aorta)**, von der aus zahlreiche Schlagadern zu den verschiedenen Organen führen. Die linke Herzhälfte ist wesentlich dicker und kräftiger, da sie im Gegensatz zur anderen Herzhälfte das Blut durch alle Organe des Körpers pumpen muss. Die **vier Klappen** am Eingang und am Ausgang der beiden Herzkammern werden nur passiv durch die unterschiedlichen Druckverhältnisse gesteuert. Sie sorgen dafür, dass das Blut nur in eine Richtung fließen kann und der Druck im Herz-Kreislauf-System genügend hoch ist. Die Klappen erzeugen auch die typischen Herztöne, die auf die richtige Funktion des Herzens hinweisen. Da das Herz enorme Sauerstoffmengen benötigt, muss es ausreichend mit Blut versorgt werden. Der Herzmuskel besitzt deshalb ein eigenes Netzwerk aus Blutgefäßen, die Herzkranzgefäße.

3.3 Blutgefäße

Ein komplexes Kreislaufsystem macht es möglich, dass das Blut seine vielen unterschiedlichen Aufgaben erfüllen kann. Durch die Blutgefäße, die vom Herzen aus durch den gesamten Körper verteilt sind, kann das Blut alle Organe erreichen, Aufbau- und Abfallstoffe mit den Körperzellen austauschen und danach zum Herzen zurückströmen. Es gibt drei unterschiedliche Arten von Blutgefäßen.

Arten von Blutgefäßen

Arterien
Kapillaren
Venen

Die **Arterien** bilden alle Gefäße, die das Blut vom Herzen zu den Organen leiten. Mit Ausnahme der Lungenarterie transportieren sie sauerstoffreiches Blut. Die größte Arterie ist die **Aorta**, die viele Verzweigungen bildet und sich immer weiter verfeinert bis hin zu den **Arteriolen**, die das Blut im Körper verteilen.

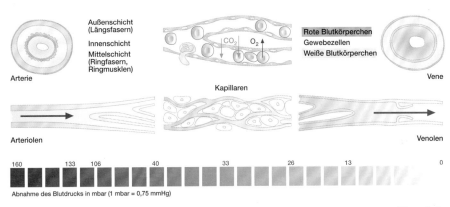

Blutgefäße

Wenn die Organe oder Muskeln sehr viel Energie benötigen, können sich die Arteriolen stark ausdehnen. Dadurch wird die Durchblutung verbessert und die Energieversorgung gewährleistet. Die Arteriolen verzweigen sich weiter in kleine Haargefäße, die **Kapillaren**. Sie haben einen Durchmesser von wenigen Mikrometern, bilden aber durch ihre enorme Anzahl eine riesige Oberfläche zu den zu versorgenden Organen. In den Kapillaren findet der Stoffaustausch statt. Hier kommt das Blut in engen Kontakt mit den Flüssigkeiten und Geweben des Körpers. Organe, Muskeln und weitere Gewebe erhalten frischen Sauerstoff und geben ihre Abfallstoffe ab. Ohne körperliche Anstrengung ist nur circa ein Viertel der gesamten Kapillaren geöffnet. Erst bei höheren Belastungen des Körpers sorgen Hormone für eine Öffnung der restlichen unbeteiligen Kapillaren.

Als **Venen** werden alle Blutgefäße bezeichnet, die das Blut nach dem Gasaustausch in den Kapillaren aufnehmen und zum Herzen zurückführen. Sie transportieren – mit Ausnahme der Lungenvene – sauerstoffarmes Blut. Nach dem Gasaustausch sammeln kleinste **Venülen** das Blut zu größeren Venen. Die Venen sind viel elastischer als die Arterien und dienen deshalb als Blutreservoir für den gesamten Kreislauf. Ohne körperliche Belastung befindet sich etwa die Hälfte des gesamten Blutes in den Venen. Aus den Venen fließt das Blut über die große obere und untere Hohlvene zum rechten Herz zurück.

GET ACTIVE 3

Versetzen Sie sich in die Lage eines roten Blutkörperchens und beschreiben Sie Ihren Weg durch das Herz-Kreislauf-System in Form einer Geschichte.

Setzen Sie sich anschließend mit einem Partner/einer Partnerin aus der Klasse zusammen und erzählen Sie ihm/ihr Ihre Geschichte. Sollten in der Geschichte Teile des Weges des roten Blutkörperchens durch das Herz-Kreislauf-System fehlen, dann ergänzen Sie diese gemeinsam mit Ihrem Partner/Ihrer Partnerin.

Wenn Sie wollen, können Sie Ihre Geschichten einander im Plenum vorlesen.

3.4 Atmung

Alle menschlichen Zellen benötigen **Sauerstoff** zur Energiegewinnung und produzieren **Kohlendioxid**. Den Austauschvorgang dieser beiden Gase nennt man Atmung. Beim Menschen gibt es zwei verschiedene Mechanismen für diesen **Gasaustausch**. Die Aufnahme der Gase erfolgt zum Teil über **Diffusion**, das ist ein Vorgang, bei dem sich die Teilchen durch Eigenbewegung auf den verfügbaren Raum aufteilen. Dabei kommt es zu einem Transport der Gase von Orten mit hoher Konzentration zu Orten mit niedriger Konzentration. Diese Art des Gasaustausches ist jedoch sehr langsam und würde bei hohen Belastungen nicht ausrei-

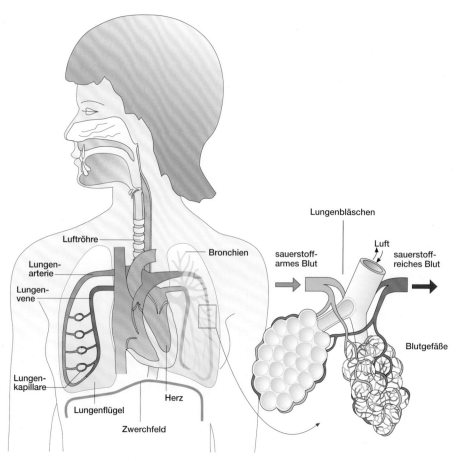

Aufbau Lunge

chen, deshalb findet der Austausch auch über **Konvektion** statt. Konvektion ist der Transport von Teilchen in strömenden Gasen. Beim Einatmen strömt die Luft über die oberen **Atemwege** (Nasenhöhlen, Mundhöhle und Rachen) zu den unteren Atemwegen (Luftröhre). Von dort führen zwei Äste zur rechten und linken Lunge. Diese Hauptbronchien verästeln sich in beiden Lungen immer weiter in kleiner werdende Äste, die Bronchien und Bronchiolen, bis hin zu den kleinen Lungenbläschen. Bei den Lungenbläschen erfolgt der Gasaustausch.

Das **Einatmen (Inspiration)** und das **Ausatmen (Exspiration)** ist nur durch Druckunterschied zwischen der Lunge und der Außenluft möglich. Aus der Physik wissen wir, dass bei Röhren mit unterschiedlichem Druck an den beiden Enden die Gase immer vom Gebiet mit hohem Druck zum Gebiet mit niedrigem Druck strömen. Dieses Phänomen nutzt der menschliche Körper für die Atmung. Beim Einatmen erweitert sich das Volumen des Brustkorbes, wodurch der Luftdruck in der Lunge sinkt. Sobald der Druck in der Lunge geringer ist als der atmosphärische Druck der Umgebungsluft, strömt Luft in die Lungen. Der umgekehrte Effekt tritt beim Ausatmen ein.

Das sauerstoffarme Blut wird vom Herz in die Lungenarterie gepumpt und gelangt von dort aus in die beiden Lungenflügel. Jedes Lungenbläschen ist von einem dichten Kapillarnetz umgeben, in dem der Gasaustausch mit der Lunge stattfindet. Der in der Lunge befindliche Sauerstoff steht – im Vergleich zum Sauerstoff im Kapillarnetz – unter einem sehr hohen Druck. Genau umgekehrt verhält es sich mit dem Kohlendioxid. Aus diesem Grund diffundiert der Sauerstoff in Richtung des Blutes im Kapillarnetz und das Kohlendioxid in Richtung der Lungen. Durch die feine Struktur der Lungenbläschen und des Kapillarnetzes erfolgt dieser Austausch relativ rasch.

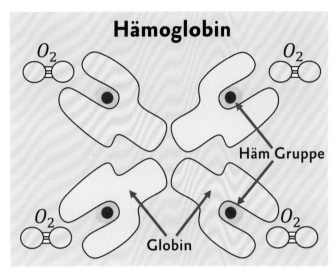

Hämoglobin

Da **Sauerstoff** sehr schlecht wasserlöslich ist, benötigt das Blut ein Transportmolekül, das **Hämoglobin**. Der in den roten Blutkörperchen befindliche Farbstoff Hämoglobin besteht aus vier Untereinheiten, die jeweils aus einer Häm-Gruppe bestehen. Diese Häm-Gruppe besitzt in ihrem Zentrum ein Eisenion, welches eine hohe Bindungsfreudigkeit zu den freien Sauerstoffmolekülen hat. Diese hohe Affinität wird stärker, je mehr Sauerstoffmoleküle bereits an das Hämoglobinmolekül gebunden sind. Damit wird gewährleistet, dass noch nicht vollbesetzte Transportmoleküle die Lunge verlassen. Bei der Sauerstoffabgabe in der Zelle verhält es sich genau umgekehrt. Dort erfolgt die Abgabe des ersten Sauerstoffmoleküles schwerer als die des letzten, somit werden fast immer alle Sauerstoffmoleküle an die Zelle übergeben. In der Muskelzelle übernimmt das Muskelprotein **Myoglobin** den Transport des Sauerstoffes, da es ebenfalls eine sauerstoffbindende Hämgruppe besitzt.

Im Gegensatz zum Sauerstoff ist **Kohlendioxid** (CO_2) sehr gut wasserlöslich. Kohlendioxid entsteht in der Zelle bei einer **aeroben Energiebereitstellung**. Bei dieser Art der Energiebereitstellung hat die Zelle genügend Sauerstoff zur Verfügung, um die verschiedenen Energieträger vollständig zu verbrennen. Dieses CO_2 muss nach diesem Prozess wieder abtransportiert werden. Da der Druck des CO_2 durch die entstandenen Moleküle in der Zelle steigt, diffundiert dieses von der Zelle aus in das Blut der Kapillaren und wird dort an das Blutplasma gebunden. Über den Venenkreislauf gelangt das gebundene Kohlendioxid zu den Lungenkapillaren und diffundiert dort in die Lunge. Über die Exspiration, die Ausatmung, wird die mit Kohlendioxid angereicherte Luft ausgeatmet.

Anforderungsniveau 1

1. Beschreiben Sie die Funktionen und den Aufbau des menschlichen Blutes.
2. Geben Sie den Aufbau des Herzens wieder.

Anforderungsniveau 2

Erläutern Sie die Mechanismen der Sauerstoffaufnahme in der Lunge und der Sauerstoffabgabe bei den Zellen.

Anforderungsniveau 3

„Bei diesem 1000-Meter-Lauf ging mir nach der zweiten Runde die Puste aus und ich konnte einfach nicht mehr weiterlaufen."

Beurteilen Sie diese Aussage eines Sportlers/einer Sportlerin im Hinblick auf die Vorgänge im Herz-Kreislauf-System.

4 Nervensystem

Durch den menschlichen Körper rasen Milliarden von elektrischen und chemischen Signalen, die den Körper und das Gehirn am Leben halten. Verantwortlich für diese Signale sind die **Neuronen** oder **Nervenzellen** mit ihren fadenartigen, weitreichenden Fasern. Sie bilden nicht nur das Gehirn und das Rückenmark **(zentrales Nervensystem)**, sondern auch alle Teile des restlichen Nervensystems **(peripheres Nervensystem)**. Neuronenbündel bilden dieses Nervensystem, das durch den ganzen Körper verläuft und dem zentralen Nervensystem alles meldet, was außerhalb des Körpers passiert. Neben dieser Aufgabe passt das Nervensystem das Innere des Menschen an die wechselnden Umweltbedingungen an und stimmt die einzelnen Organsysteme gemeinsam mit dem Hormonsystem aufeinander ab.

Das Nervensystem besitzt spezielle **Rezeptoren**, die in den Sinnesorganen Reize aus der Umwelt aufnehmen. Solche Rezeptoren befinden sich auch im restlichen Körper in Form von Chemorezeptoren, Gelenksrezeptoren oder Sehnenorganen. Sie verwandeln die eintreffenden Reize in eine für den Körper lesbare Form, die **Nervenimpulse**. Diese Nervenimpulse werden dann über die **afferenten Nervenfasern** zum zentralen Nervensystem weitergeleitet und dort verarbeitet. Das Gehirn wandelt diese Signale in Empfindungen oder Wahrnehmungen um und schickt sie über das **efferente Nervensystem** zu den einzelnen Organen, damit diese entsprechend reagieren können. In den meisten Fällen findet diese Reaktion in Form von Muskelkontraktionen statt. Die Veränderung des Herzschlages, der Mimik oder Gestik oder auch nur gezielte Bewegungen sind mögliche Reaktionen. Dieses grundlegende System liefert auf jeden Reiz eine wohlgeordnete Antwort des Körpers.

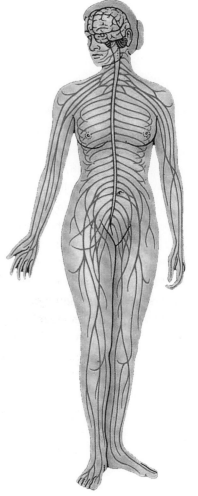

Nervensystem

4.1 Einteilung des Nervensystems

Funktionelle Einteilung

Aus funktioneller Sicht können im Nervensystem Teile, die einer willkürlichen Steuerung bedürfen, und Teile, die unwillkürlich gesteuert werden, unterschieden

Funktionelle Einteilung

Willkürliches Nervensystem | *Unwillkürliches (vegetatives) Nervensystem*

werden. Die Ansteuerung von Muskeln z. B. beim Fangen eines Balles oder beim Hinsetzen auf einen Sessel sind typische Handlungen des **willkürlichen Nervensystems (animalisches Nervensystem)**. Hingegen gehören die Anpassung der Herzfrequenz oder die Steuerung der Magen- und Darmmuskulatur zum **unwillkürlichen Nervensystem (vegetatives Nervensystem)**.

Anatomische Einteilung

In Bezug auf die Lage des Nervensystems im Körper kann die Einteilung in ein **zentrales** und ein **peripheres Nervensystem** getroffen werden. Das zentra-

Anatomische Einteilung

Zentrales Nervensystem | *Peripheres Nervensystem*

le Nervensystem umfasst das Gehirn und das Rückenmark. Die davon abzweigenden Nervensysteme sind die peripheren Nervenzellen. Das zentrale Nervensystem ist sehr stark geschützt, da eine Schädigung zu fatalen Folgen für den Menschen führen würde. Das Gehirn ist umgeben von den harten Schädelknochen, das Rückenmark liegt geschützt in den Wirbelkanälen der Wirbelsäule.

4.2 Nervenzelle

Die Grundbausteine des Nervensystems sind – wie bereits erwähnt – die **Neuronen**. Die vielen Neuronen des Nervensystems werden von Stützzellen (Gliazellen) geschützt. Sie liegen zwischen und um die Neuronen und machen ungefähr die Hälfte des Nervensystems aus. Jedes Neuron besteht aus einem Leib und spezialisierten Fortsätzen, die Botschaften von anderen Neuronen, von Muskeln oder von Drüsen empfangen und weiterleiten. Die längsten Fortsätze, die aus dem Zellkern herausragen, nennt man **Axone**. Axone können über einen Meter lang werden. Sie leiten Impulse immer nur in eine Richtung weiter. Ein Neuron kann, muss aber nicht, noch andere Fortsätze besitzen. Diese fadenförmigen, spitz zulaufenden Abzweigungen werden **Dendriten** genannt. Sie erhalten von den anderen Nervenzellen Signale. Die Fortsätze verzweigen sich in Endfasern, die an ihrem Ende **Synapsen** besitzen. Diese Synapsen sind mit Bläschen oder Säckchen voller **Neurotransmitter** gefüllt, die an ihren Enden die Übertragung der Botschaften von einer zur nächsten Nervenzelle bewirken. Die äußerst komplexen Verschaltungen der einzelnen Neuronen untereinander entstehen dadurch, dass jede Nervenzelle von einigen hundert bis einigen tausend Axonverzweigungen anderer Zellen erreicht wird. Genauso nimmt die Nervenzelle selbst durch ihre zahlreichen Verzweigungen Kontakt zu anderen Nervenzellen auf.

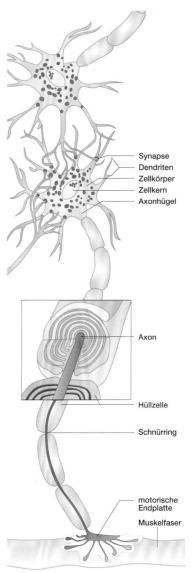

Nervenzelle

4.3 Signalübertragung von Nervenzellen

Elektrische Nervenimpulse werden durch einen **Reiz** ausgelöst. Die Fähigkeit einer Nervenzelle, auf einen Reiz zu reagieren, wird als Erregbarkeit bezeichnet. Wird an der Innenseite der Zellmembran durch einen Reiz ein positives Potential erzeugt, so wird dieses Potential bis zu den Synapsen weitergeleitet. Die **Signalübertragung** von Nervenzelle zu Nervenzelle erfolgt an den **Synapsen** des Neurons auf chemische Weise. In den Endköpfen der Nervenzellen befinden sich Bläschen, die mit **Neurotransmittern** gefüllt sind. Beim Eintreffen eines elektrischen Reizes werden diese Neurotransmitter in den synaptischen Spalt ausgeschüttet. Diese wandern durch den Spalt zu den Rezeptoren der nächsten Zelle. Durch die chemische Bindung der Neurotransmitter an die Rezeptoren werden diese geöffnet und im Spalt befindliche Ionen können in den geöffneten Rezeptor eindringen. Bei einer genügend hohen Zahl an positiv geladenen Ionen entsteht in den Membrankanälen ein positives Potential und dadurch ein elektrisches Signal in der nächsten Zelle. Elektrische Nervenimpulse können durch hemmende Neurotransmitter oder Medikamente blockiert werden.

Ein **Motoneuron** ist eine Nervenzelle, die über ihr Axon direkten oder indirekten Einfluss auf mehrere Muskelzellen ausübt. Das Motoneuron bildet mit allen von ihr befehligten Muskelzellen eine motorische Einheit. In der Rückenstreckmuskulatur sind einer motorischen Nervenzelle bis zu 2000 Muskelzellen untergeordnet, sodass ein Impuls gleichzeitig 2000 Muskelzellen kontrahieren lässt, die nicht unbedingt nebeneinander liegen müssen. In der Hand sind einer Nervenzelle weniger Muskelzellen zugeordnet, was zu einer feineren Kontrolle der Muskelgruppen führt. Damit die Kontraktion des Muskels gleichmäßiger verläuft, werden die verschiedenen motorischen Einheiten eines Muskels niemals gleichzeitig, sondern immer phasenverschoben angesteuert.

Die Ansteuerung der Muskelzelle erfolgt über die **motorische Endplatte**, die sehr ähnlich funktioniert wie die Synapsen der Nervenzellen. Für jede Muskelzelle ist im Regelfall eine motorische Endplatte verantwortlich. Wenn der Nervenimpuls in Form des Aktionspotentials an den synaptischen Endknopf ankommt, wird ein Überträgerstoff, das **Acetylcholin**, in den synaptischen Spalt freigesetzt. Dieser Überträgerstoff wandert dann zu den gegenüberliegenden Rezeptoren an der Muskelzelle. Dadurch ändert sich die Durchlässigkeit der Zellmembran, wodurch elektrisch geladene Ionen eintreten können. Ist das Muskelaktionspotential erreicht, breitet es sich über die gesamte Muskelzelle aus und führt zu einer Muskelkontraktion.

4.4 Weg der Muskelkontraktion

Bei einer willentlich ausgeführten Bewegung, wie z. B. beim Fangen eines Balles, geht die **Signalweiterleitung wie** folgt:
Der Ball wird über Analysatoren – in der Regel Sinnesorgane – wahrgenommen. In diesem Fall, beim Fangen eines Balls, liefert das Auge die entsprechende Information durch einen elektrischen Impuls über das afferente-periphere Nervensystem zum Gehirn. Im Gehirn wird nach Bewegungsmustern für das Fangen des Balls gesucht und die entsprechenden Signale werden zu den einzelnen beteiligten Muskelgruppen geschickt. Dies erfolgt über das efferente-periphere Nervensystem. Die einzelnen Neuronen senden die Befehle weiter bis an die beteiligten Motoneuronen, die dann die dafür notwendigen Muskelkontraktionen einleiten.

Dieser beschriebene Vorgang einer Kontraktion kann unter bestimmten Umständen zu lange dauern. Oft gibt es von den Rezeptoren ausgehend in den sensorischen afferenten Nerven **Verschaltungen** mit dem motorischen Nervensystem. Dabei wird ein Signal vom Rezeptor ausgehend nicht in das Gehirn geleitet, sondern im Rückenmark über Verschaltungen direkt zum Muskel umgeleitet. Der Vorteil dieses Vorganges liegt darin, dass sich das Signal den Weg bis zum Gehirn und die Verarbeitung im Gehirn erspart. Die Reaktion erfolgt also viel schneller als bei willkürlichen Kontraktionen. Diese Verschaltungen werden auch **Reflexe** genannt. Reflexe ermöglichen zum Beispiel einem Handballtormann trotz der kurzen Distanzen zum Werfenden, rechtzeitig zu reagieren und den Ball abzuwehren.

GET ACTIVE 4

Erstellen Sie eine Liste mit zehn verschiedenen Fachbegriffen, die in diesem Kapitel verwendet wurden. Erklären Sie diese Begriffe in jeweils zwei bis drei Sätzen. Suchen Sie sich danach einen Partner/ eine Partnerin in der Klasse, der/die die von Ihnen gewählten Fachbegriffe erklären soll. Für jede richtige Begriffserklärung Ihres Partners/Ihrer Partnerin bekommt er/sie einen Punkt, andernfalls erhalten Sie den Punkt. Danach erklären Sie die Begriffe Ihres Partners/Ihrer Partnerin. Sieger/Siegerin dieses kleinen sportlichen Wettkampfes ist derjenige/diejenige mit der höheren Punktezahl.

RP-TRAINING 4

Anforderungsniveau 1

1. Beschreiben Sie die verschiedenen Möglichkeiten, das Nervensystem einzuteilen.
2. Nennen Sie die wichtigsten Bestandteile einer Nervenzelle.

Anforderungsniveau 2

Erläutern Sie den Vorgang der Reizleitung im Nervensystem.

Anforderungsniveau 3

Vergleichen Sie den Prozess, der bei einer willkürlichen Muskelkontraktion stattfindet, mit dem eines Reflexes.

KOMPETENZCHECK

Ich kann ...

... grundlegende Funktionen des Bewegungsapparates und der Organsysteme wiedergeben.

... die Funktionen der Organsysteme bei sportlicher Belastung beschreiben und erläutern.

... den Weg einer Muskelkontraktion vom Erkennen einer notwendigen Bewegung bis zur eigentlichen Muskelkontraktion genau erklären.

Anpassungen des Körpers durch Sport

Im kargen Alltag der Urmenschen waren Nahrungssuche, Kämpfe und Fliehen überlebensnotwendig. Jede Energieverschwendung durch unnütze, nicht lebensnotwendige Bewegung war ein „tödlicher Luxus", ein Einteilen der Kräfte war deshalb enorm wichtig für die Existenz.

Im Gegensatz zum Leben in der Urzeit führt der Mensch der Gegenwart in vielen Ländern einen ganz anderen Lebensstil. Es ist nicht mehr notwendig, tagelang zu Fuß unterwegs zu sein, um Nahrung zu beschaffen. Uns Menschen in den Industrieländern steht Nahrung meist im Überfluss zur Verfügung, deshalb besteht die Gefahr, dass wir die große Energiemenge, die wir durch die Nahrung zu uns nehmen, nicht verbrauchen. Vor allem das tägliche Sitzen vor dem Computer oder Fernseher, das Fahren von kurzen Strecken mit dem Auto oder die vielen verschiedenen Hilfsmittel, die uns das Alltagsleben erleichtern, führen dazu, dass wir sehr schnell Fett ansetzen und an den verschiedensten „Zivilisationskrankheiten" wie Herz- und Gefäßkrankheiten, Übergewicht, Wirbelsäulenbeschwerden, Diabetes u. a. leiden. Wir sind eben genetisch darauf ausgerichtet, jede überschüssige Energie für schlechtere Zeiten im Körper zu speichern.

Die für die Gesundheit notwendigen körperlichen Belastungen im Alltag und im Arbeitsleben werden im Allgemeinen geringer, deshalb betreibt der gesundheitsbewusste Mensch Sport. Wohlstand ermöglicht es, den Körper mit genügend Nahrung und Nährstoffen zu versorgen. Der Körper kann sich dadurch ideal auf alle Belastungen einstellen, auch auf die Belastungen durch Sport. Das führt zu Anpassungsprozessen des Körpers und damit zu einer höheren Leistungsfähigkeit. In diesem Kapitel werden diese Veränderungen festgehalten und der Zusammenhang mit der sportlichen Leistung aufgezeigt.

Der Lernende/Die Lernende soll ...

- die positiven Anpassungserscheinungen des Körpers durch sportliche Belastungen erklären können,
- eine Verbindung zwischen Anpassung des Körpers und den Trainingsarten herstellen können,
- sein/ihr Wissen über Anpassungserscheinungen in trainingsrelevanten Bereichen nutzen können.

WARM-UP

Wie in der Einleitung erwähnt kommt es durch das regelmäßige Training des Körpers zu Anpassungserscheinungen. Beschreiben Sie mit Hilfe Ihres Vorwissens aus dem letzten Kapitel mögliche Veränderungen, die im Körper eines Athleten/einer Athletin vorgehen, der/die längere Zeit intensiv Sport betrieben hat.

Regelmäßiges Trainieren stärkt die Leistungsfähigkeit des Körpers und erhöht den Schutz vor Krankheiten. Richtig ausgeführt, zeigen sich die ersten positiven Effekte des Trainings innerhalb kürzester Zeit. Die Herzfrequenz sinkt, das Atemvolumen steigt und die Muskeln werden stärker aktiviert. Das sind nur ein paar Beispiele für die massiven Veränderungen, die durch regelmäßigen Sport stattfinden. Der menschliche Körper besteht aus einer Vielzahl von Funktionssystemen, die sich gegenseitig beeinflussen. Wird der Körper durch ein Training geschwächt, beginnen die einzelnen Teilsysteme darauf zu reagieren, um neuerlichen Belastungen entgegenzuwirken.

Einflussfaktoren der Trainierbarkeit

„Trainierbarkeit" ist ein zentraler Begriff in der Sportwissenschaft. Trainierbarkeit ist die Fähigkeit eines Sportlers/einer Sportlerin, auf das Training mit einer Anpassung der Funktionssysteme zu reagieren und dadurch seine/ihre Leistung zu steigern. Die Frage nach den Faktoren und Grenzen der Trainierbarkeit beschäftigt die Sportwissenschaft seit Jahrzehnten. Unzählige Untersuchungen zu diesem Thema wurden durchgeführt. Dabei haben sich drei unterschiedliche Bereiche von Einflussfaktoren herauskristallisiert.

Genetische Faktoren	Temporäre Faktoren	Externe Faktoren
Individuelle Genetik *Geschlecht* *Abstammung*	*Biologisches Alter* *Trainingsalter* *Psychische und physische Befindlichkeit*	*Jahreszeiten* *Tageszeiten* *Ernährung* *Klima*

Interne ← → **Externe**

THEORIE ·····➡ PRAXIS

Im Nachwuchssport sind Trainer/Trainerinnen immer wieder mit hohen Ausfallsquoten der Sportler/Sportlerinnen konfrontiert. Sehr oft sind dafür nicht die physische Belastbarkeit oder Trainierbarkeit verantwortlich, sondern andere für die Jugendlichen wichtige Einflüsse. Faktoren wie die Schule oder die erste partnerschaftliche Liebesbeziehung führen dazu, dass die Belastung durch den Sport als zu hoch angesehen wird und die Jugendlichen das Sporttreiben aufgegeben.

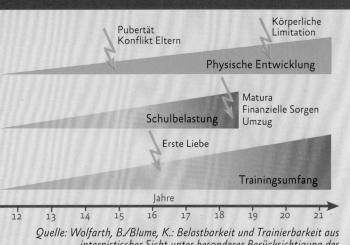

Quelle: Wolfarth, B./Blume, K.: Belastbarkeit und Trainierbarkeit aus internistischer Sicht unter besonderer Berücksichtigung des Immunsystems bei Nachwuchsleistungssportlerinnen und -sportlern.

Anpassungsgeschwindigkeit

Die Anpassungsgeschwindigkeit durchläuft im Prinzip drei Phasen. Im Kindesalter ist die Anpassungsgeschwindigkeit im Vergleich zum Höchstleistungsalter eher gering. Das Höchstleistungsalter ist die Phase nach der vollständigen Ausdifferenzierung der Organe und des Gewebes, bei der die Struktur und die Funktion auf höchstem Niveau verharren. Nach dieser Phase sinkt die Anpassungsgeschwindigkeit aufgrund von Verschleißerscheinungen und der sinkenden Testosteronauschüttung unter das Niveau des Kindesalters. Dies hat zur Folge, dass Anpassungsprozesse aus physiologischer Sicht weniger gut bewältigt werden.

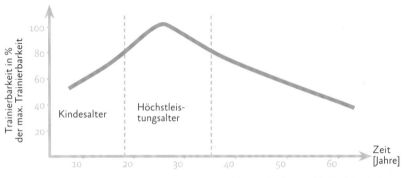

Trainierbarkeit im Verlauf des Lebens

Arten der Anpassung

Es gibt verschiedene Möglichkeiten, die Anpassungserscheinungen des Körpers durch das Betreiben von Sport einzuteilen:

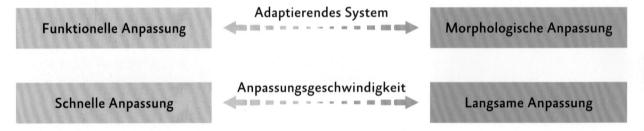

Auswirkung auf das adaptierende System:

- Unter einer **morphologischen Anpassung** versteht man die Veränderung der Form und Struktur von Geweben oder Organen und Zellen. Die Vergrößerung des Herzmuskels ist eine morphologische Anpassung.
- Unter einer **funktionellen Anpassung** versteht man die Veränderung der Arbeitsweise von verschiedenen Strukturen des Menschen. Die Veränderung der Herzfrequenz oder der Atemfrequenz sind funktionelle Anpassungen.

Anpassungsgeschwindigkeit:

- Die Anpassung der Atemfrequenz bei Belastung und höherem Sauerstoffbedarf erfolgt relativ rasch.
- Die Anpassung der Anzahl der roten Blutkörperchen für den Transport des Sauerstoffs erfolgt bei Belastung und höherem Sauerstoffbedarf eher langsam.

Übersicht über die Anpassungen in den verschiedenen Organsystemen

Gehirn

Die Durchblutung einzelner Gehirnregionen steigt. Die Gedächtnisleistung steigt und es werden vermehrt Endorphine ausgeschüttet, die stimmungsaufhellend wirken.

Herz

Der Herzmuskel wird stärker und arbeitet weitaus ökonomischer. Das Fassungsvermögen wird größer, dadurch kann bei Belastung mehr Blut in das Herz-Kreislauf-System gepumpt werden.

Fettgewebe

Der Körper greift bei erhöhtem Energiebedarf auf die überall im Körper angelegten Fettdepots zurück, die dann langsam verschwinden. Dadurch steigt der Anteil des HDL-Cholesterins im Blut, die Butgefäße bleiben sehr elastisch. Das Herz benötigt weniger Kraft, wodurch das Herzinfarktrisiko sinkt.

Geschlechtshormone

Die Menge an Testosteron im Blut steigt. Dies führt zu einem verbesserten Muskelaufbau.

Immunsystem

Die Anzahl der Antikörper im Blut steigt, wodurch die Anfälligkeit für Krankheiten stark sinkt. Nur nach dem Training ist der Körper für ca. acht Stunden geschwächt, bei Trainierten regeneriert sich die körpereigene Abwehr schneller.

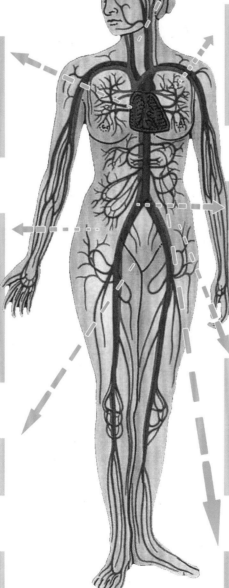

Schilddrüse

Durch Ausschüttung von Hormonen erhöht sich der Stoffwechsel. Der Energiebedarf ist damit auch in Ruhe erhöht.

Lunge

Das Einatmen der Luft erfolgt mit weniger, aber tieferen Zügen. Durch den erhöhten Adrenalinspiegel im Blut erweitern sich auch die Atemwege und es erfolgt eine erhöhte Sauerstoffaufnahme aus der Atemluft .

Leber

Der Glykogenspeicher – Glykogen ist die Speicherform des Zuckers – wird erhöht. Bei sehr langen Belastungen kann die Leber große Mengen an Glykogen abgeben, das dann in der Muskelzelle verbrannt wird .

Nebennieren

Sie schütten mehr Adrenalin aus. Puls und Blutdruck sind dadurch erhöht und aktivieren vermehrt die Muskeln. Zusätzliches Cortisol regt die Speicherung von Kohlenhydraten in der Leber in Form von Glykogen an.

Bauchspeicheldrüse

Insulin wird gleichmäßiger ausgeschüttet und die Insulinrezeptoren vermehren sich. Dadurch wird mehr Zucker in die Zellen geschleust und der Blutzuckerspiegel sinkt.

1 Anpassungen des Bewegungsapparates

Die Anpassungen des Bewegungsapparates sind je nach Art **schnell oder langsam adaptierende Systeme**. Der passive Bewegungsapparat, also Knochen, Sehnen, Bänder und Knorpel, zählt zu den langsam adaptierenden Systemen. Der aktive Bewegungsapparat, also alle Muskeln, passt sich hingegen relativ schnell an die Belastungen an. Um während der Anpassung Schäden an den Organsystemen zu vermeiden, sollte vor allem bei langsam adaptierenden Systemen der Belastungsreiz so gewählt werden, dass keine Überforderung eintritt. Dies gilt verstärkt in den Entwicklungsjahren, in denen die einzelnen Organsysteme noch nicht vollständig ausgebildet sind.

1.1 Knochenanpassung

Sowohl der wachsende Knochen als auch der schon ausgewachsene Knochen sind einem ständigen Umbauprozess ausgesetzt. Innerhalb von sechs Wochen kommt es fast zu einer gesamten **Neubildung der Knochensubstanz**. Dies ist notwendig, um auf veränderte Belastungen zu reagieren oder geschädigtes Gewebe wieder neu aufzubauen. Wird der Knochen vermehrt unter Druck gesetzt oder verbogen, wird er zur Verdickung und Verstärkung des Knochenmaterials stimuliert. Er wird aber nicht nur dicker und enthält mehr kollagene Fasern, sondern auch die Knochenfortsätze, die als Ansatz für Sehnen, Bänder und Muskeln dienen, treten mehr hervor.

Die Knochensubstanz wird fast zur Gänze in der Jugend aufgebaut und erreicht zwischen dem 25. und 35. Lebensalter ihren Höhepunkt. Danach wird der Knochen immer spröder und anfälliger für Knochenbrüche. Der vermehrte Aufbau der Knochenmasse in den Jugendjahren durch Sport kann diesen Effekt etwas verzögern. Bei fehlender oder zu hoher Belastung kann es zu einem Abbau der Knochenmasse kommen.

1.2 Muskelhypertrophie

Die Muskelhypertrophie gehört zu den **morphologischen Anpassungserscheinungen**, weil sie unter anderem auch die äußere Gestalt des Menschen verändert. Unter Muskelhypertrophie versteht man die Anpassungen der Muskelmasse an höhere Belastungen des Muskels. Die Anpassung erfolgt auf zwei verschiedene Arten:

Inaktive Fasern
Slow-Twitch-Fasern
Fast-Twitch-Fasern

Hypertrophie des Muskels

- Bei einer Muskelkontraktion werden nie alle Muskelfasern aktiv. Wird eine höhere Kraftwirkung erforderlich, steigt die **Anzahl der aktiv beteiligten Muskelfasern**.

- Die Muskelfasern werden aber auch dicker und bilden damit einen **größeren Querschnitt**, wodurch in weiterer Folge eine erhöhte Kraftwirkung möglich ist.

1.3 Intramuskuläre Koordination

Die Verbesserung der intramuskulären Koordination ist eine **spezifische Adaptionserscheinung**. Darunter versteht man das Zusammenspiel des Nervensystems mit einem einzelnen Muskel. Nicht nur der Muskel kann hypertrophieren, sondern auch bei den Nervenzellen ist eine Vergrößerung möglich. Durch häufige Belastung des Muskels werden auch die Nervenbahnen zum Muskel verbessert und die einzelnen Muskelfasern besser angesteuert. Das führt dazu, dass bei diesem Muskel weniger Muskelfasern inaktiv bleiben. Nicht nur die Anzahl der aktiven Muskelfasern steigt, sondern die gesamte Kontraktion läuft koordinierter ab. Damit wird die dynamische Kraftwirkung des Muskels stark verbessert.

Anforderungsniveau 1

Beschreiben Sie die positiven physiologischen Anpassungserscheinungen des menschlichen Körpers durch regelmäßiges Ausdauertraining. Gehen Sie dabei speziell auf die Anpassungserscheinungen des Bewegungsapparates ein.

Anforderungsniveau 2

Erklären Sie, welche Anpassungseffekte bei den unten aufgelisteten Sportarten verstärkt auftreten werden: Langstreckenlauf, Fußball, Kraftsport, Bodenturnen.

Anforderungsniveau 3

Diskutieren Sie die Vorteile und Nachteile einer Gewichtsreduktion durch sportliche Aktivitäten.

2 Anpassungen des Herz-Kreislauf-Systems

2.1 Blutanpassung

Als **kurzfristige Anpassung** wird sich die Viskosität des Blutes absenken. Unter der Viskosität versteht man die Fließfähigkeit des Blutes. Je größer die Viskosität ist, desto schlechter fließt das Blut durch das Herz-Kreislauf-System.

Langfristig gesehen kommt es durch regelmäßiges Training zu einer Vergrößerung des Blutvolumens um bis zu 50 %. Dieser Vorgang steht im engen Zusammenhang mit der Vergrößerung des Herzens und der Verbesserung des Gefäßsystems. Nicht nur die Anzahl der roten Blutkörperchen – der Erythrozyten – steigt, sondern auch die Menge des Blutplasmas vergrößert sich. Das ist auch der Grund, warum der Hämatokrit-Wert bei einem Sportler/einer Sportlerin sogar niedriger wird. Der Hämatokrit-Wert gibt an, wie viel Prozent des Blutes aus festen Bestandteilen besteht.

	Blutvolumen (ml/kg)	Erythrozyten-volumen (ml/kg)	Plasmavolumen (ml/kg)	Hämatokrit (%)
Untrainiert	77	30	47	45,0
Halbtrainiert	91	36	55	45,5
Ski-Alpin	88	36	52	44,8
Schwimmen	97	37	60	43,5
Leichtathletik	105	40	65	43,4
Radrennsport	107	46	61	47,2
Triathlon	107	40	67	43,2

2.2 Sportherz

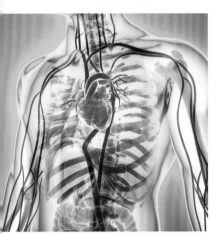

Die Entwicklung eines Sportherzens zählt zu den **langfristigen Anpassungen**. Ein Sportherz bildet sich meistens bei Sportarten mit zyklischen Bewegungsmustern, die regelmäßig über längere Zeiträume durchgeführt werden, z. B. Laufen, Radfahren. Es entsteht durch Hypertrophie. Das Ausmaß der Herzvergrößerung ist abhängig vom Trainingsaufwand. Wie bei einem Muskel wächst die Herzmuskelwand, indem sich die vorhandenen Herzmuskelzellen verlängern und ihren Querschnitt vergrößern. Es vergrößert sich nicht nur die Herzmuskelwand, sondern auch die Herzinnenräume werden größer. Dadurch nimmt das Schlagvolumen, das ausgeworfene Blutvolumen, von 60 bis 90 ml auf bis zu 200 ml Blut pro Kontraktion des Herzens zu. Auch die Durchblutung und die Nährstoffversorgung verbessern sich. Das Resultat ist ein überdurchschnittlich leistungsfähiger und vor allem gesunder Herzmuskel.

Die Vergrößerung des **Schlagvolumens** führt zu mehreren Vorteilen für den Sportler/die Sportlerin. Zum einen kann das Herz bei intensiven Belastungen trotz gleicher Herzfrequenz doppelt so viel Blut pro Minute in das Herz-Kreislauf-System pumpen. Zum anderen kann in Ruhe dasselbe **Herzminutenvolumen** bei entsprechend niedriger Herzfrequenz erreicht werden. Dabei wird viel Energie gespart, weil das Herz – wie jeder andere Muskel – bei der Kontraktion Energie benötigt. Sportler/Sportlerinnen mit Sportherz haben deshalb einen sehr **niedrigen Ruhepuls**. Fällt der Ruhepuls unter 30 Schläge pro Minute, kann dies als unangenehm empfunden werden und unter Umständen sogar gefährlich werden. Das Sportherz benötigt auch bei submaximalen Belastungen weniger Sauerstoff für die Kontraktion. Das führt zu einer Einsparung im Sauerstoffverbrauch der Herzmuskelzellen und zu einer ökonomischen Arbeitsweise des Herzmuskels. Pro Herzschlag wird nicht immer die gesamte Blutmenge des Herzens in das Herz-Kreislauf-System gepumpt. Das verbleibende Blut wird auch **Restvolumen oder Hubreserve** genannt. Bei einem Sportherz ist dieses Restvolumen höher, bei Belastungsanstieg schlägt das Herz stärker zugunsten der Herzfrequenz, die niedrig bleibt. Erst wenn die Hubreserve nicht mehr ausreicht, wird die Herzfrequenz ansteigen. Dadurch wird weniger Energie verbraucht und der Sportler/die Sportlerin erreicht später seine/ihre Leistungsgrenze.

Das Sportherz bildet sich nach Beenden des regelmäßigen Trainings genauso wie ein hypertrophierter Skelettmuskel, der nicht mehr gereizt wird, relativ rasch zurück. Bei längeren Unterbrechungen, wie zum Beispiel bei Verletzungen, kann der positive Effekt der bisherigen Trainingsarbeit völlig verschwinden. Bei plötzlichen Unterbrechungen des Trainings können sogar Kreislaufstörungen auftreten. Für extreme Leistungssportler/Leistungssportlerinnen ist es deswegen sinnvoll, die Belastungen nicht abrupt, sondern über einen längeren Zeitraum zu verringern und damit den Körper langsam zu entwöhnen.

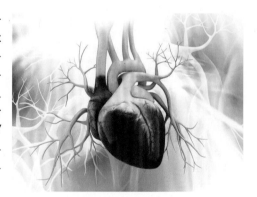

2.3 Puls und Herzminutenvolumen

Wenn das Herz kontrahiert, wird das Blut in das Herz-Kreislauf-System gepumpt. Die Wände der Arterien dehnen sich aus. Während sich das Herz wieder ausdehnt, nehmen die Blutgefäße wieder ihren normalen Durchmesser an. Dieser Rückgang auf den normalen Durchmesser ist wichtig, damit das Blut in den Kapillaren niemals zum Stillstand kommt. Das Ausdehnen und Zusammenziehen ist an den größeren, an der Hautoberfläche liegenden Blutgefäßen zu spüren und wird als **Puls** bezeichnet. Eine ausgeglichene Versorgung der Muskeln mit sauerstoffreichem Blut ist Grundvoraussetzung für eine länger andauernde

Belastung. Dieser Anforderung passt sich das Herz-Kreislauf-System an, indem das Herz bei Belastung mehr Blut pro Minute in den Körper pumpt. Diese Blutmenge wird auch als Herzminutenvolumen bezeichnet.

Das **Herzminutenvolumen** ergibt sich aus dem Produkt des Schlagvolumens und der Herzfrequenz. Das bedeutet: Wenn einer der beiden Faktoren größer wird, steigt auch das Herzminutenvolumen. Besitzt ein Sportler/eine Sportlerin ein Sportherz, so ist das Schlagvolumen größer und damit auch das Herzminutenvolumen größer bei gleicher Herzfrequenz. Die maximale Herzfrequenz ist begrenzt, deshalb ist das Herzminutenvolumen bei extremem Ausdauersport nur über eine Erhöhung des Schlagvolumens des Herzens zu erklären.

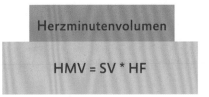

Herzminutenvolumen

$$HMV = SV * HF$$

Herzfrequenzen in Abhängigkeit vom Lebensalter

Lebensalter	Ruhe HF/Min.	Maximale Belastung HF/Min.
Neugeborenes	110 – 150	
Kind	65 – 105	Bis ca. 230
Erwachsener (20 – 60 Jahre)	60 – 100	Bis ca. 200
Erwachsener (über 60 Jahre)	60 – 100	Bis ca. 160

2.4 Blutumverteilung und Kapillarisierung

Die Blutumverteilung ist eine **kurzfristige Anpassungserscheinung**. Im Ruhezustand benötigt die Muskulatur lediglich 20 % des gesamten Herzminutenvolumens. Gleichzeitig ist auch nur ein Viertel der Kapillaren geöffnet. Bei Sportarten, bei denen gleichzeitig viele Muskeln arbeiten, kann durch entsprechende Blutumverteilung die Durchblutung des Muskels auf bis zu 90 % des Herzminutenvolumens ansteigen. Gleichzeitig öffnen sich die Kapillaren und der Strömungswiderstand für das Blut sinkt. Die Blutumverteilung geht auf Kosten der Durchblutung jener Organe, die während der Belastung nur geringe Arbeit leisten. Niere, Leber und auch der Magen-Darm-Trakt sind damit beinahe unterversorgt.

Blutverteilung in den Organsystemen in Ruhe und Belastung

Teilbereich	Organdurchblutung in Ruhe [ml/min]	Maximale Belastung [ml/min]
Herzkranzgefäße	250	1 000
Gehirn	750	750
Innere Organe	3 100	600
Muskeln	1 300	21 150
Haut, Skelett	500	500

Zahlreiche Studien belegen zweifelsfrei, dass körperliche Aktivität die Gesundheit fördert. Sportlich aktive Menschen sind im Vergleich zu sportlich nicht aktiven Menschen leistungsfähiger und gesünder. Sport wirkt nicht nur präventiv, sondern kann auch bei bereits vorhandenen Risikofaktoren oder Gesundheitseinschränkungen helfen. Umfangreiche Studien wie die Untersuchungen des Cooper Instituts in Texas, USA (vgl. Wei u. a. 1999), zeigen, dass die Sterberate nicht ausschließlich mit dem Übergewicht einer Person zusammenhängt. Vielmehr spielt die Herz-Kreislauf-Leistungsfähigkeit eine große Rolle. Das Herz-Kreislauf-System kann durch vermehrten Sport gestärkt werden und dadurch die Lebensdauer positiv beeinflussen.

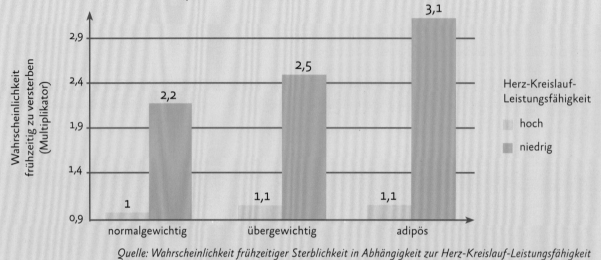

Quelle: Wahrscheinlichkeit frühzeitiger Sterblichkeit in Abhängigkeit zur Herz-Kreislauf-Leistungsfähigkeit
(nach Renneberg/Hammelstein 2006)

2.5 Anpassung der Atmung

Die Anpassung der Atmung bei sportlicher Belastung fällt unter die **funktionellen Anpassungserscheinungen**. Genauso wie beim Blut ist der Wert für das **Atemminutenvolumen** entscheidend für das ökonomische Arbeiten der Atmung. Bei einem höheren Bedarf an Atemluft aufgrund einer sportlichen Belastung wird ein Untrainierter/eine Untrainierte automatisch die Atemfrequenz erhöhen. Bei trainierten Personen wird zuerst das Atemzugvolumen erhöht – entsprechend dem Schlagvolumen des Herzens – bevor die Atemfrequenz höher wird. Unter anderem verringert dieser Vorgang die Totraumventilation, sodass mehr frische Luft zu den Lungenbläschen gelangen kann. Unter der **Totraumventilation** versteht man die Belüftung aller Teile des **Respirationstraktes**, die nicht am Gasaustausch beteiligt sind. Dies hat zur Folge, dass die gleiche Belastung mit einem geringeren Atemminutenvolumen durchgehalten werden kann. Erhöht sich auch noch die Atemfrequenz, so können Ausdauersportler/Ausdauersportlerinnen mehr Luft einatmen und die Versorgung der Muskeln mit Sauerstoff länger aufrechterhalten. Das Atemminutenvolumen kann bis zu 250 Liter/Minute erreichen. Das Atemzugvolumen steigt bis auf 4,2 Liter.

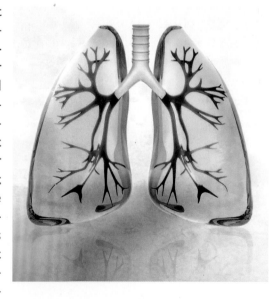

Von großer Bedeutung für die Anpassung der Atmung bei Belastung ist das sogenannte **Atemäquivalent**. Es gibt an, wie viel Luft für die Aufnahme von 1 Liter reinen Sauerstoff eingeatmet werden muss. In Ruhe beträgt das Verhältnis ca. 25 : 1. Es müssen also 25 Liter Luft eingeatmet werden, um 1 Liter Sauerstoff aufzunehmen. Bei geringeren Belastungen ist die Lunge besser belüftet und durchblutet, das Verhältnis sinkt auf 20 : 1. Steigen die Belastungen über die Dauerleistungsgrenze hinaus, so erhöht sich das Atemäquivalent auf 30 : 1 bis 35 : 1. Dieser Wert zeigt also die momentanen Grenzen eines Athleten/einer Athletin im Bereich der Ausdauer auf, da in diesem Fall die Atmung unökonomischer wird. Das Atemäquivalent wird in der Leistungsdiagnostik sehr oft in Form einer Spiroergometrie (Belastungstest mit Messung des Sauerstoffgehaltes in der eingeatmeten und ausgeatmeten Luft) aufgenommen. Der Anstieg des Atemäquivalents geht nämlich mit dem Anstieg der Milchsäurekonzentration einher. So kann die **anaerobe Schwelle** des Sportlers/der Sportlerin bestimmt werden kann.

Ein weiterer leistungsbestimmender Faktor für die Ausdauerleistung ist die **maximale Sauerstoffaufnahme (VO2 max)**. Sie gibt an, wie viel Luftvolumen der Körper tatsächlich aufnimmt. Die VO2 wird aus der Differenz des eingeatmeten Sauerstoffs und des ausgeatmeten Sauerstoffs berechnet und bezieht sich immer auf das Körpergewicht des Athleten/der Athletin. Liegt der Wert bei einem untrainierten Menschen bei ca. 45 ml/kg und Minute, so steigt dieser bei einem trainierten auf 70 bis 80 ml/kg und Minute. Auch dieser Wert wird bei Leistungstests ermittelt, da er gute Rückschlüsse auf den Trainingszustand ermöglicht.

GET ACTIVE 1

Beschreiben Sie die unten stehenden Anpassungserscheinungen.

Blutanpassung

Sportherz

Blutumverteilung

RP-TRAINING 2

Anforderungsniveau 1

Geben Sie einen Überblick über die Anpassungen des Herz-Kreislauf-Systems bei regelmäßigem Training.

Anforderungsniveau 2

1. Erklären Sie die Umstände, die zur Ausbildung eines Sportherzens führen können.
2. Erläutern Sie die dabei auftretenden Veränderungen des Herzens und deren Auswirkungen auf leistungsbestimmende Faktoren wie Schlagvolumen, Herzminutenvolumen und den Puls.

Anforderungsniveau 3

„Sportliche Belastungen führen zu vielen positiven Anpassungen des menschlichen Körpers. Im Bereich der Atmung finden aber nur sehr geringe Veränderungen statt." Diskutieren Sie diese Aussage und gehen Sie dabei auf die angesprochenen Änderungen genauer ein.

3 Anpassung weiterer Organsysteme

Neben den in diesem Kapitel bereits erwähnten Organsystemen gibt es noch eine Vielzahl weiterer Systeme, die sich durch sportliche Belastungen anpassen, z. B. das zentrale und periphere Nervensystem, das endokrine System (Hormonsystem, siehe unten) und das Immunsystem.

3.1 Zentrales und peripheres Nervensystem

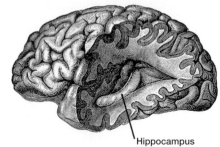

Hippocampus

Sportliche Betätigung wirkt sich positiv auf die kognitiven Fähigkeiten des Menschen aus. Genauso beugt sie degenerativen Erkrankungen im Nervensystem vor. Aufgrund der anatomischen Beschaffenheit des Nervensystems sind die Möglichkeiten der direkten Untersuchung sehr schwierig und begrenzt. Aus diesem Grund konnten die Mechanismen, die den positiven Auswirkungen von Sport zugrundeliegen, erst in jüngster Vergangenheit erforscht werden. Es steht fest, dass je nach Belastungsintensität Prozesse im Gehirn ausgelöst werden, die zu einer Verbesserung der Gedächtnisleistung des **Hippocampus** führen. Ebenso verbessert sich der Stoffwechsel der Nervenzellen, die Neuronen erhalten einen gewissen Schutz. Durch bildgebende Verfahren, z. B. Computertomographie, konnte bestätigt werden, dass das Gehirnvolumen durch sportliche Aktivität größer wird. Dies betrifft nicht nur die für die Bewegung verantwortlichen Regionen des Gehirns, sondern das gesamte Hirn. Durch die sportliche Aktivität erhöht sich auch die Ausschüttung von **Dopamin** aus dem Mittelhirn, das massiv die Funktionen des **präfrontalen Cortex** beeinflusst. Der präfrontale Cortex ist für kognitive, emotionale und motorische Funktionen verantwortlich. Sport wirkt sich damit auch in emotionaler Hinsicht positiv aus.

Laktat, das bei relativ intensiven Belastungen im Körper entsteht, kann von den peripheren und zentralen Nervenzellen zur Energieversorgung genutzt werden. Es dient sogar als Botenstoff im Gehirn und führt unter anderem zu einer erhöhten Konzentrationsfähigkeit. Zuletzt sei nochmals erwähnt, dass Nervenzellen genauso wie Muskelzellen hypertrophieren können. Dies führt in weiterer Folge zu einer Verbesserung der Signalweitergabe der Nervenzelle und damit zu einer Verbesserung der koordinativen Fähigkeiten des Sportlers/der Sportlerin.

3.2 Endokrines System (Hormonsystem)

Hormone sind chemische Botenstoffe, die von den endokrinen Drüsen und einigen anderen Organen abgesondert werden. Sie zirkulieren im Blut und in anderen Körperflüssigkeiten und tragen zu optimalen Bedingungen im Körperinneren bei. Sie setzen viele Prozesse im Körper in Gang und steuern sie, z. B. die Pubertät und den Alterungsprozess. Zu den endokrinen Drüsen zählen unter anderem die **Schilddrüse, die Nebennieren und die Bauchspeicheldrüse**. Die Hormone der **Schilddrüse** wirken auf das Herz-Kreislauf-System. Sie steuern den Blutdruck und die Herzfrequenz und erweitern die Gefäße für eine bessere Versorgung der Zellen. Sie erhöhen den Umsatz des Stoffwechsels und bewirken dadurch eine Erhöhung des Energieverbrauches und des Grundumsatzes des Organismus. Durch die erhöhte Aktivität der Schilddrüse während der sportlichen Betätigung kommt es zu einem besseren Abbau des Fettgewebes. Die Hormone der **Nebenniere** bilden Steroidhormone, das Adrenalin und das Noradrenalin. Die Steroidhormone steuern den Zuckerspiegel im Blut und den Wasser- und Elektrolythaushalt. Das Testosteron – ein Geschlechtshormon – zählt auch zu den Steroidhormonen und ist unter anderem für das Muskelwachstum zuständig. Adrenalin bewirkt genauso wie die Hormone der Schilddrüse eine Erhöhung des Blutdruckes und der Herzfrequenz, zusätzlich öffnen sich die Bronchien der Lunge, was zu einer erhöhten Sauerstoffaufnahme führt. Der Energiestoffwechsel wird beschleunigt und das Nervensystem stimuliert. Die **Bauchspeicheldrüse** ist hauptverantwortlich für die Produktion von Insulin, das bei einem erhöhten Blutzuckerspiegel ausgeschüttet wird. Es fördert damit die Glukosespeicherung und hemmt die Glukoseneubildung. Durch sportliche Belastungen wird die Ausschüttung von Insulin regelmäßiger. Dadurch wird auch der Blutzuckerspiegel stabiler, der unter anderem auch das Hungergefühl steuert.

3.3 Immunsystem

Bei körperlicher Belastung wird Adrenalin ausgeschüttet. Unter anderem sorgt es dafür, dass sich die Abwehrzellen schneller vermehren und aktiver sind. Zu den **Abwehrzellen** zählen die natürlichen Killerzellen, die weißen Blutkörperchen und die Lymphozyten. Durch submaximale Reize während des Ausdauertrainings kommt es auch zu einem Trainingseffekt des Immunsystems. Schädliche Zellen werden effizienter beseitigt und die Lymphozyten sind aktiver. Es sinkt das Risiko für Infektionskrankheiten der Atemwege und auch das Krebsrisiko wird geringer. Sollten die Belastungen zu hoch werden, vermehren sich die Abwehrzellen im Blut zu schnell und in der Entspannungsphase wird ihre Zahl sehr schnell geringer. Am Ende dieser Anpassung befinden sich sogar weniger Abwehrzellen im Blut als vor der Belastung. In diesem Zeitfenster ist der Körper anfälliger für Erkältungen und andere Infektionen.

GET ACTIVE 2

Erstellen Sie eine Mind-Map über die verschiedenen Anpassungen des menschlichen Körpers durch sportliche Aktivität. Finden Sie dabei auch verschiedene Argumente, die für und gegen das intensive Betreiben von Sport sprechen. Diskutieren Sie mit Ihren Mitschülern/Mitschülerinnen diese ausgearbeiteten Argumente.

RP-TRAINING 3

Anforderungsniveau 1

Beschreiben Sie die Veränderungen im Gehirn und im peripheren Nervensystem aufgrund zahlreicher sportlicher Belastungen.

Anforderungsniveau 2

Analysieren Sie die verschiedenen Aufgaben der Hormone im menschlichen Körper.

Anforderungsniveau 3

„Beten muss man darum, dass in einem gesunden Körper ein gesunder Geist sei."

Dieser bekannte Ausspruch des römischen Dichters Juvenal regt in vielerlei Hinsicht zum Nachdenken an. Diskutieren Sie, welche Vor- und Nachteile das Betreiben von Sport auf die Gesundheit hat.

KOMPETENZCHECK

Ich kann ...

... den Zusammenhang von sportlicher Belastung und Anpassung des Organismus begründen.

... genaue Auskunft über die Anpassungen des Herz-Kreislauf-Systems geben.

... die Auswirkungen unterschiedlicher Trainingsarten auf den Organismus erklären und beurteilen.

Sport und Medien

Das Radio bei der Hausübung einschalten, kurz nach der Schule fernsehen, sich in der Tageszeitung die neuesten Ereignisse durchlesen oder einfach nur kurz während des Wartens auf den Bus das soziale Netzwerk abchecken, diese Aktivitäten gehören in unserer Gesellschaft zum Alltag. Wir sind umgeben von unterschiedlichen Medien und meist vertreiben wir uns mit großer Freude insgesamt mehrere Stunden täglich die Zeit damit.

Vielen ist dabei nicht bewusst, welchen Einfluss Medien auf uns haben und wie dieser konkret auf uns wirkt. Das geschieht im Bereich des Sports genauso wie in allen anderen Bereichen des Lebens. Bereits zu Beginn des Aufkommens von Zeitungen, Radio und Fernsehen gingen der Sport und die Medien eine enge Verbindung miteinander ein, die bis heute von besonderer Bedeutung ist.

Dieses Kapitel gibt einen Einblick in die Anfänge der **Kooperation**, der Zusammenarbeit, zwischen Medien und Sport. Im weiteren Verlauf wird auf den Einfluss der Medien auf das Publikum und den Sport eingegangen. Abschließend wird der Einfluss des Internets und der sozialen Netzwerke von unterschiedlichen Seiten beleuchtet und dadurch werden entstandene Trends näher beschrieben.

Der Lernende/Die Lernende soll ...

- unterschiedliche Darstellungen des Sports in den Medien kritisch vergleichen können,
- die Verbindung zwischen Medien und Sport erklären können,
- den Einfluss der Medien auf den Sport und dessen **Rezipienten/Rezipientinnen** kritisch analysieren können.

WARM-UP

Als Sportler/Sportlerin nutzen Sie vermutlich unterschiedliche Medien, um sich über das nationale und internationale Sportgeschehen zu informieren. Erstellen Sie Ihre eigene Medienbiografie und machen Sie sich Ihr Verhalten als Mediennutzer/Mediennutzerin bewusst.

Beantworten Sie zuerst die Fragen zum Thema „Sport und Medien" selbst und interviewen Sie anschließend drei Mitschüler/Mitschülerinnen.

1. Welche drei Medien (z. B. Fernsehen, Radio, soziale Netzwerke, Zeitung etc.) nützen Sie am häufigsten?
2. Wie viele Stunden pro Woche nützen Sie Ihre top drei Medien?
3. Welche sind Ihre top drei Fernsehsendungen?
4. Wie informieren Sie sich meistens über sportliche Ereignisse? Begründen Sie Ihre Aussage.
5. Welche sportlichen Ereignisse verfolgen Sie regelmäßig? Welche Art von Medien nutzen Sie dafür? Begründen Sie Ihre Aussage.
6. Welche Gründe gibt es, Sport medial oder live zu verfolgen?
7. Wie wichtig sind Ihrer Meinung nach die Medien für den Sport in Österreich? Begründen Sie Ihre Aussage.

Fassen Sie die wichtigsten Ergebnisse Ihrer Untersuchung in einer kurzen Präsentation (Durchschnittswerte, häufigste Antworten etc.) zusammen.

Der Konsum von Medien via Fernsehen, Radio, Zeitung oder Internet steht bei dem Großteil der Österreicher/Österreicherinnen an der Tagesordnung. Österreicher/Österreicherinnen beschäftigen sich täglich knapp neun Stunden mit diversen Medien. Unabhängig von Geschlecht, sozialer Stellung oder Alter steht das Fernsehen unangefochten an erster Stelle im Ranking um die beliebtesten Freizeitaktivitäten. Knapp zwei Stunden unter der Woche und zweieinhalb Stunden am Wochenende verbringen die Österreicher/Österreicherinnen vor dem TV. Burschen im Alter von 10 bis 19 Jahren beschäftigen sich darüber hinaus sehr viel mit dem Computer (durchschnittlich 90 Minuten pro Tag). Etwa 50 % der österreichischen Bevölkerung hört täglich zirka 90 Minuten Radio – oft auch nur nebenbei. Für das Lesen von Zeitungen, Zeitschriften oder Büchern nehmen sich die Österreicher/Österreicherinnen lediglich 24 Minuten pro Tag Zeit. Im Vergleich dazu betreiben sie unter der Woche 27 Minuten und am Wochenende 45 Minuten Sport. *(vgl. Statistik Austria 2010)*

Unterschiedliche Untersuchungen kommen zum selben Ergebnis über die sportlichen Aktivitäten der Kinder und Jugendlichen in Österreich. Es betreiben insgesamt nur 28 % der Kinder und Jugendlichen Sport. Von den Mädchen betreiben 25 % Sport, von den Burschen 33 %. Burschen sind geringfügig sportlich aktiver als Mädchen. *(vgl. BSO 2019)*

Der Grund für das geringe Bewegungsverhalten der Jugendlichen liegt unter anderem in der zunehmenden Technologienutzung. Ein Großteil der Kinder und Jugendlichen unserer Gesellschaft verbringen ihre Freizeit lieber mit Computer, Smartphones, Fernsehen und Internet als mit Sport. *(vgl. marktmeinungmensch 2015)*

Auch wenn auf der Beliebtheitsskala die aktive Ausübung von Sport nicht an erster Stelle steht, erfreut sich der mediale Konsum von Sport größter Beliebtheit. Fußball und Skifahren sind besonders beliebte Übertragungen. Mehr als eine Million Österreicher/Österreicherinnen lassen sich Fußball-EM-Spiele mit österreichischer Beteiligung oder die Hahnenkamm-Abfahrten in Kitzbühel nicht entgehen. Das Interesse am passiven Sport besteht aber nicht nur bei Großveranstaltungen. 85 % der österreichischen Bevölkerung sieht des Öfteren Sportübertragungen. Die am häufigsten aufgerufenen Seiten im Teletext beziehen sich auf den Sport. Aufgrund der großen Beliebtheit des Sports widmen auch die größten Tageszeitungen knapp 15 Prozent der Inhalte dem sportlichen Geschehen, wobei hauptsächlich über den Leistungssport berichtet wird. *(vgl. Kornexl 2010: S. 108)*

GET ACTIVE 1

Bilden Sie Dreiergruppen und diskutieren Sie folgende Fragen:

- Welche Gründe gibt es, ein Sportereignis im Fernsehen anzusehen?
- Welche Gründe sprechen für den Besuch einer Sportveranstaltung in einem Stadion?
- Mit welchen technischen Möglichkeiten kann das Fernsehen ein Sportevent für den Zuseher/die Zuseherin attraktiv gestalten?

Vergleichen Sie anschließend Ihre Ergebnisse mit jenen anderer Gruppen.

1 Mediale Berichterstattung und Sport

1.1 Anfänge der Sportberichterstattung

Bereits in den Anfängen der Beziehung zwischen Sport und Medien im **19. Jahrhundert** zeigte sich, dass beide Bereiche enorm voneinander profitieren. Erste Veröffentlichungen gab es zum Turn- und Pferdesport. Von 1880 bis 1927 erschien zuerst wöchentlich, später mehrmals pro Woche, die **„Allgemeine Sportzeitung"**. Sie beschäftigte sich mit den sportlichen Ereignissen in der Monarchie, insbesondere in Wien, und im übrigen Europa. Ziel der Zeitung war es, unterschiedlichste Sportarten wie Jagen, Schießen, Rudern, Schwimmen etc. einer breiten Masse zugänglich zu machen. Weiters nutzten Sportverbände die Zeitung, um Verlautbarungen zu verkünden, aber auch um für die eigenen Sportarten zu werben. Mit Beginn des 20. Jahrhunderts nahm die Zahl der Tageszeitungen, die über Sport berichteten, rapide zu. Durch die vermehrte mediale Präsenz bekam der Sport einen höheren Stellenwert in der Gesellschaft. Der Bevölkerung war es fortan möglich, sich über sportliche Ereignisse zu informieren, ohne dabei selbst anwesend sein zu müssen. In dieser Zeit gewann Sport an nationaler Bedeutung, es entwickelte sich eine Verbindung zwischen Männlichkeit und sportlicher Leistung. Über beliebte Sportarten wurde vermehrt berichtet und **erste Sportidole** entwickelten sich.

Einer der ersten österreichischen Sportler, der durch die Medien zum Publikumsliebling wurde, war Josef Steinbach. Er entwickelte sich um 1900 zu einem der bekanntesten Kraftsportler Wiens. Seine Wiener Fans konnten seine Erfolge nicht nur bei heimischen Wettkämpfen mitverfolgen, sondern auch über seine internationalen Erfolge in Zeitungen lesen. Das Interesse am „Stärksten Mann der Welt" stieg durch die Berichterstattung.

Josef Steinbach (1879 – 1927)

Nach und nach gewann auch die Berichterstattung durch das **Radio** und später im **Fernsehen** an Bedeutung. Am Beginn der Berichterstattung im Radio widmete man sich relativ kurz den Themen des Sports, bereits drei Jahre später konnte man den ersten Live-Bericht im Radio mithören.

Wesentlich rascher als beim Radio verliefen die Versuche, Sport im Fernsehen zu übertragen. Obwohl nur wenige Haushalte einen Fernseher besaßen, übertrug man 1936 täglich bis zu sieben Stunden von den Olympischen Spielen in Berlin.

Wie bereits erwähnt profitierten Sport und Medien enorm voneinander. Einerseits verhalfen die Medien dem Sport und dessen Ereignissen bis über alle Grenzen hinweg bekannt zu werden, andererseits waren Sportorganisatoren und Sportler/Sportlerinnen daran interessiert, dass die Medien beste Voraussetzungen (Kamerapositionen, Arbeitsplätze der Journalisten/Journalistinnen etc.) für eine professionelle Übertragung bzw. Berichterstattung hatten.

1.2 Einfluss der Medien auf Publikum und Sport

GET ACTIVE 2

Diskutieren Sie in Partnerarbeit mit einem Mitschüler/einer Mitschülerin folgende Fragen:
1. Wie würden Sie den Stellenwert des Sports in unserer Gesellschaft anhand des Auszuges aus dem unten abgebildeten Fernsehprogramm beurteilen?
2. Welche Auswirkungen hat das gezeigte Sportangebot auf andere Sportarten?
3. Welches Sportprogramm würden Sie sich wünschen?

11:50	SPORT-BILD
12:20	UEFA CHAMPIONS LEAGUE MAGAZIN
12:47	RED BULL AIRRACE Highlights aus Lausitz
16:00	FUSSBALL BUNDESLIGA LIVE 9. RUNDE: RED BULL SALZBURG – AUSTRIA WIEN
16:25	FUSSBALL BUNDESLIGA LIVE 9. RUNDE: RED BULL SALZBURG – AUSTRIA WIEN Das Spiel
18:30	SPORT AM SONNTAG – ALLES FUSSBALL 9. RUNDE
19:15	SPORT AM SONNTAG

Quelle: http://tv.orf.at/program/orf1/20170924/ (24. Sept. 2017)

Jährlich jubeln zigtausend Zuschauer/Zuschaue-
rinnen gleichzeitig den Skistars aus aller Welt zu,
während diese bei Geschwindigkeiten mit teilweise über 140 km/h beim Hahnenkamm-Rennen die
Piste hinunterfahren. Die Blicke sind gespannt auf
Zwischenzeiten gerichtet und man hofft, dass der
Vorsprung bis zum Ziel reichen wird. Die Nerven
liegen blank. Die **Emotionen** überschlagen sich,
wenn die Anzeige den ersten Platz verkündet. Vor
allem bei einem Sieg von österreichischen Skiläu-
fern verwandelt sich der Zieleinlauf in ein rot-
weiß-rotes Farbenmeer. Siegeschöre ertönen, man
umarmt sich vor Freude, die Massen feiern ihren
neuen Helden und das ganze Land freut sich mit.

Hahnenkamm-Rennen, Kitzbühel © KSC / JK

Sportevents live mitzuerleben ist für viele Sportbegeistere ein besonderes Erlebnis. Um Tickets zu bekommen, beginnt die Planung für das Event bereits Monate vorher. Die gemeinsame Reise mit Freunden und
Freundinnen, das Treffen mit Gleichgesinnten, das Mitfiebern und Unterstützen der Favoriten/Favoritin-
nen sind Aspekte, die ein Sportevent zu einem emotionalen Höhepunkt machen.

1.2.1 Mediale Mittel von Sportübertragungen

Das Miterleben einer Veranstaltung durch eine **Live-Übertragung**
ruft bei den Zusehern/Zuseherinnen **Emotionen** hervor. Das ist ein
wichtiger Vorteil gegenüber den Print-Medien. Sportübertragungen
zielen nicht nur darauf ab, Informationen zu vermitteln, sondern
auch die Zuschauer/Zuschauerinnen zu unterhalten. Um Sportübertragungen so attraktiv wie möglich zu gestalten, bedient man sich
unterschiedlicher Mittel, wie zum Beispiel dem Einblenden von Ta-
bellen, Zwischenzeiten, Ergebnislisten, Zeitlupen, Wiederholungen
oder Statistiken. Zusätzlich beschreiben, beurteilen, interpretieren
Kommentatoren/Kommentatorinnen den Verlauf, um die Spannung
zu steigern. Viele Sportereignisse werden durch Vor- und Nachbe-
richterstattung, Reportagen, Hintergrundberichte, Analysen und Interviews ergänzt, um die Qualität und Attraktivität der Sendung für
den Rezipienten/die Rezipientin zu erhöhen.

Mediale Mittel von Sportübertragungen
Einblenden von Zwischenzeiten, Zeitlupen, Ergebnislisten etc.
spektakuläre Kameraeinstellungen
Co-Moderation durch Kommentatoren/Kommentatorinnen
Vor- und Nachbericht-erstattung mit Analysen, Interviews etc.

Veranstalter und Medien zielen darauf ab, dass sich das Publikum
mit dem Geschehen identifiziert. Das gelingt über emotionale Reize und inszenierten Spannungsaufbau. Dafür arbeitet man ständig
daran, noch spektakulärere Kameraeinstellungen zu finden. Rasche
Wechsel zwischen den einzelnen Kameras und dramatische Kom-
mentare sorgen zusätzlich dafür, die Sportbegeisterung aufrecht-
zuhalten. Durch diese gezielt eingesetzten filmtechnischen Mittel
beeinflussen die Medien den Zuseher/die Zuseherin, indem sie Emotionen hervorrufen.

1.2.2 Zielgruppengerechte Aufbereitung von Sportberichterstattungen

Damit Medien eine möglichst spannende Berichterstattung garantieren können, kommt es zu einer **Selektion von Sportarten**, die den gewünschten Effekt ermöglichen. Sportarten, die von Grund auf bereits einen hohen **Spannungscharakter** besitzen, werden daher gegenüber anderen, weniger spektakulären, bevorzugt. Weiters sind Disziplinen von Interesse, bei denen die **Gewinnchancen** für österreichische Athleten/Athletinnen hoch sind. Der Sport braucht die Medien und somit ist er auch gewillt, den Anforderungen der Medien zu entsprechen. Die Bekleidung, die Austragungstage bzw. der zeitliche Beginn von Wettkämpfen (Wochenenden), Spielzeiten (z. B. vier Vierteln beim Basketball), Material/Gerät (z. B. Größe der Tischtennisbälle), die Zählweise und Gestaltung der Austragungsorte (z. B. Pistenverlauf) stehen unter dem Einfluss der Medien und verändern so stetig den Sport, mit dem Ziel, diesen noch attraktiver für das Publikum zu gestalten.

Medien beeinflussen auch die **Beliebtheit** unterschiedlicher Sportarten. Durch häufige Übertragung und Berichterstattung nimmt der Beliebtheitsgrad von Sportarten zu. Das Gleiche gilt auch für Sportler/Sportlerinnen. Medien haben einen wesentlichen Einfluss darauf, wie beliebt oder bekannt ein Athlet/eine Athletin ist.

1.2.3 Vermittlung von Werten durch Sportberichterstattung

Medien inszenieren den Sport bewusst und beeinflussen dadurch unser Verhalten in vielen Lebensbereichen. Die **Medien unterstreichen Werte** wie Leistung, Disziplin und „Männlichkeit", die im Sport wichtig sind, um erfolgreich zu sein. Diese Werte werden in den Alltag übernommen. Viele Menschen wollen erfolgreich sein, um sich als Sieger/Siegerinnen zu fühlen – im Sport, im Beruf oder im Freundeskreis. Um dies zu erreichen, sind viele bereit, bestmögliche Leistungen zu erbringen. Das erfordert Disziplin. Nur durch sie ist es möglich, seine eigenen Talente und Fähigkeiten vollständig auszuschöpfen. Ein weiterer Aspekt, der sich durch den Sport in das gesellschaftliche Wertesystem der Männer eingegliedert hat, ist Männlichkeit, was ihnen ein Gefühl der Stärke und Überlegenheit gibt. Diese von den Medien vermittelten Werte werden von der Gesellschaft häufig ohne kritisches Hinterfragen übernommen.

GET ACTIVE 3

Lesen Sie die Abschnitte *Sport und Menschen mit Behinderungen/Beeinträchtigungen* und *Gleichstellung von Frauen und Männern im Sport* (Kapitel 6: *Erscheinungsformen von Diversität*). Analysieren Sie dabei die Rolle der Medien und halten Sie Ihre Ergebnisse stichwortartig fest.

Vergleichen Sie anschließend Ihre Ergebnisse mit jenen eines Mitschülers/einer Mitschülerin.

Anforderungsniveau 1

1. Nennen Sie Zielsetzungen von medialen Sportübertragungen und beschreiben Sie deren Wirkung auf die Zuschauer/Zuschauerinnen.

2. Geben Sie drei mediale Mittel wieder, die bei Sportübertragungen eingesetzt werden.

Anforderungsniveau 2

Ihr Verein/Ihre Schule möchte ein kurzes Video über eine Sportveranstaltung drehen und veröffentlichen. Erstellen Sie ein Drehbuch, in dem Sie Methoden und Mittel aus der professionellen Fernsehübertragung einbauen.

Anforderungsniveau 3

1. Nehmen Sie zur Wichtigkeit der Kooperation zwischen Medien und Sport Stellung.

2. Beurteilen Sie die Einflussnahme der Medien auf den Sport kritisch (z. B. Randsportarten, Frauensport etc.).

2 Internet und Sport

2.1 Nutzung des Internets im Sport

Bilden Sie Dreiergruppen und diskutieren Sie folgende Fragen:

1. Welche Medien nutzen Sie hauptsächlich, um sich allgemein zu informieren oder zu unterhalten?
2. Wie wichtig sind Ihnen soziale Medien? Begründen Sie Ihre Aussagen.
3. Welche Medien nutzen Sie, um sich über sportliche Ereignisse zu informieren?
4. Wie viel Zeit bringen Sie auf, um sich durch die Nutzung digitaler Medien über Sport zu informieren?
5. Inwiefern kann das Internet dazu beitragen, dass Sie sich in Ihrer Sportart verbessern?
6. Warum könnte das Internet im Bereich Sport attraktiver sein als das Fernsehen?

Obwohl dem Fernsehen unterschiedliche Möglichkeiten zur Verfügung stehen, Wettkämpfe medial attraktiv zu gestalten, hat es in den letzten Jahren als Informationsquelle an Beliebtheit verloren. Extrem hohe Kosten für die Übertragungsrechte führen dazu, dass viele Sender nicht mehr bereit sind, die Summen, trotz Werbeeinnahmen, zu bezahlen. Beim Publikum beliebte Fun- und Trendsportarten werden selten ausgestrahlt, demgegenüber ermöglicht das Internet Sportinteressierten, rasch und einfach Informationen zugänglich zu machen.

GET ACTIVE 5

Analysieren Sie die Online-Präsenz und -Aktivitäten eines Teams/eines Sportlers/einer Sportlerin Ihrer Wahl. Beantworten Sie durch Ihre Internetrecherche folgende Fragen:

1. Auf welchen Plattformen ist das Team/der Sportler/die Sportlerin präsent?
2. Wie viele Follower, Friends, Fans etc. hat das Team/der Sportler/die Sportlerin?
3. Welche Informationen werden auf den sozialen Plattformen veröffentlicht?
4. Wie ansprechend und aktuell ist die Website?
5. Wie wichtig ist die Online-Präsenz für ein Team/einen Sportler/eine Sportlerin?
6. Welche positiven und negativen Einflüsse ergeben sich durch die Online-Präsenz für das Team/den Sportler/die Sportlerin?

Präsentieren Sie anschließend in ca. zwei Minuten Ihre Ergebnisse. Benutzen Sie dafür entsprechende Visualisierungsprogramme (PowerPoint, Prezi etc.).

2.1.1 Nutzung des Internets in der Kommunikation zwischen Athlet/Athletin und Fans

Die Kommunikation zwischen Athlet/Athletin und Fans, die ausschließlich über Massenmedien und den Verband erfolgt, gehört längst der Vergangenheit an. Heute ist es für Teams, Athleten/Athletinnen unerlässlich, auch online präsent zu sein. Um mit den Fans in Kontakt zu treten, bedienen sich Teams, Vereine, Sportler/Sportlerinnen **digitaler Medien** wie Webseiten, YouTube-Kanäle, Facebook, Twitter, Snapchat, Instagram etc.

In der Zeit vor den sozialen Medien hat sich der **Kontakt zwischen Leistungssportlern/Leistungssportlerinnen und den Fans** auf Autogrammstunden, „Meet & Greets" oder andere offizielle Ereignisse (z. B. Sportgala, Nacht des Sports) reduziert. Heutzutage reicht das nicht mehr aus, um die Fans aus aller Welt zufriedenzustellen. Likes, Followers, Shares und Klicks entscheiden heute darüber, wer berühmt ist. Viele Leistungssportler/Leistungssportlerinnen nutzen diese Kanäle, um den Kontakt mit den Fans aufrechtzuerhalten. Sie erlauben Einblicke in ihr Privatleben und vermitteln ihren Fans dadurch Nähe. **Soziale Medien** sind unter den top drei Medien, neben Tageszeitung und Fernsehen, um mit der Öffentlichkeit zu kommunizieren. Sie wirken sich sowohl auf die **Popularität** als auch auf die **Motivation** der Sportler/Sportlerinnen positiv aus. Athleten/Athletinnen, die regelmäßig soziale Medien nutzen, genießen mehr Motivation durch ihre Fans als andere. Sie bekommen vermehrt das Gefühl, dass sie eine große Fangemeinde haben, die hinter ihnen steht.

Laut einer **Studie zur Veränderung des Spitzensports durch Social Media** *(EIMO)* ergeben sich zwei wesentliche Punkte:

- Die Nutzung von sozialen Medien führt zu einem psychischen/emotionalen Vorteil im Wettkampf.
- Die Belastung durch die Nutzung von diversen Social Media Accounts steigt, die positiven Einflüsse überwiegen jedoch.

Nutzung sozialer Medien führt zu:

psychischem/emotionalem Vorteil im Wettkampf

steigender Belastung

Bei all den Vorteilen, die soziale Netzwerke bieten, darf jedoch die Kehrseite nicht ignoriert werden. Sportler/Sportlerinnen sind fast schon gezwungen, neue Inhalte zu posten und Einblicke in ihr Privatleben zu gewähren, wenn sie vorne mit dabei sein wollen. Scheinbar harmlose Bilder verbreiten sich enorm schnell und können zu ungewollten Rückschlüssen, Diskussionen und Gerüchten führen. Die geposteten Inhalte zu kontrollieren, ist unmöglich, zum Leid mancher Trainer/Trainerinnen und Funktionäre/Funktionärinnen. Des Öfteren ist es bereits vorgekommen, dass Sportler/Sportlerinnen Aufstellungen, Taktiken, Ausfälle oder andere vertrauliche Informationen der ganzen Welt zugänglich gemacht haben.

2.1.2 Trends in der Nutzung des Internets im Sport

Der Verbreitung und die zunehmende Bedeutung sozialer Medien schreitet unaufhaltsam fort und die Welt des Sports zieht ebenfalls Nutzen daraus. In den letzten Jahren konnten folgende **Trends im Zusammenhang von Sport und digitalen Medien** beobachtet werden:

- **Internationalisierung:** Unter Internationalisierung versteht man, dass die Kanäle auf diversen Plattformen mehrsprachig veröffentlicht werden, um Fans aus der gesamten Welt zu erreichen.
- **Video-Content:** Mehr und mehr Videos werden veröffentlicht, um dem regen Interesse nachzukommen.
- **Live-Content:** Unbearbeitetes, rohes, echtes Material nimmt an Beliebtheit zu. Der Grund liegt vermutlich darin, dass immer weniger Interesse an bearbeiteten, „unechten" Inhalten besteht.
- **1-to-1-Approach:** Versuchte man früher möglichst viele User/Userinnen zu erreichen, entwickelt sich der Trend heute in eine andere Richtung. Jeder einzelne User/Jede einzelne Userin gewinnt an Bedeutung und kann in den Mittelpunkt treten.
- **Mobile Apps:** Viele Clubs und Organisationen erstellen ihre eigenen Apps, um noch mehr Informationen (Live-Ticker, Infos rund um das Team/das Event) direkt an den interessierten User/die interessierte Userin zu bringen.
- **Channel Management:** Das richtige Management von unterschiedlichen sozialen Netzwerken wird immer wichtiger, da sich die User/Userinnen von Plattform zu Plattform unterscheiden. Was von der Snapchat-Community mit Freude angenommen wird, kann von Instagram-Usern/-Userinnen unter Umständen verschmäht werden.
- **Influencer Management:** Normalerweise haben Athleten/Athletinnen einen großen Einfluss auf die Popularität eines Kanals. Daneben gibt es aber auch Blogger/Bloggerinnen, die ebenfalls große Reichweiten erzielen können. Diese gilt es ebenfalls zu berücksichtigen, wenn man online erfolgreich sein möchte.

Sport und digitale Medien – Trends:

- Internationalisierung
- Video-Content
- Live-Content
- 1-to-1-Approach
- Mobile Apps
- Channel Management
- Influencer Management

THEORIE ······■➡ PRAXIS

Virtuell-Manager/-Managerin eines Fußballclubs zu sein, ist heutzutage in der Welt der Computerspiele schon lange kein Problem mehr. Dass dieses Konzept auch in der realen Welt funktioniert, zeigt der deutsche Kreisligaverein TC Freisenbuch. Wie auch bei anderen Fußballclubs zuvor (z. B. Ebbsfleet United, England, oder Fortuna Köln), können Menschen aus aller Welt, gegen eine monatliche Gebühr von ein paar Euros, erheblich mitentscheiden.

Die Online-Manager/-Managerinnen haben Einfluss auf Aufstellung, Spielsystem, Entlassung des Trainers/der Trainerin bei Unzufriedenheit, Eintrittspreise, Spieltermine, Tormusik oder Merchandising-Produkte. Der Trainer/Die Trainerin der Mannschaft ist bei der Aufstellung der Spieler/Spielerinnen an das Voting der Online-Community gebunden und erfährt erst zwei Stunden vor Anpfiff, wer tatsächlich spielt.

Damit die Online-Manager/-Managerinnen über die Geschehnisse im Verein stets am Ball bleiben, veröffentlicht der Verein regelmäßig Trainingsberichte mit Anwesenheit, Inhalt und Leistungsnoten der Spieler/Spielerinnen. Weiteres werden Interviews, Aufstellungsempfehlungen, Statistiken, Live-Ticker, Videozusammenfassungen und vollständige Spiele online gestellt.

Das Konzept verhilft dem Verein zu Bekanntheit außerhalb der kleinen Ortschaft und unterstützt den Verein auch finanziell.

2.2 Einfluss des Internets und der sozialen Medien auf den Sport

Die Popularität des Internets und der sozialen Medien im Bereich des Spitzensports nimmt stetig zu. Die Reichweite und Einflussnahme geht so weit, dass durch digitale Medien **neue Trends** entstehen können, die das breite Publikum ansprechen.

2.2.1 Einfluss auf Trendsportarten

Traditionelle Medien (Fernsehen, Printmedien, Radio) widmen sich vordergründig den etablierten Sportarten wie Fußball, Formel 1, Ski alpin, Tennis oder Radfahren, wobei vor allem die älteren Bevölkerungsgruppen (ab 50 Jahren) Interesse daran finden. Fun-, Trend- oder Extremsportarten wie zum Beispiel Kitesurfen, Longboarding, Freeriding, Crossfit, Wakeboarding, Parkour etc. sind in den klassischen Medien unterrepräsentiert. Jugendliche, junge Erwachsene bzw. all jene, die an **Trendsportarten** interessiert sind, weichen auf das Internet aus, um sich mit ihrer Sportart in unterschiedlichen Formen auseinanderzusetzen.

Weiters bietet das Internet auf unzähligen **Plattformen** (YouTube, Vimeo) die Möglichkeit, eigene Videos hochzuladen und mit anderen Usern/Userinnen zu teilen. Mittlerweile ist jedes Mobiltelefon mit einer guten Kamera ausgestattet und Videokameras (GoPro, Denver Action Kamera, CamLink etc.) ermöglichen die Aufnahme von Videos in professioneller Qualität. Dadurch gibt es sehr viel Material, auf das die User/ Userinnen zurückgreifen können. Durch die **Online-Verbreitung** von diversen Trendsportarten in Verbindung mit Blogs, Foren, Communities und Homepages bietet das Internet eine Vielzahl von Möglichkeiten zur Unterhaltung und Inspiration sowie Tipps und Tricks.

2.2.2 Einfluss auf die Fitnessindustrie

Einer von vielen Trends, der sich durch das Internet und soziale Netzwerke etabliert hat, betrifft die Fitnessindustrie. **Fitnesstraining und Kraftsport** haben speziell in den letzten Jahren wieder vermehrt an Beliebtheit gewonnen. Die positiven physischen und psychischen Auswirkungen des Sports auf den Menschen sind wieder in den Vordergrund gerückt. Durch soziale Netzwerke wie Instagram, YouTube etc. kommt es in weiterer Folge zu einer **Verbreitung des ästhetischen Aspekts**. Transformationsbilder, Motivationsvideos, Trainingsvideos sowie unzählige Fitnesscommunities fördern die **Motivation** und tragen maßgeblich zum Aufschwung bei.

Ein weiterer Punkt, der zum Aufleben des Fitnesstrends beiträgt, ist die Weiterentwicklung im Bereich der **Sporttechnologie**. Neue Technologien wie Apps, Smartwatches, spezielle Kleidung, die Gesundheitsdaten und sportliche Leistungen aufzeichnen, geben eine Übersicht über erbrachte Leistungen und motivieren den User/die Userin. Die bekannte App „adidas Running by Runtastic" hat ihre Wurzeln in Österreich und konzentriert sich auf den Ausdauersport (Laufen, Radfahren, Wandern etc.). Sie zeichnet, je nach Mitgliedschaft, unterschiedliche Daten wie zum Beispiel zurückgelegte Distanz, verbrannte Kalorien, Streckenverlauf, Ranking im Vergleich mit Freunden/Freundinnen u. v. m. auf.

2.2.3 Einfluss auf Sportverhalten und Körperbewusstsein

Das Internet und die sozialen Netzwerke können sich **positiv auf das Sportverhalten** Einzelner auswirken, jedoch dürfen die **negativen Aspekte** nicht außer Acht gelassen werden. **Fitnessmodels** sind Vorbilder für viele Sportbegeisterte. Vor allem jene, die durch ihren eigenen Wandel vom übergewichtigen jungen Menschen zum Fitnessmodel erzählen, inspirieren tausende Menschen. Sie vermitteln den Eindruck, dass das auch für viele andere möglich sei. Ihr Beliebtheitsgrad spiegelt sich in den sozialen Netzwerken durch Millionen von Likes, Followern und Subscribers wider.

Traumkörper, wie jene der Fitnessmodels, sind für viele unerreichbar und folglich wird vielen ein **verzerrtes Bild der Realität** verkauft. Bildbearbeitungsprogramme, spezielle Entwässerungstechniken und professionelle Fotoshootings tragen zu einem besseren Bild bei. Viele denken, dass dies die Wirklichkeit sei und sehnen sich nach einem „Traumkörper". Manche Fitnessmodels nutzen diese Sehnsucht nach Perfektion und verkaufen eigene Produkte wie zum Beispiel Trainingspläne, Fitnessabos, Kleidung, Accessoires oder Nahrungsergänzungsmittel. Diese Vorgehensweise gibt es bei weiblichen und männlichen Fitnessmodels. Bekannte Schlagwörter sind „natural bodybuilding", „get shredded", „aesthetics" etc., womit ein muskelbepackter „Traumkörper" mit wenig Körperfett beworben wird. Viele Stars der „natural bodybuilding"-Szene behaupten darüber hinaus, dass sie diesen „Traumkörper" ohne zusätzliche Hilfsmittel, nur mit den von ihnen verkauften Trainingsplänen und den richtigen Nahrungsergänzungsmitteln, erreicht hätten. Mit entsprechendem Training, perfekter Ernährung und guten körperlichen Voraussetzungen ist es durchaus möglich, seinen persönlichen „Traumkörper" zu erreichen. Die Wirklichkeit sieht aber für viele Sportler/Sportlerinnen anders aus, was zu einem negativen Bodyimage und Unzufriedenheit führen kann.

Das Internet, soziale Netzwerke, Stars in sozialen Netzwerken und technologische Weiterentwicklungen tragen maßgeblich zur Etablierung unterschiedlicher Trends bei. Sie haben gegenwärtig einen sehr hohen Stellenwert. Welche Entwicklungen in Zukunft auf den Markt kommen und in welche Richtung sich der Markt entwickeln wird, bleibt abzuwarten.

GET ACTIVE 6

„Influencer sind online User in sozialen Netzwerken und Blogger, die als vertrauenswürdig und themenkompetent wahrgenommen werden und auf deren Meinung in ihrem Netzwerk zu bestimmten Themen so großer Wert gelegt wird, dass diese die (Kauf-)Entscheidungen der Community maßgeblich beeinflussen können."

Quelle: https://www.academy.blogfoster.com/definition-influencer (4. Juni 2018)

Recherchieren Sie über einen Influencer/eine Influencerin in der Sport-/Fitnessbranche und erstellen Sie darüber eine zweiminütige Präsentation. Behandeln Sie dabei mindestens folgende Punkte:

- Eckdaten zur Person
- Reichweite auf den unterschiedlichen Netzwerken
- Themen, welche er/sie hauptsächlich behandelt
- Zielgruppe

Bereiten Sie kurze Videos und Bildmaterial vor. Begeben Sie sich anschließend in Dreiergruppen und präsentieren Sie einander Ihre Ergebnisse.

Anforderungsniveau 1

1. Nennen Sie Möglichkeiten, um als Sportler/Sportlerin mit Fans in Kontakt zu treten.
2. Nennen Sie Gründe für die zunehmende Popularität sozialer Medien.

Anforderungsniveau 2

1. Ihr Verein möchte regional stärker auf sich aufmerksam machen, um die Bevölkerung auf dem Laufenden zu halten und neue Mitglieder zu werben. Beschreiben Sie unterschiedliche Methoden, durch die Sie mehr Menschen medial und auf eine moderne Weise erreichen.
2. Erschließen Sie Möglichkeiten, um sich mithilfe von sozialen Netzwerken für das regelmäßige Ausüben von Sport zu motivieren.

Anforderungsniveau 3

1. Der Auszug des Vereins Manchester United FC zeigt die digitale Reichweite seiner Internetpräsenz. Analysieren Sie anhand dieses Beispiels die Wichtigkeit der Online-Präsenz und Möglichkeiten, den Online-Auftritt für Fans interessant zu gestalten.

#	Teams	Digital Reach	Facebook	Instagram	Twitter	Periscope	Google+	YouTube
			Likes 1.3.2016	Follower 1.3.2016	Follower 1.3.2016	Follower 1.3.2016	Follower 1.3.2016	Subscribers 1.3.2016
1	Manchester United FC	92 357 305	68 297 909	9 700 151	8 052 804	0	6 306 441	0
		1 257 016	412 486	537 529	234 595	0	72 406	0

Quelle: http://digitale-sport-medien.com/wp-content/uploads/2016/03/magazin.pdf (17. Mai 2018)

2. Beurteilen Sie kritisch den Einfluss des Internets und der sozialen Netzwerke auf die Entwicklung des Sports, insbesondere von Trendsportarten.

KOMPETENZCHECK

Ich kann ...			
... den Stellenwert der Medien in unserer Gesellschaft erklären.			
... die Wichtigkeit der Kooperation zwischen Medien und Sport begründen.			
... Methoden nennen, wodurch Sport in den Medien für den Rezipienten/die Rezipientin ansprechender wird.			
... die Bedeutung von Internet und sozialen Netzwerken auf den Sport (Fan, Sportler/Sportlerin, Vereine, Trendsportarten etc.) beurteilen.			
... positive und negative Auswirkungen eines Sport-Trends auf die Gesellschaft analysieren.			

Technik und Sport Kapitel 11

1936 sprintete Jesse Owens 100 Meter in einer Zeit von 10,2 Sekunden. Der Profi-Athlet unserer Zeit, Usain Bolt, lief die 100-Meter-Sprintdistanz in 9,77 Sekunden. Vergleicht man die Zeiten, so hätte Usain Bolt mit einem Abstand von vier Metern gewonnen.

In den letzten Jahrzehnten wurden Rekordzeiten in unterschiedlichen Sportarten immer wieder unterboten. Der Mensch hat sich jedoch in dieser Zeit nicht zu einer neuen Spezies entwickelt. Womit lässt sich also begründen, dass wir immer schneller, besser und stärker werden? Ein wichtiger Faktor, der zu besseren Leistungen beiträgt, sind Technik und Technologie im Sport.

Im Vergleich von Usain Bolt und Jesse Owens sieht man deutlich, welche Auswirkungen die Technik auf den Sport hat. Usain Bolt startete auf einer perfekten Laufbahn, die entwickelt wurde, um Höchstgeschwindigkeiten zu erreichen. Darüber hinaus hatte er auch Startblöcke, die ihn aus der Startposition in Richtung Zielgerade katapultierten. Jesse Owens hingegen lief auf verbrannter Asche und musste sich mit einer kleinen Schaufel zwei Löcher als Starthilfe graben. Die biomechanische Analyse der Gelenke von Jesse Owens zeigt ein erstaunliches Ergebnis: Würde er zu heutigen Bedingungen starten, wäre er lediglich einen Schritt hinter Usain Bolt im Ziel.

Das Beispiel aus der Welt des Sprints zeigt deutlich, welche Einflüsse die Technik auf den Sport hat. In diesem Kapitel wird dieser Zusammenhang an diversen Beispielen genauer untersucht. Des Weiteren werden Hightechgeräte im Behindertensport thematisiert. Abschließend gibt es einen Ausblick auf **Innovationspotentiale** im Sport, um herauszufinden, welche technischen Mittel zur Leistungsverbesserung in Zukunft unser Training und Sportverhalten bestimmen werden.

Der Lernende/Die Lernende soll ...

- Zusammenhänge von Technik, Technologie und Sport diskutieren können,
- Einsatzmöglichkeiten von Hightechgeräten im Behindertensport beschreiben können,
- Innovationspotentiale bei der Entwicklung des Sports erläutern können.

WARM-UP

Recherchieren Sie über den Studiengang Sportgerätetechnik (Sports Technology) an einer österreichischen oder internationalen Universität.

Erarbeiten Sie dabei folgende Inhalte:

- Relevanz des Studiums in der Welt des Sports
- Zielsetzungen und Inhalte des Studiums
- Berufsaussichten

Tragen Sie Ihre Recherche-Ergebnisse als Notizen in die unten abgebildeten Mind-Maps ein. Präsentieren Sie Ihre Ergebnisse in Dreiergruppen.

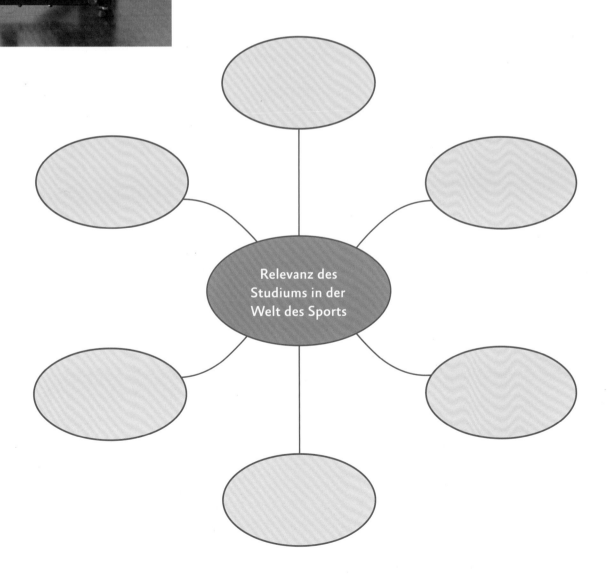

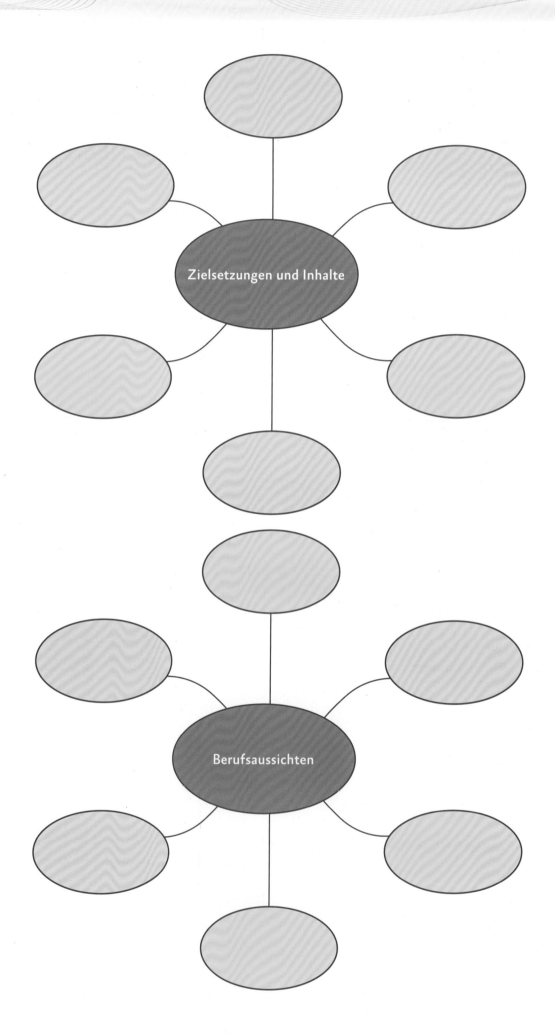

Zielsetzungen und Inhalte

Berufsaussichten

1 Zusammenhang von Technik, Technologie und Sport

1.1 Tätigkeitsfelder der Sporttechnik und Sporttechnologie

Sportliche Leistungen sind immer Hand in Hand mit harter Arbeit, Disziplin und Talent einhergegangen. Die Art und Weise, wie der Sport medial aufbereitet wird, wie wir am Sport teilnehmen, welches Equipment wir benutzen und wie wir sportliche Ereignisse mitverfolgen, hat sich im Laufe der letzten Jahrzehnte geändert. **Neue technische Entwicklungen** verändern den Sport in all seinen Facetten ständig. Wie würde man ohne ein Zielfoto den Gewinner/die Gewinnerin von einem knappen Rennen herausfinden? Wie kann man sicher sein, dass gerade ein allesentscheidender Punkt erzielt wurde? Wie ist es Athleten/Athletinnen immer wieder möglich, Rekorde zu brechen? Wichtige Beiträge, damit Fortschritt und Verbesserungen auch in Zukunft möglich sind, liefern die Experten/Expertinnen im Bereich der Sporttechnologie.

Technik und Sport stehen in einer engen Verbindung und beeinflussen einander ständig. Verbesserungen des Materials und neue Sportgeräte erlauben dem Sportler/der Sportlerin seine/ihre Sportart immer wieder neu zu erleben. Unabhängig von der Sportart und Ausübungsform (Wettkampf/Training) ist der gesamte Sport von einer vermehrten **Technologisierung** betroffen. Ein wichtiges Indiz dafür ist die **Wirtschaft**. Österreicher/Österreicherinnen geben mehrere hunderte Millionen Euro jährlich für Sport aus. Die Anzahl der Sporttreibenden nimmt zu, genauso wie deren Bereitschaft, mehr Geld für Sport auszugeben. Dadurch werden immer wieder neue bzw. verbesserte Produkte in kürzeren Zeitabständen auf den Markt gebracht.

Zusammengefasst beschäftigt sich die **Sporttechnik bzw. die Sporttechnologie** mit:

- Sportgeräten (Adaption, Entwicklung, Ergänzung, Optimierung)
- Entwicklung neuer Materialien und Designs
- Datenerfassung in verschiedenen Bereichen, z. B. Bewegungsanalyse, Ergonomie ...
- Betreuung und Entwicklung von Messtechniken und Messanlagen
- Beziehung zwischen Technik und Biomechanik
- Nutzung der Kenntnisse zur Lösung von schwierigen technischen und biomechanischen Problemen
- Planung und Erbauung von Sportstätten und Sportanlagen

Tätigkeitsfelder der Sporttechnik/-technologie

Sportgeräte

Materialien/Designs

Diverse Datenerfassungen

Messtechnik/Messanlagen

Technik/Biomechanik

Problemlösungen

Sportstätten/Sportanlagen

Im Hochleistungssport ist das Ziel für den Großteil der Athleten/Athletinnen als Sieger/Siegerin im Leistungsvergleich hervorzugehen. Neben der bestmöglichen körperlichen und mentalen Verfassung spielt auch das **Material** eine wesentliche Rolle. Einflüsse des Materials auf die Ausübung des Sports können in nahezu jeder Sportart gefunden werden.

1.2 Sporttechnik am Beispiel Eisschnelllauf

Die Sporttechnik eröffnet neue Möglichkeiten für den **Hochleistungssport**. Am Beispiel Eisschnelllauf im Hochleistungssport werden Einblicke in diese Möglichkeiten gezeigt:

GET ACTIVE 1

Bringen Sie die Produktionsabläufe eines Eislaufschuhes mit perfekter Passform in die richtige Reihenfolge (1 – 6). Der erste Produktionsschritt wurde bereits vorgegeben. Vergleichen Sie anschließend Ihr Ergebnis mit einem Mitschüler/einer Mitschülerin.

☐   Der Sportler/Die Sportlerin zieht den Schuh an.

☐   Eine luftdichte Tüte wird über den Fuß gegeben.

☐   Der Schuh hat die perfekte Passform, sobald er wieder kalt ist.

☐   Luft wird entzogen, wodurch ein Vakuum entsteht.

1   Der Wettkampfschuh muss perfekt sitzen, daher ist es für die Athleten/Athletinnen von enormer Bedeutung, einmal im Jahr eine Schuhanpassung zu machen.

☐   Der Lederschuh wird vorgewärmt, damit er individuell angepasst werden kann.

Um eine perfekte Gleiteigenschaft zu erhalten, werden auch bei den Schlittschuhkufen **Optimierungen** vorgenommen. Eigenschaften verschiedener Metalle wie Nickel, Chrom u. a. und deren chemische Verbindungen werden in unzähligen Versuchen studiert, bis die optimale Zusammenstellung erreicht wird, die im Idealfall weltweit niemand sonst hat. Das Material der Kufen der deutschen Eisschnellläufer/Eisschnellläuferinnen ist aus einer Nickel-Basis-Legierung, im Gegensatz zu herkömmlichen Kufen, deren Material aus einer Stahl-Basis-Legierung besteht. Grund dafür sind die besseren Gleiteigenschaften auf Eis, weil die neue Legierung eine schlechte Wärmeleitfähigkeit besitzt. Durch das schlagartige Pressen der Kufen beim Eisschnelllauf entsteht Reibungswärme. Da das Material der Kufen Wärme schlecht ableitet, bleibt die Wärme am Kontaktbereich zwischen Eis und Kufe. Auf der kalten Eisschicht befindet sich immer ein hauchdünner Wasserfilm. Treffen nun die warmen Kufen auf den Wasserfilm, kann der Läufer/die Läuferin besser gleiten.

Diesen Vorteil wollten sich Athleten/Athletinnen durch illegales Vorwärmen der Kufen zu Nutze machen. Als Folge darauf werden nun bei den Sportarten „Schlitten" und „Bob" vor den Rennen Temperaturmessungen durchgeführt, um faire Bedingungen für alle zu schaffen.

Neben der perfekten Passform und der optimalen Legierung wird als nächster Schritt die Kufe individuell an den Eislaufschuh montiert. Anders als beim Schlittschuh für den Breitensportler/die Breitensportlerin haben die Eislaufschuhe im Spitzensport einen Klapp-Schlittschuh. Das System ist nicht starr, sondern ermöglicht ein Abdrücken ähnlich wie bei einem Tourenski, wodurch eine längere Kontaktzeit mit dem Eis möglich ist. Durch die Einführung der neuen Technik konnten in kürzester Zeit sämtliche Rekorde gebrochen werden.

Die Klapp-Schlittschuh-Technik ist eine der selten vorkommenden großen Erneuerungen im Spitzensport. Ganz allgemein scheint die Technik in vielen Sportarten schon sehr weit fortgeschritten zu sein, daher sind sogenannte **Innovationssprünge** sehr rar. Ein weiteres Problem ist, dass durch eine Veränderung im Regelwerk diese Neuentwicklungen nichtig gemacht werden könnten.

Neue Entwicklungen in der Sporttechnologie verändern die Sportwelt stetig. Einerseits durch Verbesserungen bestehender Produkte und andererseits durch Innovationen. Der **Einfluss der Technologie auf die Entwicklung des Sports** zeigt sich in folgenden Punkten:

- Es werden neue Anforderungen (Bewegungsabläufe, motorische Fähigkeiten/Fertigkeiten) für den Sporttreibenden geschaffen.
- Neue Techniken und Technologien führen zu einer veränderten Nachfrage im Sport.
- Innovationen haben Einfluss auf die Beweggründe, Sport zu betreiben.
- Es kommt zu einer Veränderung alter Sportarten und zur Schaffung neuer Sportarten.
- Sportstätten und Areale werden verändert.
- Sport wird immer häufiger von der Wirtschaft abhängig.

GET ACTIVE 2

Wählen Sie ein Sportgerät aus und beschreiben Sie, wie es sich im Laufe der Zeit durch Technologie verändert hat. Erstellen Sie darüber eine zweiminütige Präsentation. Behandeln Sie dabei mindestens folgende Punkte:

- Handhabung/Zweck des Sportgerätes
- die wichtigsten Teile/Eigenschaften des Sportgerätes
- Veränderung (Design, Material etc.) und Verbesserung im Laufe der Zeit durch Einfluss der Technologie

Bereiten Sie, wenn möglich, kurze Videos und Bildmaterial vor. Begeben Sie sich anschließend in Dreiergruppen und präsentieren Sie einander Ihre Ergebnisse.

RP-TRAINING 1

Anforderungsniveau 1
Nennen Sie Schwerpunkte, womit sich die Sporttechnik bzw. die Sportgerätetechnologie beschäftigt.

Anforderungsniveau 2
Erklären Sie anhand eines Beispiels aus der Praxis, wie die Technik positiv auf den Sport bzw. das Material eingegriffen hat.

Anforderungsniveau 3
1. Diskutieren Sie die Vor- und Nachteile, die sich durch das Eingreifen der Technik in den Sport ergeben.
2. Nehmen Sie zur Behauptung, dass Technologien sportliche Leistungen beeinflussen, Stellung.

2 Hightech im Behindertensport

2.1 Technische Innovationen

Technische Innovationen ermöglichen nicht nur gesunden Athleten/Athletinnen eine Verbesserung der eigenen Leistungen, sondern spielen vor allem im Behindertensport eine wesentliche Rolle. Durch Technik ist es möglich, **Prothesen und Sportgeräte** zu entwickeln, mit Hilfe derer Menschen mit Beeinträchtigung den Alltag meistern können, am Freizeitsport teilnehmen und sogar Hochleistungssport betreiben können.

Der **Flex Foot** ist eine Prothese, die aus den Medien weitläufig bekannt ist. Er kommt bei den Sprintern/Sprinterinnen zum Einsatz und ermöglicht erstaunliche Leistungen, die sich immer näher an die Bestzeiten gesunder Sportler/Sportlerinnen herantasten. Dr. Van Phillips nahm sich den Geparden aus der Tierwelt als Modell und kopierte seine C-förmigen Hinterbeine. Sie wirken wie Katapulte und machen die Geparden zu den schnellsten Tieren. Der Preis für die Entwicklung einer Prothese kann mehrere 10.000 € betragen. Der Grund dafür ist der aufwändige Einsatz von Technik.

Die Herstellung und Anpassung des Flex Foot erfordert einige Schritte, bis er für den Sportler/die Sportlerin perfekt ist. Um Bewegungen analysieren zu können, werden hochauflösende Infrarotkameras, Reflektoren an Gelenkpunkten des Athleten/der Athletin und Kraftmessplatten benötigt. Die gewonnenen Daten werden an einen Computer geleitet, der wiederum ein Skelettmodell entstehen lässt. Durch diese Analyse können Fehler im Bewegungsmuster aufgezeigt und Verbesserungen an der Prothese vorgenommen werden. Um einen möglichst perfekten Bewegungsablauf zu erreichen, wird der Körper von einem 3D-Bodyscan gescannt. Durch ein weiteres Testverfahren, die Elektrostimulation, wird die Ausprägung der Muskulatur untersucht. Bei Menschen mit Behinderungen kann es zum Beispiel durch Amputationen zu Veränderungen in der Muskulatur kommen. Nach dieser Testserie können die Wissenschaftler/Wissenschaftlerinnen Auskunft über Verbesserungen an der Prothese sowie zum Training der Muskulatur geben.

Zielsetzung bei Herstellung von Prothesen ist es, die Unterschiede zum **Bewegungsmuster** von Menschen ohne Behinderung so gering wie möglich zu halten. Um das zu erreichen, braucht man spezielle Prothesen, die extra für den Sport entwickelt werden, und viel Wissen. Die Flex-Foot-Prothese besteht aus Karbonfasern. Es werden Herstellungsverfahren angewendet, die ursprünglich im Motorsport und in der Raumfahrt eingesetzt wurden. Material und Herstellungsverfahren ermöglichen es, ein geringes Gewicht, eine hohe Schwingfähigkeit und eine hohe Belastbarkeit zu garantieren.

Die Wissenschaft beschäftigt sich jedoch nicht nur mit der Verbesserung von **Prothesen für Hochleistungssportler/Hochleistungssportlerinnen**, es werden auch die **Prothesen für den Alltag** stets neuen Tests unterzogen. Durch das Testen von neuen Materialien und der schnellen Entwicklung von Computern wird in Zukunft eine Vielzahl neuer, künstlicher Prothesen und Gelenke erschaffen werden. Experten/Expertinnen bemühen sich, in Zukunft Prothesen auf den Markt zu bringen, die Gefühle (z. B. Temperatur oder Druck) an den Träger/die Trägerin der Prothese senden. Der Einsatz von aktiven Antriebselementen in Sportprothesen würde ebenfalls eine Verbesserung der Leistungen mit sich bringen.

2.2 Paralympics

Die Technik ermöglicht Menschen mit körperlichen Beeinträchtigungen Bewegungen zu vollbringen, die ohne **technische Hilfsmittel** nicht möglich wären. Darüber hinaus erlaubt die Verbindung von Sport und Technik beachtliche Spitzenleistungen. Ein Beispiel dafür sind die Paralympics, bei denen Athleten/Athletinnen aus der ganzen Welt zeigen, welche großartigen sportlichen Leistungen sie erbringen können. Bei den Paralympics sorgen zahlreiche Techniker/Technikerinnen für einen reibungslosen Ablauf. Im Vorfeld werden bereits mehrere Tonnen Material angeliefert, bestehend aus tausenden Einzelteilen.

Dem Hochleistungssport von behinderten Sportlern/Sportlerinnen wird immer mehr Aufmerksamkeit geschenkt. Dadurch wird der Sport auch aus wirtschaftlicher Sicht interessant. Bei Veranstaltungen im Ausmaß der Paralympics präsentieren Unternehmer und Sponsoren der Welt, was mit dem technologischen Fortschritt möglich ist.

Das österreichische Paralympic-Gewinner-Team holte 2018 in Südkorea zweimal Silber und fünfmal Bronze.
© ÖPC/Diener

GET ACTIVE 3

Recherchieren Sie, wie es um den Behindertensport in Österreich steht. Finden Sie durch Recherche im Internet Informationen zu folgenden Punkten:

- unterschiedliche Sportarten, die im österreichischen Kader des Behindertensports vertreten sind,
- Erfolge der österreichischen Athleten/Athletinnen,
- Verwendung spezieller Sportgeräte im Behindertensport (eventuell mit Bildern).

Vergleichen Sie Ihre Ergebnisse in Dreiergruppen.

RP-TRAINING 2

Anforderungsniveau 1

Nennen Sie Beispiele, die die Bedeutung von Technik und Technologie im Behindertensport erkennen lassen.

Anforderungsniveau 2

Erklären Sie ein Sportgerät aus dem Behindertensport im Detail (Funktion, Einsatzbereich).

Anforderungsniveau 3

Es gibt im Hochleistungssport behinderte Athleten/Athletinnen, die in ihrer Sportart genauso schnell sind wie gesunde Athleten/Athletinnen. Einige dieser körperlich beeinträchtigten Athleten/Athletinnen fordern, trotz Prothese bei regulären Wettbewerben teilnehmen zu dürfen. Bislang wurde ihnen das untersagt. Nehmen Sie zu dieser Entscheidung Stellung und präsentieren Sie Ihren Standpunkt.

3 Innovationspotentiale im Sport

3.1 Funktionen und Nutzen technologischer Innovationen im Sport

Lesen Sie die unten stehenden Informationen über sporttechnologische Erfindungen und erstellen Sie ein Ranking im Hinblick auf die Nützlichkeit der Produkte, sportliche Leistungen zu verbessern (1 = nützlichste Idee; 5 = am wenigsten nützlich).

Erstellen Sie anschließend in Dreiergruppen erneut ein Ranking, auf das sich alle Mitglieder Ihrer Gruppe einigen können. Besprechen Sie ebenfalls mögliche Zielgruppen und Einsatzmöglichkeiten im Sport.

Produkt	Funktionen	1. Ranking	2. Ranking	Zielgruppe/ Einsatzmöglichkeiten
Blazepod	*Flash Reflect System*: misst die Reaktionszeit, Balance und Geschwindigkeit. Daten werden im Millisekunden-Bereich aufgezeichnet.			
Nadi X	in Yoga-Hose eingebaute vibrierende Technologie; verbesserte Konzentration auf die jeweiligen Körperpartien bei Übungsausführung			
Shft IG	Virtueller Lauftrainer mit künstlicher Intelligenz gibt Anweisungen zum Laufstil, z. B. „Richte deinen Körper auf und lehne dich nach vorne!". Zusätzliche Aufzeichnung von Distanz, Geschwindigkeit, Schrittlänge etc.			
Skiper	Springschnur mit 360 Grad Bewegungssensor; Möglichkeiten: Trainingsaufzeichnung, Trainingsplanung, Musik, individuelle Zielsetzung, Social-Media-Anbindung			
Antelope	Tragbare Technologie in Form eines T-Shirts/einer Hose. Erlaubt erhöhte Kontraktion von mehr Muskelfasern durch Elektrostimulation gegenüber gewöhnlichem Training.			

Die angeführten Beispiele lassen einen klaren Trend bei Innovationen im Sport erkennen. Sportgeräte und Sportkleidung werden vermehrt mit neuesten Technologien ausgestattet, um **Informationen zum Training**, **zu Bewegungsabläufen** und **über die körperliche Verfassung** zu erhalten. Dadurch können Leistungen objektiver nachvollzogen werden und Trainer/Trainerinnen, Leistungs- und Breitensportler/ Breitensportlerinnen haben die Möglichkeit, auf Basis der gewonnen Daten Trainingsentscheidungen zu treffen. Auf lange Sicht können sich somit Erholung, Trainingsplanung und Leistung verbessern.

Wearable Technology, tragbare Technologie, ist keine neue Erfindung (Monokel, Taschenuhr etc. sind beispielsweise auch tragbare Technologie), hatte aber in ihren Anfängen wenig mit Sport zu tun. In den 1980er Jahren wurden für den Sport erste Pulsuhren produziert. 2006 entstand eine Kooperation zwischen Nike und Apple, welche die Sportwelt und Wearable Technologies maßgeblich verändern sollte. Das Produkt Nike+ ist ein Fitnesstracker, der einen Tracker im Schuh eingebettet hat. Die gemessenen Daten wie Trainingszeit, zurückgelegte Distanz, Geschwindigkeit und verbrannte Kalorien werden auf dem Bildschirm eines iPods angezeigt. Fitbit classic wurde 2008 auf den Markt gebracht. Hierbei handelt es sich um ein Armband, das ähnliche Informationen wie Nike+ aufzeichnet. Seit 2014 werden ständig neue Activity Trackers mit einer Vielzahl von Funktionen veröffentlicht. Je nach Modell können neben den bereits beschriebenen Eigenschaften auch Schlafrhythmus und Dauer der Sonneneinstrahlung gemessen werden. Einer der bekanntesten Modelle am Markt ist die Apple Watch, die nicht nur körperliche Aktivitäten aufzeichnet, sondern darüber hinaus auch Funktionen wie z. B. Fernbedienung, Uhrzeit, Versenden von Nachrichten etc. anbietet.

Andere Produkte, wie zum Beispiel Quell, das durch Stimulierung der Nerven chronische Schmerzen blockiert, oder Oculus Rift, das den Benutzer/die Benutzerin eine virtuelle Welt erleben lässt, zeigen deutlich, dass der Mensch in Zukunft noch mehr auf Technologie zurückgreifen wird, was sich auch in der Wirtschaft widerspiegeln wird.

THEORIE · · · · ■▶ PRAXIS

Auswirkungen von Wearables auf das Gesundheits- bzw. Sportverhalten

Fitness-Apps, -Tracker und -Uhren werden von vielen Menschen genutzt, um genaue Daten über ihre sportliche Aktivität zu erhalten und um die Motivation zu steigern. Die Hochschule Fresenius hat in ihrer Studie „Wearables & Gesundheits-Apps – Motive, Konsequenzen und Herausforderungen" das Thema genauer untersucht.

Nutzer/Nutzerinnen von Wearables verhalten sich gesundheitsbewusster und achten mehr auf die Ernährung als jene Personen, die keine Wearables nutzen.

Nutzung und Sport

	Nutzer/innen	Nichtnutzer/innen
> 5-mal	15 %	6 %
3- bis 4-mal	40 %	26 %
1- bis 2-mal	37 %	46 %
Kein Mal	7 %	23 %

Häufigkeit sportlicher Betätigung (+ 30 Minuten)

In Bezug auf die sportliche Aktivität geben 40 % der Nutzer/Nutzerinnen an, 3- bis 4-mal pro Woche Sport zu betreiben. Bei den Nichtnutzern/Nichtnutzerinnen sind es nur 26 %. 15 % der Nutzer/Nutzerinnen betreiben sogar öfter als 5-mal pro Woche Sport, hingegen nur 6 % der Nichtnutzer/Nichtnutzerinnen.

Ein weiteres interessantes Ergebnis der Studie zeigt, dass 23 % der Nichtnutzer/Nichtnutzerinnen überhaupt keinen Sport betreiben.

Die Studie zeigt auch, dass sich die Wearables positiv auf die Motivation der Nutzer/Nutzerinnen auswirken. Insgesamt lässt sich festhalten, dass Wearables einen positiven Einfluss auf die Gesundheit der Nutzer/Nutzerinnen haben.

Quelle: Teyke, Thomas u. a. (2018): Wearables & Gesundheits-Apps – Motive, Konsequenzen und Herausforderungen. https://www.hs-fresenius.de/fileadmin/Pressemitteilungen/HS_Fresenius_Wearables_Studie_2018.pdf, S. 6. (21. Feb. 2019)

3.2 Trainingssteuerung durch Technik

Je nach Sportart und Zielsetzung können technologische Hilfsmittel direkt am Sportler/an der Sportlerin oder am Sportgerät angebracht werden. Spezielle **Sensoren** werden dabei in das Gerät integriert oder außen angebracht.

Neueste Technik in Form eingebauter Sensoren macht es zum Beispiel im Baseball möglich, den Schwung des Baseballschlägers aufzuzeichnen und zu analysieren. Die gewonnenen Daten geben Auskunft über Schwunggeschwindigkeit, Schlägerwinkel, Ball-Schläger-Kontaktzeit, Schläge pro Minute u. v. m. Eine Videoaufzeichnung ermöglicht darüber hinaus eine noch genauere Analyse des Bewegungsablaufes. Ziel ist es, den Schwung zu verbessern und das Verletzungsrisiko zu verringern.

Eingebaute bzw. angebrachte Technologie ist auch in anderen Sportarten zu finden. Ein weiteres Beispiel dafür ist Tennis. Unterschiedliche Firmen platzieren ihre Sensoren, zum Beispiel am unteren Ende des Griffes, auf der Bespannung oder am Handgelenk des Spielers/der Spielerin. Auch hier geben die Sensoren – mit unterschiedlicher Genauigkeit – Daten über die technische Ausführung preis.

Neben den Sensoren, die am oder im Gerät angebracht sind, gibt es auch Produkte, die vom Sportler/von der Sportlerin als **Kleidungsstück** oder aufgeklebten **Chip** getragen werden. Unzählige innovative Produkte sammeln unterschiedlichste **Daten**.

Zielsetzungen der Trainingssteuerung

Optimierung von Bewegungsabläufen

Leistungsverbesserung

Verkürzung der Regenerationszeit

Verringerung des Verletzungsrisikos

Überblicksmäßig sind folgende **Funktionen** zu nennen:

- Geschwindigkeit
- Beschleunigung
- Distanz
- Puls
- Bewegung am Spielfeld
- Atemfrequenz
- Temperatur
- Körperlage bei diversen Bewegungsabläufen
- muskuläres Ungleichgewicht
- Bewegungsdefizite
- Indikatoren für Verletzungen
- GPS
- Dehydrierung
- u. v. m.

3.3 Virtual Reality

Virtuelle Realität (VR oder auch Virtual Reality) ist eine **Scheinwelt**, in der sich der Benutzer/die Benutzerin bewegen kann. Mithilfe von speziellen Brillen, Helmen und/oder Datenhandschuhen können Befehle gegeben werden, auf die die virtuelle Welt reagiert. Wenn sich die ausübende Person zum Beispiel um die Längsachse dreht, werden diese Bewegungen in der Scheinwelt umgesetzt. Diese Technologie begeistert im **Gaming-Sektor.** Fans sind bereit, dafür tief in die Geldtasche zu greifen. Die Anwendung dieser Technologie beschränkt sich jedoch nicht nur auf Videospiele, sondern ermöglicht Sportfans **Live-Veranstaltungen im 360-Grad-Blickfeld** hautnah und doch virtuell zu erleben.

Sportlern/Sportlerinnen werden durch den Einsatz von Virtual Reality neue Möglichkeiten geboten. So können zum Beispiel von zuhause aus Stadien, Umkleideräume, Spielfelder, Trainingsräume etc. virtuell besucht werden.

Nutzbringende Vorteile durch den Einsatz von VR ergeben sich im Bereich des **Trainings**. Vor der Erfindung dieser Technologie mussten Videoaufnahmen mühsam analysiert und besprochen werden. Heute können Spielsituationen nicht nur erneut angesehen werden, sondern auch erneut erlebt werden. Der Athlet/Die Athletin kann eine Spielsituation aus seiner/ihrer eigenen Perspektive, der des Mitspielers/der Mitspielerin oder aus der Sicht des Gegners/der Gegnerin betrachten und erneut durchleben. Die aufgezeichnete Geräuschkulisse (Team, Gegner/Gegnerinnen, Fans, Coaches, Schiedsrichter/Schiedsrichterinnen etc.) verleiht dem virtuellen Erlebnis scheinbar noch mehr Realität.

Weiß der Sportler/die Sportlerin erst einmal, worauf er/sie sich konzentrieren muss, kann das Gerät zu Trainingszwecken eingesetzt werden. Standardsituation können durch Drills virtuell trainiert werden. Man erhofft sich einen **Transfer in reale Situationen** und somit eine Verbesserung. Weitere Vorteile ergeben sich dadurch, dass das Verletzungsrisiko gesenkt wird und seltener Training bei ungünstigen Wetterverhältnissen stattfinden muss.

Obwohl die Technologie kostenintensiv ist, liegen die Vorteile klar auf der Hand. VR wird die Art und Weise des zukünftigen Trainings stark verändern, vor allem wenn man bedenkt, dass das Potential dieser technischen Entwicklungen bei weitem noch nicht ausgeschöpft ist.

RP-TRAINING 3

Anforderungsniveau 1

1. Nennen Sie technische Innovationen und deren Verwendung im Sport.
2. Geben Sie mindestens fünf Funktionen von innovativen technischen Produkten wieder, mit denen Trainingsdaten gesammelt werden können.

Anforderungsniveau 2

Erklären Sie Möglichkeiten, die sich durch Wearable Technology im Sport ergeben.

Anforderungsniveau 3

Nehmen Sie Stellung zu drei technischen Innovationen im Sport und beschreiben Sie deren Einsatzmöglichkeiten im Detail. Prüfen Sie, ob die Anwendung im Breitensport sinnvoll ist.

KOMPETENZCHECK

Ich kann ...			
... Innovationspotentiale bei der Entwicklung des Sports erläutern und beurteilen.			
... Inhalte des Studiums der Sportgerätetechnik nennen.			
... den Zusammenhang von Technologie, Technik und Sport erklären.			
... Beispiele für den positiven Einfluss der Sporttechnologie auf unterschiedliche Sportarten anführen.			
... Einsatzmöglichkeiten von High-Tech-Geräten im Behindertensport beschreiben.			
... technische Hilfsmittel zur Bewegungsanalyse angeben.			

Grundlagen des Trainings

Die Trainingswissenschaft hat es sich zur Aufgabe gemacht, sportliches Training zu beschreiben und zu erklären. Sie ist eine empirische Wissenschaft, die ihre Erkenntnisse aus systematischen Beobachtungen und Experimenten gewinnt. Die Trainingswissenschaft zielt darauf ab, Trainings- und Wettkampfleistungen zu verbessern. Sie liefert die Basis für ein planmäßiges, zielgerichtetes Training. Ohne ihre Erkenntnisse wäre ein organisiertes Training nur schwer durchführbar und die Auswirkungen von Trainingsreizen nur schwer vorhersehbar. Die Trainingswissenschaft gibt Informationen über die Belastbarkeit im Training, um etwaige Überbelastungen oder Verletzungen zu vermeiden. Jeder Sportler/Jede Sportlerin sollte sich grundlegende Kenntnisse in diesem Bereich aneignen, da sie Grundvoraussetzung für ein erfolgreiches sportliches Training sind.

Die Strukturierung sportlicher Leistung und geeignete Kontrollverfahren machen es erst möglich, sportliche Leistungen objektiv zu vergleichen und Normen zu definieren. Welche Teilqualifikationen benötigt ein Volleyballer, eine Marathonläuferin oder ein Sprinter? Welcher Sportler/Welche Sportlerin besitzt die bessere Grundlagenausdauer oder wie kann die Schnellkraft, eine Mischform aus Kraft und Schnelligkeit, in der Beinmuskulatur verbessert werden? Diese und viele andere Fragen werden in der Trainingswissenschaft bearbeitet, um passende Antworten dafür zu finden. Die Trainingssteuerung und Trainingsplanung liegt meist in den Händen des Trainers/der Trainerin. Diese sind in der Regel in diesem Bereich sehr gut ausgebildet und wissen, wie Ziele erreicht werden können. Es ist aber trotzdem sinnvoll, wenn sich auch die Athleten/Athletinnen selbst kritisch mit den Gesetzmäßigkeiten des Trainings auseinandersetzen. In diesem Kapitel erhalten Sie Informationen über Grundlagen des Trainings, die Sie auch für Ihr eigenes Training nutzen sollten.

Der Lernende/Die Lernende soll ...

- grundlegende Mechanismen der Trainingssteuerung kennen und erklären können,
- über die Vorgänge in den Organsystemen bei sportlicher Belastung Bescheid wissen,
- Modelle zur Energiebereitstellung auf unterschiedliche Belastungsfälle anwenden können.

WARM-UP

Ihre Mitschüler/Mitschülerinnen betreiben sicher unterschiedliche Sportarten. Erstellen Sie eine Strategie, mit der Sie die Leistungsfähigkeit der Kollegen/Kolleginnen der einzelnen Sportarten einschätzen können. Diskutieren Sie verschiedene Möglichkeiten, wie das Potential jedes Einzelnen/jeder Einzelnen durch gezieltes Training zu verbessern ist.

In diesem Kapitel werden die Grundlagen und Mechanismen besprochen, die einem sportlichen Training erst einen Sinn geben. Bevor man sich mit diesen Grundlagen beschäftigen kann, ist es notwendig, dass ein einheitliches **Modell zur Beschreibung der sportlichen Leistungsfähigkeiten** eines Athleten/einer Athletin zur Verfügung steht. Es gibt in der sportwissenschaftlichen Literatur unterschiedliche Modelle zur Beschreibung, die mehr oder weniger genau auf einzelne Fähigkeiten eines Athleten/einer Athletin eingehen.

In der angeführten Grafik ist eines dieser Modelle für die Beschreibung der sportlichen Leistungsfähigkeit zu sehen. Die im Dreieck angeführte **Kondition** beinhaltet die drei konditionellen Grundeigenschaften **Ausdauer, Kraft und Schnelligkeit** sowie die beiden koordinativen Grundeigenschaften **Beweglichkeit und Koordination**. Neben der Kondition gibt es noch weitere leistungsbestimmende Faktoren, die auf die Leistungsfähigkeit einwirken. Im allgemeinen Sprachgebrauch wird der Begriff der Ausdauer sehr oft mit der Kondition verwechselt.

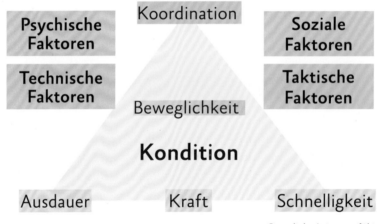

Sportliche Leistungsfähigkeit (nach Weineck 2010)

Alle **konditionellen Fähigkeiten** stehen in wechselseitiger Beziehung zueinander und treten oft als **Mischformen** mehrerer motorischer Grundeigenschaften auf. Die Kraftausdauer ist eine Mischform aus Kraft und Ausdauer. Die Schnellkraftausdauer ist eine Mischung aus drei Grundeigenschaften: der Ausdauer, der Schnelligkeit und der Kraft.

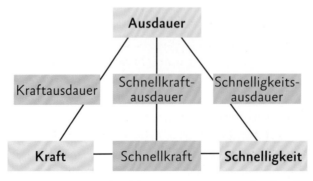

Mischformen von sportmotorischen Grundeigenschaften (nach Bös 2006: S. 87)

Die konditionellen Fähigkeiten und ihre Mischformen werden aufgrund ihrer hohen Bedeutung für das Training an anderer Stelle ausführlicher erläutert.

Um die sportliche Leistungsfähigkeit eines Athleten/einer Athletin zu verbessern, werden Trainingseinheiten durchgeführt. Jede **Trainingseinheit** hat Ziele, Inhalte und Methoden. Dazu werden in der Trainingseinheit geeignete Trainingsmittel verwendet.

Ziel einer Trainingseinheit könnte beispielsweise die Verbesserung von einer oder mehreren konditionellen Fähigkeiten sein. Auch die Verbesserung in den Grundtechniken der Sportart könnte als Ziel gesetzt werden. **Inhalte der Trainingseinheit** sind die vorab festgelegten Übungen, die zur Erreichung des Trainingszieles verhelfen sollen. Die ausgewählten Übungen hängen sehr stark mit dem gesetzten Ziel der Trainingseinheit zusammen. So wird z. B. eine Trainingseinheit für einen Handstand im Bodenturnen aus mehreren leichteren Vorübungen bestehen, die methodisch zu einem freistehenden Handstand führen. Diese gewählte Übungsreihe ist die **Trainingsmethode**. Sie steuert den Ablauf des Trainings und wird je nach Zielsetzung unterschiedlich aufgebaut.

Trainingsmittel haben die Aufgabe, die Ziele der Trainingseinheit leichter zu erreichen. Sie sind organisatorischer, gerätemäßiger oder informativer Art. Im oben genannten Beispiel ist ein Handstand gegen die Wand ein gerätemäßiges Trainingsmittel. Die unterschiedliche Positionierung von Kästen oder Matten in der Turnhalle ist ein organisatorisches Hilfsmittel. Ein Vorturner/Eine Vorturnerin ist ein informelles Hilfsmittel.

Hinter jeder Trainingseinheit stehen direkt oder indirekt **methodische Prinzipien**, die zur angestrebten Verbesserung der sportlichen Leistungsfähigkeit führen. Ohne ein grundlegendes Verständnis dieser Prinzipien wäre eine Reflexion, eine prüfende Betrachtung, über die Sinnhaftigkeit einer Trainingseinheit nicht möglich.

1 Superkompensation

Ist das Ziel einer Trainingseinheit die Verbesserung von konditionellen Fähigkeiten, so wird dafür das **Prinzip der Superkompensation** ausgenützt. Im menschlichen Körper liegt ein dynamisches Gleichgewicht, die sogenannte **Homöostase**, zwischen allen aufbauenden und abbauenden Prozessen vor. Jede sportliche Belastung, die eine bestimmte Intensität überschreitet, führt zu einer Störung dieses Gleichgewichtes. Da jede Schwächung des Körpers eine Gefahr darstellt, werden als Reaktion darauf die entsprechenden Funktionssysteme auf einem neuen, höheren Niveau wiederhergestellt. In diesem Fall spricht man von Über- oder Superkompensation.

1.1 Funktionssysteme

Der menschliche Körper besitzt eine große Anzahl von verschiedenen Funktionssystemen, die durch das Training belastet werden. In der auf der nächsten Seite abgebildeten Grafik sind einige für den Sport relevante Funktionssysteme und ihre Aufgaben angeführt. Diese Funktionssysteme haben die Aufgabe, das innere Gleichgewicht im menschlichen Körper aufrechtzuerhalten. Wird der Körper durch ein Training belastet, so reagieren diese Systeme je nach Belastungsart unterschiedlich.

Die einzelnen Funktionssysteme benötigen unterschiedliche **Erholungszeiten** bzw. weisen einen unterschiedlichen **Erholungsverlauf** auf. Das Muskelsystem ist ein eher rasch adaptierendes System, die Sauerstoffaufnahme ins Blut ein mäßig adaptierendes System und alle Veränderungen im Halte- und Stützapparat ein langsam adaptierendes System.

Die Erholungszeiten können durch verschiedene **trainingsbegleitende Maßnahmen** etwas verkürzt werden. Vor allem Maßnahmen wie Auslaufen, Dehnen und Lockern, aber auch richtige Ernährung und Flüssigkeitsaufnahme dienen dabei als Unterstützung. Die richtige Erholungszeit ist für die Erhöhung der sportlichen Leistungsfähigkeit genauso von Bedeutung wie die richtige Belastung während des Trainings. Diese Tatsache bedeutet, dass vor allem im Leistungssport mit sehr hohen Trainingsbelastungen regenerative Maßnahmen sehr wichtig für den Erfolg sind.

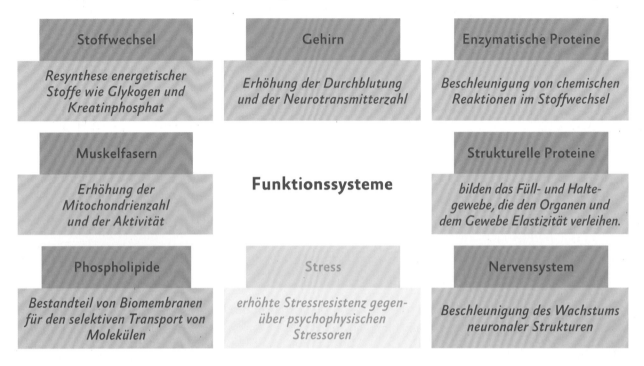

Stoffwechsel	Gehirn	Enzymatische Proteine
Resynthese energetischer Stoffe wie Glykogen und Kreatinphosphat	*Erhöhung der Durchblutung und der Neurotransmitterzahl*	*Beschleunigung von chemischen Reaktionen im Stoffwechsel*

Funktionssysteme

Muskelfasern		Strukturelle Proteine
Erhöhung der Mitochondrienzahl und der Aktivität		*bilden das Füll- und Haltegewebe, die den Organen und dem Gewebe Elastizität verleihen.*

Phospholipide	Stress	Nervensystem
Bestandteil von Biomembranen für den selektiven Transport von Molekülen	*erhöhte Stressresistenz gegenüber psychophysischen Stressoren*	*Beschleunigung des Wachstums neuronaler Strukturen*

1.2 Leistungsniveau

Der zeitliche **Verlauf der sportlichen Leistungsfähigkeit** vor und nach einem Training ist in der abgebildeten Grafik festgehalten. Der Verlauf der sportlichen Leistungsfähigkeit wird am Beispiel einer Trainingseinheit im Bereich der Kraft veranschaulicht:

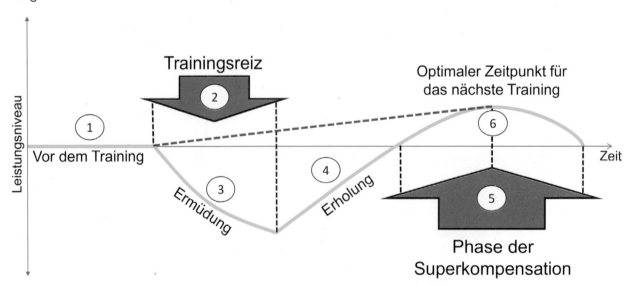

Superkompensation

Phase 1

Der Sportler/Die Sportlerin hat ein bestimmtes Leistungsniveau bei einer ganz speziellen Übung. Er/Sie schafft z. B. vier Sätze zu je zehn Klimmzügen im ausgeruhten Zustand.

Phase 2 und 3

Es wird nun eine Trainingseinheit absolviert, bei der neben den Klimmzügen noch andere Kraftübungen eingebaut sind. Das wird dazu führen, dass der Sportler/die Sportlerin im Laufe der Trainingseinheit immer müder wird. Am Ende der Trainingseinheit würde er/sie die vier Sätze mit je zehn Klimmzügen nicht mehr schaffen. Zu diesem Zeitpunkt ist sein/ihr Leistungsniveau in diesem Bereich stark abgesunken.

Phase 4

Nach dem Training kann sich der Sportler/die Sportlerin ausruhen. Der Körper wird sich je nach Art des Trainingsreizes und der Trainingsdauer langsamer oder schneller erholen. Dabei werden die zuvor verbrauchten Energieträger wieder aufgefüllt.

Phase 5

Dauert die Erholungsphase lange genug, dann kommt es sogar zu einer Überkompensation. Zu diesem Zeitpunkt besitzt der Athlet/die Athletin ein höheres Leistungsvermögen. Er/Sie könnte dadurch mehr Klimmzüge pro Satz ausführen als vor der Trainingseinheit. Wird in der Phase der Überkompensation erneut eine Trainingseinheit angesetzt, so ist dieses erhöhte Leistungsniveau neuer Ausgangspunkt einer weiteren Superkompensationskurve. Dies führt zu einer kontinuierlichen Steigerung der Leistungsfähigkeit in diesem Bereich.

Der idealste Zeitpunkt für eine neuerliche Reizsetzung ist der **Zeitpunkt der maximalen Überkompensation**. In der Grafik liegt dieser Zeitpunkt bei Punkt 6. Es ist nicht einfach, den Zeitpunkt der maximalen Überkompensation richtig zu treffen, da die Adaption der menschlichen Funktionssysteme von vielen verschiedenen Faktoren abhängt. Die Adaption findet bei jedem Sportler/jeder Sportlerin unterschiedlich schnell statt.

RP-TRAINING 1

Anforderungsniveau 1

1. Geben Sie die Bedeutung des Begriffs „Kondition" in Bezug auf einen Sportler/eine Sportlerin in eigenen Worten wieder.
2. Beschreiben Sie die verschiedenen Funktionssysteme.

Anforderungsniveau 2

1. Erläutern Sie den Zusammenhang zwischen den einzelnen Funktionssystemen und der Superkompensation.
2. Stellen Sie eine Superkompensationskurve grafisch dar.
3. Erläutern Sie die einzelnen Phasen der Superkompensationskurve im Detail.

Anforderungsniveau 3

Diskutieren Sie die Konsequenzen, die sich für das Training ergeben, wenn die Effekte der Superkompensation berücksichtigt werden.

2 Trainingsprinzipien

„Die Prinzipien des sportlichen Trainings beziehen sich auf alle Seiten und Aufgaben des Trainings, sie bestimmen den Inhalt und die Methoden sowie die Organisation. Sie stellen verbindliche Handlungsaufforderungen für den Sportler bzw. Trainer dar, da sie sich auf die bewusste und komplexe Anwendung der Gesetzmäßigkeiten im Trainingsprozess beziehen." (Weineck 2010: S. 45)

Unter **Trainingsprinzipien** versteht man allgemeine Grundsätze für die sinnvolle Organisation und den systematischen Aufbau von Trainingseinheiten. Diese Grundsätze beziehen sich auf:

- Erkenntnisse zur sportlichen Leistung und Leistungsfähigkeit
- Entwicklung der sportlichen Leistung und Leistungsfähigkeit
- Erkenntnisse über die Wirkung trainingsmethodischer Maßnahmen

Wie bei der sportlichen Leistungsfähigkeit gibt es auch bei den Trainingsprinzipien eine Vielzahl von Modellen mit unterschiedlicher Benennung und Einteilung. In der sportwissenschaftlichen Literatur findet man weit über hundert verschiedene Trainingsprinzipien und zahlreiche sportartspezifische Prinzipien. Die folgenden Trainingsprinzipen (nach J. Weineck) führen zur Auslösung der Anpassungseffekte.

Trainingsprinzipien (nach Weineck 2010: S. 48)

2.1 Prinzip des trainingswirksamen Reizes

Damit nach einem Training Überkompensation folgt, müssen die verschiedenen Funktionssysteme ausreichend belastet werden. Wie hoch diese **Reizschwelle** liegt, hängt von verschiedenen Faktoren ab. Bei einem guten Trainingszustand des Athleten/der Athletin liegt die Reizschwelle wesentlich höher als bei untrainierten Menschen. Bei Athleten/Athletinnen sind stark überschwellige Reize notwendig, wodurch jedoch die Gefahr einer Funktionsschädigung immer größer wird. Richtwerte für die Stärke der Reize sind schwer festzulegen. Bei einem Untrainierten liegt im Bereich der Ausdauer der Reiz in der Nähe der aeroben Schwelle, also bei einem Puls von ca. 130 bis 140 [Schlägen/Min.], im Krafttraining bei ca. 30 % der individuellen Maximalkraft. Bei einem Leistungssportler/einer Leistungssportlerin steigen diese Werte auf bis zu 70 % der individuellen Maximalwerte.

Für eine genaue Bestimmung des trainingswirksamen Reizes werden diverse Verfahren aus der **Leistungs-diagnostik** angewendet. Die Steigerung des Trainingsumfanges (Länge der Trainingseinheit), die Erhöhung der Anzahl der Trainingseinheiten und die Steigerung der Intensität während der Trainingseinheiten sind Maßnahmen zur Steigerung der Reizstärke. Bei der **Steuerung des Trainings** ist zu beachten, dass bei einem Training mit hoher Intensität die Trainingsdauer gering sein muss. Umgekehrt muss bei geringer Intensität die Trainingsdauer verlängert werden.

2.2 Prinzip der individualisierten Belastung

Die sportliche Leistung eines Athleten/einer Athletin ist abhängig von einer Vielzahl von verschiedenen Faktoren. So kann es sein, dass ein Tennisspieler/eine Tennisspielerin durch seine/ihre individuellen Stärken wie Kampfgeist, mentale Einstellung oder hervorragende Kondition einem technisch überlegenen Spieler/einer technisch überlegenen Spielerin gewachsen ist. Aus diesem Grund ist es nicht sinnvoll, wenn Trainingspläne von erfolgreichen Sportlern/Sportlerinnen einfach für andere Athleten/Athletinnen übernommen werden. Die Chancen, dadurch ebenso erfolgreich zu werden, sind eher gering. Die **individuellen Schwächen und Fähigkeiten** jedes einzelnen Sportlers/jeder  einzelnen Sportlerin müssen in den Trainingsplan miteinbezogen werden. Es ist auch wichtig, die unterschiedlichen Entwicklungsstadien eines Athleten/einer Athletin zu beachten. Besonders im Kinder- und Jugendtraining müssen **entwicklungsgerechte Trainingspläne** erstellt werden und nicht – wie häufig vorkommend – Trainingspläne aus dem Erwachsenentraining herangezogen werden. Kinder und Jugendliche müssen sehr variantenreich trainiert werden. Die in der Entwicklung auftretenden sensiblen Phasen (siehe Kapitel 13) sind zu berücksichtigen. Sehr oft werden auch **genetische Voraussetzungen** wie die Zusammensetzung der Muskelfasern des Sportlers/der Sportlerin im Training zu wenig beachtet. Auch hier muss eine Anpassung des Trainings an die körperlichen Gegebenheiten des Sportlers/der Sportlerin stattfinden.

2.3 Prinzip der ansteigenden Belastung

Um eine Leistungssteigerung zu erlangen, müssen die Übungen mit einer gewissen **Mindestreizstärke** durchgeführt werden. Bei Kraftübungen liegt die Mindestreizstärke zu Beginn bei ca. 30 % der Maximalkraft. Steigt das Gewicht bei einer Kniebeuge mit Langhanteln von 100 kg auf 120 kg, steigt die Mindestreizstärke von ca. 30 kg auf 36 kg. Ein Leistungssportler/Eine Leistungssportlerin, der seine/die ihre Reizschwelle bei 70 % der Maximalkraft hat und eine Kniebeuge mit 200 kg schafft, muss mit einer Mindestreizstärke von 140 kg trainieren, um einen Trainingseffekt zu erzielen. Die Konsequenz daraus ist eine **fortschreitende Steigerung der Trainingsbelastung**.

Die Leistungssteigerung entwickelt sich, wie in der Grafik dargestellt, im Laufe der Jahre nicht gleichmäßig. Je länger man in einem Bereich trainiert, desto geringer wird der **Leistungszuwachs**. Aus diesem Grund muss ein Hochleistungssportler/eine Hochleistungssportlerin seinen/ihren Trainingsumfang für einen geringen Leistungszuwachs bereits stark vergrößern. Das ist jedoch oft aus zeitlichen und gesundheitlichen Gründen nicht möglich. Auf diesem hohen Niveau ist eine Erhöhung der Trainingsbelastung nicht mehr sinnvoll, deshalb gewinnen andere Methoden, wie zum Beispiel das Mentaltraining oder die Erholungsoptimierung, immer mehr an Bedeutung.

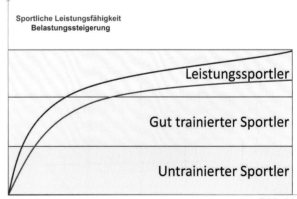

Belastungsverlauf nach Trainingszustand

2.4 Prinzip der richtigen Belastungsabfolge

Oft liegt das Ziel von längeren Trainingseinheiten nicht nur in der Verbesserung einer einzelnen Komponente der sportlichen Leistungsfähigkeit. Ein **abwechslungsreiches Training mit unterschiedlichen Intensitäten** hat das Ziel, mehrere Bereiche der Leistungsfähigkeit gleichzeitig anzusprechen. Dabei sind bestimmte Regeln zu beachten, ansonsten würde eine Verschlechterung eintreten. Am Anfang längerer Trainingseinheiten werden jene Übungen gereiht, die nur bei vollständiger Erholung fehlerfrei ausgeführt werden können oder nur dann Wirkung zeigen. Dazu zählen Übungen zur Koordination, Schnellkraft und Maximalkraft. In der Mitte des Trainings stehen Übungen zur Schnelligkeit oder Kraftausdauer, die bei geringerer Intensität und auch in einem leicht ermüdeten Zustand ordentlich ausgeführt werden können. Am Ende stehen Übungen, die der Schulung der Ausdauer dienen. Ein Ausdauertraining bei geringer Intensität ist fast immer durchführbar. Auslaufen nach Trainingseinheiten dient gut trainierten Athleten/Athletinnen sogar zur schnelleren Erholung.

2.5 Prinzip der variierenden Belastung

Ab einem bestimmten Leistungsniveau eines Sportlers/einer Sportlerin kann die Steigerung der Leistung stagnieren. Man kann versuchen, durch **ungewohnte Belastungen** nicht so gut trainierte Funktionssysteme so zu schwächen, dass es zu einer anschließenden Überkompensation kommt. Dies erreicht man durch eine **Variation** in der Bewegungsausführung, der Belastungsphasen, der Pausengestaltung und der Trainingsmethoden. Oft kommt es dadurch zu einer „sprunghaften" Leistungssteigerung. Vor allem im Hochleistungssport zeigen sich durch solche Variationen enorme Leistungsverbesserungen.

2.6 Prinzip der wechselnden Belastung

Verschiedene Trainingsformen wie **Kraft-, Ausdauer- oder Koordinationstraining** belasten den Körper in völlig unterschiedlicher Weise. So belastet ein umfangreiches Ausdauertraining vor allem den Kohlenhydrat-Energiespeicher des Muskels. Nach solchen Trainingsreizen wird eine bestimmte Zeit zum Wiederauffüllen dieses Energiespeichers benötigt. Man sollte daher nicht in beliebig kurzen Abständen trainieren. Durch Wahl einer Trainingsform, die den **Stoffwechsel** in anderer Form belastet, kann trotz einer recht kurzen Pause ein positiver Trainingseffekt entstehen. So belastet zum Beispiel ein Krafttraining fast ausschließlich den Eiweißstoffwechsel, es kann sogar am selben Tag eines Ausdauertrainings durchgeführt werden. Der richtige Wechsel zwischen den verschiedenen Belastungsarten ermöglicht einen größeren Trainingsumfang. Ob und wann welcher Trainingsreiz gesetzt werden kann, ist eine der hohen Künste der Trainingsgestaltung und Trainingsplanung.

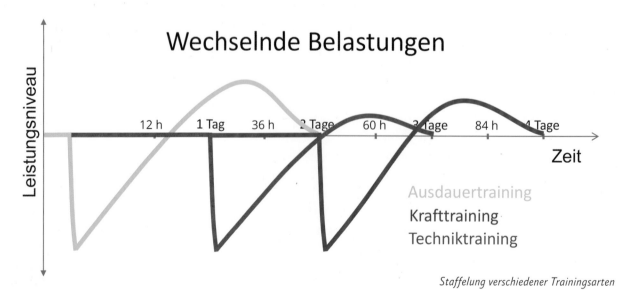

Staffelung verschiedener Trainingsarten

2.7 Prinzip der optimalen Relation von Belastung und Erholung

Die Belastung durch das Training führt zu einer kurzfristigen Schwächung des Körpers. **Belastungslänge und Erholungszeit** sollten in einem idealen Verhältnis zueinander stehen. Nur so ist es möglich, eine rasche und effektive Leistungssteigerung (Superkompensation) zu erreichen. Für die richtige Relation zwischen Belastung und Erholung müssen die **Regenerationsprozesse** der einzelnen biologischen Teilsysteme beachtet werden. Bei einem Trainingsplan, der hauptsächlich darauf abzielt, die Energiespeicher des Körpers zu leeren und dann erneut in größerer Menge aufzubauen, reicht eine Pause von einem Tag zwischen den Trainingseinheiten. Will man hingegen eine Anpassung der Muskeln oder des Bewegungsapparates erreichen, müssen längere Pausen eingeplant werden.

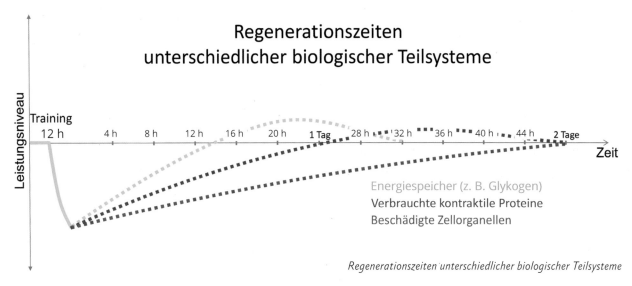

Regenerationszeiten unterschiedlicher biologischer Teilsysteme

Ermüdung kann in der Regel nicht durch Laktat- oder Harnstoffmessungen bestimmt werden, deshalb ist es umso wichtiger, die äußerlichen **Symptome der Ermüdung** zu erkennen und richtig einzuordnen. Erfahrene und erfolgreiche Trainer/Trainerinnen erkennen durch Beobachtung des Athleten/der Athletin diese Anzeichen sehr gut und ändern daraufhin kurzfristig die Trainingsintervalle. Dies führt in weiterer Folge zu einer maximalen Leistungssteigerung.

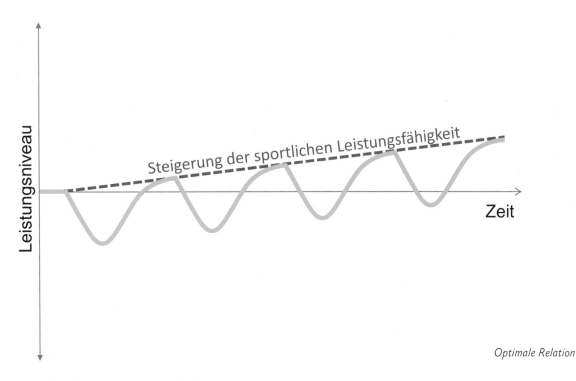

Optimale Relation

Erfolgen die Trainingsreize zu spät, wären die zusätzlichen Reserven, die der Körper aufgrund der Superkompensation anlegt, wieder abgebaut. Der neue Trainingsreiz würde auf dem gleichen Leistungsniveau wie vor dem Training erfolgen. Trotz vieler durchgeführter Trainingseinheiten wäre keine erkennbare Leistungssteigerung festzustellen. Sollten die Reizsetzungen aber zu schnell hintereinander erfolgen, hätte der Körper nicht genug Zeit, vermehrte Energiereserven anzulegen. Das nächste Training würde auf einem niedrigeren Leistungsniveau als vor den Trainingseinheiten beginnen. Es käme dadurch sogar zu einer Verschlechterung der Leistungen.

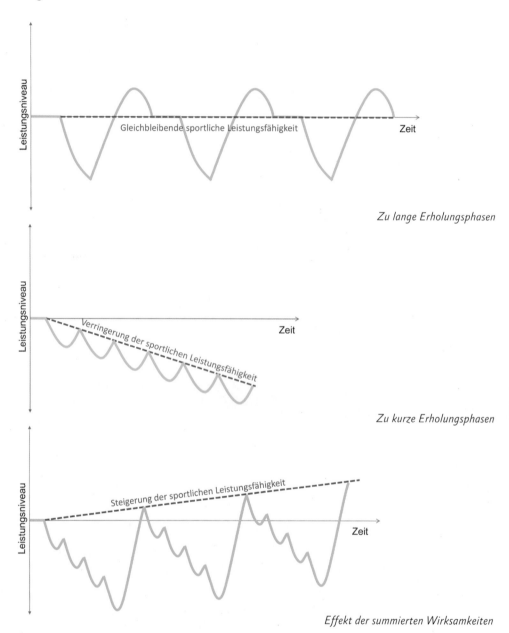

Zu lange Erholungsphasen

Zu kurze Erholungsphasen

Effekt der summierten Wirksamkeiten

Im Sport werden trotzdem oft gezielt Trainingsreize in kurzen Abständen gesetzt, im Wissen, dass eine unvollständige Erholung stattfindet. Hat der Sportler/die Sportlerin danach eine ausreichend lange Erholungsphase zur Verfügung, kommt es nämlich zu einer sehr starken Überkompensation. Dieses Trainingsprinzip ist auch als **„Prinzip der summierten Wirksamkeiten"** bekannt. Am Ende solcher Trainingsphasen wurde eine beachtliche Leistungssteigerung erzielt. Als Beispiel kann das **Übertraining** während eines Trainingslagers angeführt werden. Die Anwendung eines Übertrainings ist nur zu empfehlen, wenn Trainer/Trainerin bzw. Athlet/Athletin gute Kenntnisse über die Erholungsdauer der einzelnen Organsysteme besitzen. Ein Übertraining kann ohne entsprechende Sicherheitsmaßnahmen zu Verletzungen des Athleten/der Athletin führen.

THEORIE · · · · · ▪▪➡ PRAXIS

CrossFit ist eine im Jahr 1985 entwickelte Sportart zur Verbesserung der Kraft- und Ausdauerleistung. Kernstück jeder CrossFit-Trainingseinheit ist das WOD, Workout of the Day. Dabei wird aus 60 verschiedenen Grundübungen ein Workout zusammengestellt oder es werden vorgefertigte, mit speziellen Namen versehene Programme verwendet. Angie ist zum Beispiel ein CrossFit-Workout bestehend aus 100 Klimmzügen, 100 Liegestützen, 100 Sit-ups und 100 Kniebeugen. Damit auch ein Anfänger das Workout mitmachen kann, verwendet man Hilfsmittel wie Gummibänder zur Unterstützung bei den Klimmzügen oder vereinfacht die Übungen durch Variationen in der Ausführung.

Die nebenstehende Grafik stellt die Bedeutung der verschiedenen Trainingsprinzipien beim CrossFit-Training dar. Die Stärken des CrossFit-Trainings liegen in der Art der Reizsetzung und damit in der Steuerung der Belastung. Die Übungen sind leicht skalierbar und können daher ganz einfach dem Leistungsniveau und der Trainingserfahrung angepasst werden. Durch die hohe Anzahl an verschiedenen Übungen ist die Variation der Belastung einigermaßen gut. Eine große Schwäche liegt in der einseitigen Art der Belastung, die hauptsächlich auf den Ausdauer- und Kraftausdauerbereich abzielt.

Zur Variation ist ein begleitendes Schnelligkeits-, Beweglichkeits- und Koordinationstraining zu empfehlen.

Prinzip	
Prinzip des trainingswirksamen Reizes	100 %
Prinzip der individualisierten Belastung	90 %
Prinzip der ansteigenden Belastung	100 %
Prinzip der richtigen Belastungsabfolge	20 %
Prinzip der variierenden Belastung	60 %
Prinzip der wechselnden Belastung	30 %
Prinzip der optimalen Relation von Belastung und Erholung	70 %

GET ACTIVE 1

Erstellen Sie eine Liste mit zehn verschiedenen Fachbegriffen, die in diesem Kapitel verwendet wurden. Erklären Sie diese in jeweils zwei bis drei Sätzen.

Suchen Sie nach dem Beenden dieser Aufgabe einen Partner/eine Partnerin aus der Klasse. Prüfen Sie sich gegenseitig, indem Ihr Gegenüber Ihre Begriffe erklärt und umgekehrt.

Analysieren Sie anschließend gemeinsam eine bestimmte Trainingseinheit aus einer beliebigen Sportart und identifizieren Sie verschiedene Trainingsprinzipien, die dabei angewendet wurden.

Anforderungsniveau 1

1. Nennen Sie die in diesem Abschnitt erläuterten Trainingsprinzipien.
2. Beschreiben Sie drei der Trainingsprinzipien im Detail.

Anforderungsniveau 2

Erläutern Sie den Einfluss des Prinzips der Mindestreizstärke auf die Planung eines Krafttrainings.

Anforderungsniveau 3

Beurteilen Sie die unterschiedlichen Auswirkungen der Trainingsprinzipien und der Regenerationszeiten der Organsysteme auf die Gestaltung eines Wochentrainingsplans.

3 Energiebereitstellung

Im menschlichen Körper finden laufend **Wiederherstellungsprozesse** statt. Jede sportliche Tätigkeit erfordert in irgendeiner Weise muskuläre Arbeit. Der für die **Muskelkontraktion** verantwortliche **Energieträger** ist **Adenosintriphosphat (ATP)**. Durch die Spaltung von ATP wird chemische Energie freigesetzt und für die Muskelkontraktion in kinetische Energie umgewandelt. Da nur eine geringe Menge ATP in der Muskelzelle gespeichert ist, muss dieser Energieträger wieder aufbereitet werden, damit erneut Energie für die Muskelkontraktionen zur Verfügung zu steht. Dabei wird nicht die ganze Energie in Muskelarbeit umgesetzt. Ein großer Teil, ca. 75 % der gesamten Energie, geht durch Reibung im Muskel in Form von Wärmeenergie verloren. Betrachtet man den Muskel als Maschine, wäre sein Wirkungsgrad relativ gering.

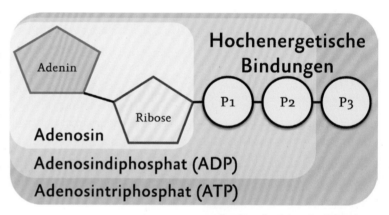

Struktur des Adenosintriphosphates

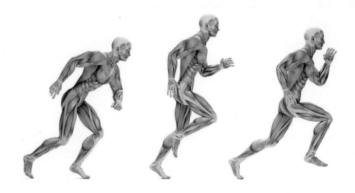

Adenosintriphosphat ist das einzige energiereiche Phosphat, das direkt in der Muskelzelle verwertet wird. Neben diesem Phosphat, das nur in kleinen Mengen im Muskel vorhanden ist, gibt es noch ein zweites „energiereiches Phosphat", das **Kreatinphosphat**. Durch die Spaltung dieses Kreatinphosphats wird aus ADP wieder ATP generiert. Auch dieses energiereiche Phosphat ist nur in geringen Mengen im Muskel vorhanden. Es besitzt aber aufgrund seiner direkten Verfügbarkeit eine sehr hohe Energieflussrate (siehe Abb. auf Seite 178). Die dadurch abrufbaren körperlichen Höchstleistungen stehen aber nur für ein paar Sekunden zur Verfügung.

Daraus folgt, dass es Energiequellen mit größerer Kapazität zur ATP-Wiederherstellung geben muss. Die eigentlichen **Energieträger** im Körper sind Kohlenhydrate und Fette. **Kohlenhydrate** sind als Glykogen (Speicherform von **Glykose** = Traubenzucker) in der Muskulatur und zu einem Teil auch in der Leber gespeichert. **Fette** liegen im Unterhautfettgewebe und in der Muskelzelle in Form von **Triglyceriden** vor. Diese beiden Energieträger ermöglichen es, Ausdauerleistungen über Zeiträume von mehrerer Stunden durchzuhalten. Die abgebildete Übersicht veranschaulicht, wie groß die Menge an chemischer Energie ist, die in den einzelnen Substraten gespeichert ist. Die dritte Spalte zeigt, wie lange diese Energieträger für eine Wiederaufbereitung von ATP zur Verfügung stehen.

Substrat	Phosphatreste [mmol/kg]	Enzymatische Proteine
Adenosintriphosphat	*6*	*2 – 3 Sekunden*
Kreatinphosphat	*20 – 25*	*bis zu 10 Sekunden*
Glykose	*270*	*45 – 90 Sekunden*
Glykogen	*3000*	*45 Sekunden – 90 Minuten*
Fette (Triglyzeride)	*50 000*	*mehrere Stunden*

3.1 Wiederherstellung (Resynthese) von ATP

Alle Wiederherstellungsprozesse laufen darauf hinaus, die Menge des eigentlichen Energieträgers (ATP) im Körper annähernd konstant zu halten. Solange die **Wiederherstellung (Resynthese)** gewährleistet ist, kann Muskelarbeit verrichtet werden. Eine längere Energiebereitstellung während des Sports ist nur bei mittlerer oder geringerer Intensität möglich. Bei sehr hohen Belastungen tritt vermehrt eine unökonomische Wiederherstellung auf, die zu einem Laktatanstieg im Blut und Muskel führt. Bei sehr hohen Belastungen kommt es zu einer Verkürzung der möglichen Belastungszeiten. Der Körper geht eine sogenannte temporale **Sauerstoffschuld** ein und der Laktatwert im Blut steigt. **Laktat** entsteht bei einer unzureichenden Verbrennung in der Muskelzelle. In weiterer Folge kommt es zu einer **Übersäuerung des Muskels**. Die sportliche Tätigkeit kann in diesem Zustand mitunter nicht mehr weitergeführt werden.

Kurz nach der Belastung beginnt der Körper mit der verstärkten Wiederherstellung, sowohl auf Organ- als auch auf Zellebene. Bei sehr langen Belastungen kommt es zusätzlich noch zu einer **Verringerung des Glykogenspeichers** im Körper und zu einer **Zerstörung von Eiweißstrukturen** im Bereich der Muskelzellen. Die darauf folgenden Wiederherstellungsprozesse zur vollständigen Erholung können mehrere Tage dauern.

Alle **energetischen Prozesse** der Muskelkontraktion finden direkt in der Muskelzelle statt. Das Herz-Kreislauf-System dient nur als Hilfssystem, um die Sauerstoff- und Substratversorgung zu gewährleisten. Die Zellmembran ist selektiv durchlässig und lässt die benötigten Stoffe in die Zelle. Wird die Energie sehr schnell benötigt, findet die Energiebereitstellung, die **anaerobe Glykolyse**, schon im Zellplasma statt. Die ganze **aerobe Energiebereitstellung** mit ihrer geringen **Flussrate** findet dagegen in den Mitochondrien, den Kraftwerken der Zelle, statt.

In der folgenden Übersicht sind die **vier unterschiedlichen Prozesse der Wiederherstellung von ATP** abgebildet:

- Die **beiden schnellen Prozesse** finden ohne Sauerstoff statt und werden als **anaerobe Energiebereitstellung** bezeichnet. Bei der Verbrennung von Glykose entsteht dabei Laktat, deshalb nennt man diese Bereitstellung auch anaerobe laktazide Energiebereitstellung.

- Die **beiden langsamen Prozesse** finden mit Sauerstoff statt und werden als **aerobe Energiebereitstellungen** bezeichnet.

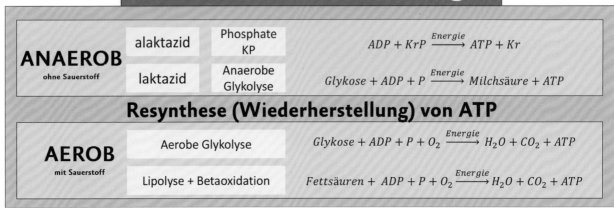

$$ATP \rightarrow ADP + P + Energie$$

| **ANAEROB** ohne Sauerstoff | alaktazid | Phosphate KP | $ADP + KrP \xrightarrow{Energie} ATP + Kr$ |
| | laktazid | Anaerobe Glykolyse | $Glykose + ADP + P \xrightarrow{Energie} Milchsäure + ATP$ |

Resynthese (Wiederherstellung) von ATP

| **AEROB** mit Sauerstoff | Aerobe Glykolyse | $Glykose + ADP + P + O_2 \xrightarrow{Energie} H_2O + CO_2 + ATP$ |
| | Lipolyse + Betaoxidation | $Fettsäuren + ADP + P + O_2 \xrightarrow{Energie} H_2O + CO_2 + ATP$ |

Abkürzungserklärung
ADP = Adenosindiphosphat I ATP = Adenosintriphosphat I KrP = Kreatinphosphat | Kr = Kreatin I P = Phosphat

Übersicht der Energiebereitstellungen und der vier unterschiedlichen Resyntheseprozesse

3.2 Anaerobe Energiebereitstellung

Die anaerobe Energiebereitstellung , jene ohne Sauerstoffverbrauch, findet entweder durch energiereiche Phosphate oder durch einen unvollständigen Abbau von Glykose unter Bildung von Laktat statt.

Anaerob-alaktazide Energiebereitstellung

$$ADP + KrP \xrightarrow{Energie} ATP + Kr$$

Damit der Körper sehr **schnell Höchstleistungen** erbringen kann, steht in den ersten Sekunden spaltbares ATP im Muskel zur Verfügung. Ist dieser Energiespeicher verbraucht, kann über die **Spaltung des energiereichen Kreatinphosphats** ATP schnell wiederhergestellt werden. Diese Bereitstellung reicht maximal für die ersten zehn Sekunden, ist aber entscheidend für die Maximal- und Schnellkraft sowie Schnelligkeit. Je nach Trainingszustand wird der Kreatinphosphatspeicher in wenigen Minuten wiederhergestellt. Seit einigen Jahren ist in **Kraft- und Sprintsportarten** die hochdosierte Einnahme von Kreatin üblich, um den Kreatinphosphatspeicher der Muskulatur zu vergrößern und damit die Leistung zu steigern. Unter den Athleten/Athletinnen gibt es sogenannte „Non-Responder", bei denen die Einnahme von Kreatin nur eine geringe oder gar keine Wirkung zeigt.

Anaerob-laktazide Energiebereitstellung (Anaerobe Glykolyse)

$$Glykose + ADP + P \xrightarrow{Energie} Milchsäure + ATP$$

Bei Belastungen zwischen zehn Sekunden bis zu ca. einer Minute überwiegt die laktazide Energiebereitstellung. Diese **Belastungszeiten** sind für eine reine Wiederherstellung durch energiereiche Phosphate zu lange und für eine aerobe Verbrennung von Glykose zu kurz. Dabei wird die in der Muskelzelle befindliche Glykose in mehreren Schritten in ATP, Wasserstoff und Pyruvat zerlegt. Das dabei anfallende **Pyruvat** wird bei geringen Belastungen normalerweise in den Zitratzyklus eingeschleust und dort verwertet. Bei sehr hohen Belastungen ist eine vollständige Einschleusung nicht mehr möglich. Das überschüssige Pyruvat wird dann in **Laktat** umgewandelt und der **pH-Wert in der Muskelzelle** sinkt. Gleichzeitig steigt auch die Anzahl der **Wasserstoffionen** und es kommt zu einer Übersäuerung des Muskels. Diese Übersäuerung wirkt sich leistungshemmend aus und macht sich auch als unangenehmes **„Muskelbrennen"** bemerkbar.

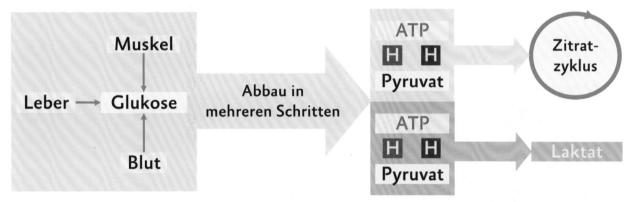

Anaerobe Glykolyse

Nach der Belastung werden das angehäufte Laktat und die Wasserstoffionen innerhalb von Minuten wieder beseitigt, indem der in der Muskulatur verbleibende Anteil aerob verbrannt wird. Dabei wird das Laktat in Pyruvat umgewandelt. Das in den Blutkreislauf gelangte Laktat wird dann in der Leber in mehreren Schritten über Glykose zu Glykogen aufgebaut. Es wird auch von der Herzmuskulatur zur Energiegewinnung herangezogen. Laktat ist somit kein „Abfallprodukt", sondern dient sowohl zur Energiespeicherung als auch als Energielieferant. Es ist wichtig, nach einer intensiven anaeroben Belastung diese für mehrere Minuten langsam ausklingen zu lassen (z. B. **Auslaufen**), da dadurch der **Laktatabbau** und damit die **muskuläre Erholung** wesentlich rascher bewerkstelligt werden als durch abrupte körperliche Ruhe.

3.3 Aerobe (= oxidative) Energiebereitstellung

Bei der aeroben Energiebereitstellung erfolgt die **Wiederherstellung von ATP unter Verbrauch von Sauerstoff.**

$$Glykose + ADP + P + O_2 \xrightarrow{Energie} H_2O + CO_2 + ATP$$

$$Fettsäuren + ADP + P + O_2 \xrightarrow{Energie} H_2O + CO_2 + ATP$$

Die beiden abgebildeten Vorgänge finden in den Mitochondrien der Muskellzellen statt. Dauert die körperliche **Belastung länger als 90 Sekunden** an, gewinnt die **aerobe Energiebereitstellung** immer mehr an Bedeutung. Die aerobe Energiegewinnung erfolgt durch vollständige Verbrennung (= **Oxidation**) von Kohlenhydraten (genauer: Glykose = Traubenzucker) und Fetten (genauer: Fettsäuren = Betaoxidation) jeweils zu Kohlendioxid und Wasser, wobei die Glykose durch Glykogenabbau **(Glykolyse)** und die

Fettsäuren durch Fettspaltung **(Lipolyse)** zur Verfügung gestellt werden. Je nach Belastungsintensität und Trainingszustand des Athleten/der Athletin findet ein fließender Übergang in der Energiebereitstellung statt. Bei sehr intensiven aeroben Belastungen, wie z. B. beim 5000-Meter-Lauf werden fast ausschließlich Kohlenhydrate verbrannt, bei extensiveren, längeren Belastungen mehr Fettsäuren. Je höher die Intensität ist, desto mehr Glykose wird unvollständig verbrannt. Solange die Laktatbildung und der Laktatabbau ausgewogen sind, wird eine Übersäuerung des Muskels verhindert. Diese sogenannte **anaerobe Schwelle** liegt je nach Trainingszustand und biologischen Faktoren des Athleten/der Athletin um 4 mmol/l Laktat. Bei zu hoher Belastungsintensität (oberhalb der anaeroben Schwelle) würde die zunehmende muskuläre Übersäuerung mit entsprechender Anhäufung von Protonen und Laktat zum vorzeitigen Abbruch der Belastung führen.

Somit stehen dem Muskelstoffwechsel **vier Mechanismen der Energiegewinnung** zur Verfügung, die je nach Intensität und Dauer der körperlichen Belastung beansprucht werden. Primär bestimmt das Ausmaß der Belastungsintensität und nicht die Belastungsdauer die entsprechende Energiebereitstellung.

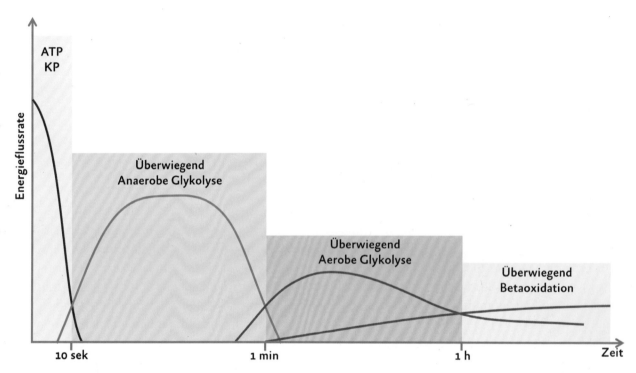

Zeitlicher Verlauf der Energieflussraten der vier Energiebereitstellungen bei niedriger Intensität der Trainingseinheit

3.4 Modelle zur Energiebereitstellung

In diesem Abschnitt werden unterschiedliche Modelle zur Darstellung der Energiebereitstellung vorgestellt. Die ersten zwei Modelle geben einen groben Überblick über den Verlauf der Energiebereitstellung, das dritte, komplexe Modell dient dem vertieften Verständnis der Energiebereitstellung.

3.4.1 Energiemodell „Ofen"

Ein Ofen kann mit Hartholz oder Weichholz befüllt werden. Hartholz brennt nicht so schnell und gut wie Weichholz, liefert aber über einen sehr langen Zeitraum Energie. Das Weichholz brennt hingegen sehr gut, ist aber nach kurzer Zeit aufgebraucht. Somit entspricht das Weichholz jenen Energieträgern, die sehr kurzfristig Energie in hohen Mengen bereitstellen, und das Hartholz jenen Energieträgern, die über lange Zeit sehr viel Energie abgeben. Beim Anheizen eines Ofens verwendet man immer Weichholz, im Inneren des Ofens muss genügend Sauerstoff für die Verbrennung zur Verfügung stehen. Erst wenn die Temperatur im Ofen hoch genug ist, gibt man Hartholzscheiter hinzu. Ist die Sauerstoffzufuhr zu gering, verbrennt das Holz im Ofen nicht vollständig und es bildet sich Ruß. Auch bei der Muskelzelle entsteht bei zu geringer Sauerstoffzufuhr „Ruß" (Laktat). Das bei der Verbrennung entstehende Kohlendioxid entweicht durch den Kamin. Beim Menschen wird das Kohlendioxid über die Lunge entfernt, das Laktat wird über das Herz-Kreislauf-System abtransportiert.

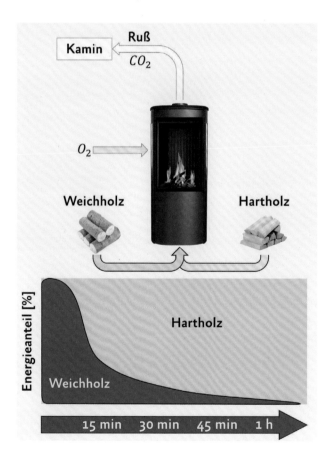
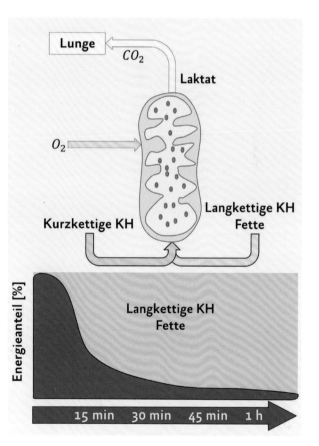

Energiemodell „Ofen"

3.4.2 Energiemodell „Trichtersystem"

Dieses Modell besteht aus zwei Teilsystemen. Auf der linken Seite sind die Energiebereitstellung und Energiewiederherstellung abgebildet und auf der rechten Seite die Energieträger, die für die Wiederherstellung von ATP verwendet werden. Bei der Energiebereitstellung wird ATP unter der Abgabe von Energie in ADP gespalten. Der Muskel wandelt die Energie zum Teil in Bewegungsenergie um. Bei der Wiederherstellung wird aus den Energieträgern gewonnene Energie verwendet, um aus den Resten der Spaltung wieder ATP zu synthetisieren. Die Entfernung der Trichter stellt die Geschwindigkeit der Wiederherstellung und die Größe der Trichter stellt die Energiemenge dar. Der von der Lunge aufgenommene Sauerstoff wird zur aeroben Verbrennung von Fetten und Kohlenhydraten verwendet, kann aber nicht zu einer schnellen Wiederherstellung von ATP herangezogen werden.

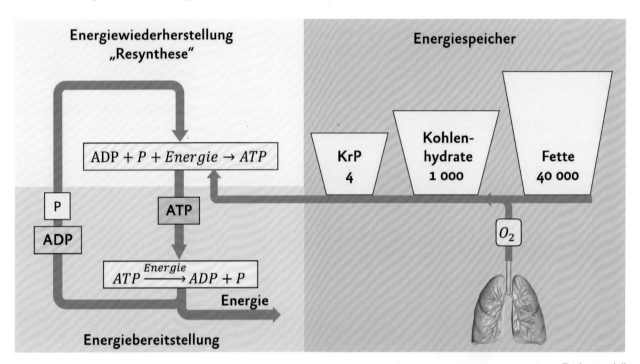

Trichtermodell

Die zwei oben angeführten Beispiele beschreiben die Energiebereitstellung im menschlichen Körper. Recherchieren Sie nach einem weiteren einfachen Modell für die Beschreibung dieser Vorgänge. Stellen Sie dieses Modell grafisch dar und präsentieren Sie es vor der Klasse.

3.4.3 Komplexes Energiemodell

Das komplexe Energiemodell besteht aus vier verschiedenen Bereichen. Ganz links sind die Energiespeicher und Sauerstofflieferanten angeführt. Der Sauerstoff, die Glykose und die Triglyceride werden über das Herz-Kreislauf-System zur Muskelzelle gebracht. Im Zytoplasma der Zelle wird das Glykogen in mehreren Schritten zu Pyruvat abgebaut, dieses wird dann entweder in den Zitratzyklus der Mitochondrien eingeschleust oder bei Überschuss mit Wasserstoff zu Laktat umgewandelt. Die Fette werden in der Muskelzelle in Acetyl-Coenzym A umgewandelt und in dieser Form direkt in den Zitratzyklus aufgenommen. Der Zitratzyklus besteht aus mehreren Teilschritten, bei denen eine große Menge an Wasserstoffionen entsteht, die in der Atmungskette als Lieferanten für Energie dienen. Dieser Vorgang liefert zwar sehr viel Energie, verliert aber mit steigender Belastung an Bedeutung. Das in der Muskelzelle entstandene Laktat, das Kohlendioxid und das Wasser werden wieder über das Herz-Kreislauf-System abtransportiert.

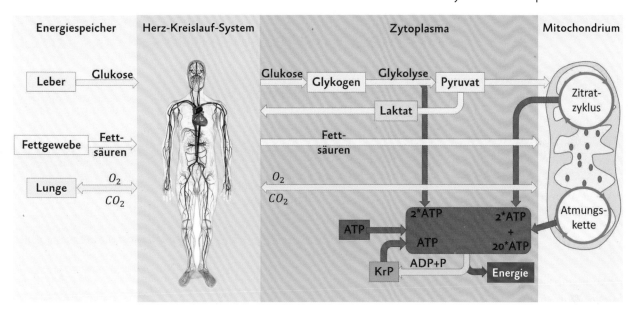

Komplexes Energiemodell

3.5 Energiespeicher im menschlichen Körper

Erhält der Körper über die Nahrung Energie, so wird diese je nach Bedarf auf unterschiedliche Energiespeicher aufgeteilt. Der am schnellsten verfügbare Energiespeicher für die Wiederherstellung von ATP, das energiereiche Kreatinphosphat, befindet sich direkt im Muskel und kann je nach Trainingszustand zwischen 6 bis 20 Sekunden Energie für die Resynthese liefern.

Kreatinphosphat

Kreatin   **Phosphat**

Aufbau Kreatinphosphat

Die Glykose, ein weiterer Energiespeicher, befindet sich zu gleichen Anteilen im Blut, im Muskel und in der Leber. Sinkt dieser Anteil aufgrund einer körperlichen Belastung, wird die Glykose fortwährend aus Glykogen und Fetten ersetzt. Glykogen ist die Speicherform der Glykose und besteht im Prinzip aus einer Anhäufung vieler miteinander verbundener Glykose-Einheiten.

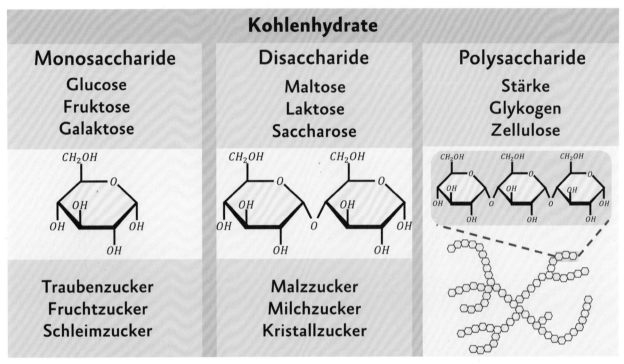

Kohlenhydrate

Monosaccharide	Disaccharide	Polysaccharide
Glucose	Maltose	Stärke
Fruktose	Laktose	Glykogen
Galaktose	Saccharose	Zellulose
Traubenzucker	Malzzucker	
Fruchtzucker	Milchzucker	
Schleimzucker	Kristallzucker	

Verschiedene Formen von Kohlenhydraten

Fette liegen in Form von Körperfett im Unterhautfettgewebe und in der Muskelzelle als Triglyceride vor. Diese werden langsam in Acetyl-Coenzym A umgewandelt, damit sie im Zitratzyklus für die Energiegewinnung genützt werden können. Die Bereitstellung über die Fettoxidation ist von Faktoren wie Belastungslänge, Belastungsintensität und verbrauchten Kohlenhydratspeichern abhängig. Blutfette sind eine weitere Zwischenform der Fette. Muskelzellen sind in der Lage, nicht nur aus Zucker, sondern auch direkt aus Fetten Energie zu mobilisieren. Die Fettdepots im Unterhautfettgewebe werden erst dann benützt, wenn die Glykogenreserven annähernd aufgebraucht sind und die Belastungsintensität nicht zu groß ist.

Triglycerid

GET ACTIVE 3

„Jonny Brownlee hilft seinem Bruder über die Ziellinie." Diese Schlagzeile über die Triathlon-Weltmeisterschaft im mexikanischen Cozumel ging 2016 rund um die Welt. Etwa hundert Meter vor dem Ziel begann der Triathlet zu taumeln und stand kurz vor einem Zusammenbruch. Die dramatischen letzten Minuten können Sie sich auf YouTube ansehen.

Finden Sie mögliche Ursachen, die zu dieser Situation führen konnten. Vergleichen Sie Situationen in Ihrer eigenen sportlichen Karriere oder im Alltag, in denen Ihnen im wahrsten Sinne des Wortes die Luft ausgegangen ist. Analysieren Sie auch hier die möglichen Ursachen für derartige Vorfälle.

GET ACTIVE 4

Clustering ist eine Möglichkeit, unterschiedliche Kenntnisse in einen Zusammenhang zu bringen, die vorher noch nicht explizit zusammengehört haben. Dazu schreiben Sie die beiden Kernbegriffe des aktuellen Kapitels in die Mitte eines leeren Blattes und ziehen Kreise darum. Konzentrieren Sie sich nicht, sondern lassen Sie Ihre Gedanken schweifen. Sollten Sie eine Assoziation zu einem der Begriffe haben, lassen Sie den assoziierten Begriff vom Mittelpunkt ausstrahlen, bis die Assoziationskette erschöpft ist. Kehren Sie dann wieder zu den Kernbegriffen zurück und beginnen Sie mit einer neuen Assoziationskette. Verbinden Sie spontan – ohne lange nachzudenken – Begriffe, die zusammengehören.

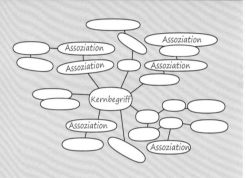

RP-TRAINING 3

Anforderungsniveau 1

1. Nennen Sie die verschiedenen Arten der Energiebereitstellung bei sportlicher Belastung.
2. Skizzieren Sie den zeitlichen Verlauf der Energieflussrate für die einzelnen Energiebereitstellungen.

Anforderungsniveau 2

1. Erklären Sie die Änderungen des zeitlichen Verlaufes der Energieflussrate bei sehr hohen Trainingsintensitäten.
2. Erläutern Sie mit Hilfe eines Energiemodells den genauen Ablauf der Energiebereitstellung bei sportlicher Belastung.

Anforderungsniveau 3

„Bei einem 400-Meter-Lauf wird Energie hauptsächlich anaerob-laktazid bereitgestellt."

Beurteilen Sie diese Aussage aus sportwissenschaftlicher Sicht. Gehen Sie dabei auf den Zusammenhang zwischen Intensität und Länge einer Belastung ein.

Ich kann ...

... allgemeine Gesetzmäßigkeiten der Trainings- und Belastungssteuerung charakterisieren sowie Trainingsprinzipien begründen.

... mein Training mit den Kenntnissen dieses Kapitels effektiver gestalten.

... die Prozesse der Trainingssteuerung bei meinen eigenen Trainingsplänen nachvollziehen.

Besonderheiten des Nachwuchstrainings

In den vergangenen Jahren konnte man immer wieder Diskussionen mitverfolgen, in denen es um den Wert der Sportwissenschaft für die alltägliche Praxis im Sport ging. Manche Trainer/Trainerinnen mit langer praktischer Erfahrung sehen keinen Sinn darin, Sport auch aus wissenschaftlicher Sicht zu betrachten. Sie argumentieren, dass Erfahrungswerte besser aufzeigen würden, wie und in welcher Form in einer Sportart trainiert werden müsse. Grundsätzlich sind sowohl die Erfahrungen eines Trainers/einer Trainerin als auch die Erkenntnisse der Sportwissenschaft für ein erfolgreiches Training von enormer Bedeutung.

Besonders im Training mit Nachwuchs- bzw. Leistungssportlern/Leistungssportlerinnen ist sehr rasch erkennbar, dass jeder Sportler/jede Sportlerin über unterschiedliche Eigenschaften und Fähigkeiten verfügt. Sportler/Sportlerinnen unterscheiden sich nicht nur in ihren Charaktereigenschaften stark voneinander, sondern auch in ihrer individuellen physischen und psychischen Belastbarkeit. Nur allzu oft kann man junge, sehr engagierte Sportler/Sportlerinnen aufgrund eines zu harten oder nicht passenden Trainings sowohl physisch als auch psychisch scheitern sehen. Um das zu verhindern, sollte sich jeder Trainer/jede Trainerin auch mit den theoretischen Hintergründen, die die Sportwissenschaft liefert, beschäftigen und sich nicht alleine auf seine/ihre langjährige Erfahrung als Trainer/Trainerin stützen. Gerade im Leistungssport ist die Drop-out-Rate enorm, deshalb sollte man alles tun, um dieser Tatsache entgegenzusteuern. In diesem Kapitel erhalten Sie Informationen über die unterschiedlichen Entwicklungsphasen von Kindern und Jugendlichen und das darauf abgestimmte Training.

Der Lernende/Die Lernende soll ...

- verschiedene Entwicklungsphasen des Kindes- und Jugendalters nennen und beschreiben können,
- Trainingseinheiten kindgerecht gestalten und durchführen können,
- wachstumsbedingte Besonderheiten im Kinder- und Jugendtraining berücksichtigen können.

WARM-UP

Wenn man ein Kleinkind über längere Zeit beobachtet, kann man erkennen, dass der motorische Lernprozess bis zum aufrechten Gehen ein äußerst langwieriger ist. Finden Sie verschiedene Gründe, warum ein Kind in seiner Entwicklung so lange benötigt, um sicher und selbstständig zu laufen.

Analysieren Sie anschließend die Vor- und Nachteile des aufrechten Ganges des Menschen im Vergleich zur Tierwelt.

Bevor Sie sich mit dem Nachwuchstraining beschäftigen, sollte Ihnen bewusst sein, dass Kinder und Jugendliche für ihre Gesamtentwicklung ein ausreichendes Maß an Bewegung benötigen. Durch den im Normalfall sehr ausgeprägten **Bewegungsdrang** wird dieses Bedürfnis nach Bewegung gestillt. Aus diesem Grund unterscheiden sich die Ziele, Inhalte und Verhaltensweisen von Jugendlichen sehr stark von denen eines Erwachsenen. Aber nicht nur diese Tatsache alleine unterscheidet das Nachwuchstraining vom Training Erwachsener. Die Tatsache, dass Kinder und Jugendliche aufgrund ihrer Entwicklung eine Vielzahl von physischen und psychischen Veränderungen durchlaufen, macht die Trainingsplanung für diese Zielgruppe zu einer Herausforderung für jeden Trainer/jede Trainerin. Deshalb darf ein **Nachwuchstraining** in der Regel kein vermindertes Erwachsenentraining sein, sondern sollte **zur optimalen Ausbildung der sportmotorischen Eigenschaften, Fertigkeiten und Techniken** beitragen.

Die Anpassungen der Leistungsfähigkeit und die Trainierbarkeit des Körpers sind bei Kindern und Jugendlichen im Grunde genommen sehr ähnlich denen eines/einer Erwachsenen. Es gibt aber einige Besonderheiten in ihrer Entwicklung, die unter allen Umständen berücksichtigt werden müssen, z. B. dass manche Organsysteme sich besser und schneller als andere anpassen und dass die Anpassung in ganz speziellen Entwicklungsphasen erfolgt. Da diese **Entwicklungsphasen** bei Kindern und Jugendlichen zu sehr unterschiedlichen Zeitpunkten eintreten, werden vor allem im Bereich der **Talentsuche drei Alterskategorien** unterschieden:

Kalendarisches Alter	Biologisches Alter	Trainingsalter
tatsächliches Alter aufgrund des Geburtsdatums	*bestimmtes Alter aufgrund der biologischen Entwicklung des Körpers*	*die Jahre, die in einer bestimmten Sportart bereits trainiert wurden*

- Das **kalendarische Alter** berechnet sich aus dem Geburtsdatum der Person. Dieses Alter wird wegen seiner leichten Bestimmbarkeit in den meisten Sportarten zur Einteilung in verschiedene Leistungsstufen verwendet.

- Das **biologische Alter** ergibt sich aus dem Entwicklungsgrad des Körpers und wird durch die unterschiedlichen Merkmale des Körpers bestimmt. Eine genaue Bestimmung ist aber relativ komplex und wird fast nur bei der Talentsuche durchgeführt. Augenscheinlich wird dieser Unterschied bei einer Gruppe von Jugendlichen, bei der einer/eine der Jugendlichen schon einen erwachsenen Körperbau aufweist und dadurch den anderen in seinen/ihren Leistungen weit überlegen ist. Das biologische Alter kann in der Regel bis zu drei Jahre vom kalendarischen Alter abweichen.

- Unter dem **Trainingsalter** versteht man die Zeit, die ein Jugendlicher/eine Jugendliche in einer Sportart, begleitet durch ein Training, verbracht hat.

1 Änderungen des Stoffwechsels und des Bewegungsapparates

Während der Entwicklung eines Kindes oder eines/einer Jugendlichen erfolgt eine Vielzahl von Anpassungsprozessen, die durch das Training zusätzlich beeinflusst werden.

1.1 Stoffwechsel

Im Körper laufen **Stoffwechselprozesse** ab, die im Wesentlichen drei verschiedene Aufgaben haben.

Baustoffwechsel	Betriebsstoffwechsel	Energiestoffwechsel
Aufbau und Umbau des Körpers/der Zellen	*deckt benötigten Energiebedarf ab*	*liefert nutzbare Energie für die Zellen*

- Der **Baustoffwechsel** ist verantwortlich für den Aufbau und Umbau des Körpers und der einzelnen Zellen. Der Baustoffwechsel ist durch das Wachstum der Kinder und Jugendlichen stark erhöht, da in Muskeln, Knochen und Nerven ständig notwendige Anpassungen stattfinden müssen. Im Vergleich zu Erwachsenen können diese Prozesse bei Jugendlichen um bis zu 30 % erhöht sein. Um den erhöhten Baustoffwechsel zu gewährleisten, muss der erhöhte Bedarf an **Eiweiß** gedeckt werden.
- Der **Betriebsstoffwechsel** findet bei zusätzlicher körperlicher Aktivität statt und deckt den dabei benötigten Energiebedarf ab. Er greift sehr stark auf die gespeicherten **Kohlenhydrate** im Körper zu.
- Der **Energiestoffwechsel** liefert die nutzbare Energie für die Zellen durch den Aufbau von verwertbarem **Adenosintriphosphat**. Dieser Stoffwechselprozess ist die Voraussetzung, dass die beiden anderen, oben genannten Prozesse, der Baustoffwechsel und der Betriebsstoffwechsel, überhaupt stattfinden können.

Beim Ausüben von Sport, sowohl von Hochleistungssport als auch von Breitensport, ist der Betriebsstoffwechsel des Sportlers/der Sportlerin aufgrund der häufigen körperlichen Aktivitäten stark erhöht. Er sorgt für eine ausreichende Versorgung der beteiligten Organsysteme. Bei einem sehr umfangreichen und intensiven Training kommt es daher zu einer **Verschiebung der Stoffwechselprozesse**: Der Betriebsstoffwechsel steigt auf Kosten des Baustoffwechsels. Diese Verschiebung kann bei Kindern und Jugendlichen zu einer Beeinträchtigung der Wachstumsprozesse führen. Bei einer länger andauernden Unterversorgung des Baustoffwechsels tritt sogar eine Verminderung der Belastbarkeit der Kinder und Jugendlichen auf. Die Wahl der richtigen Belastungsabfolge sollte daher genau auf die Bedürfnisse der Jugendlichen abgestimmt werden.

1.2 Bewegungsapparat

Neben den Stoffwechselprozessen weisen auch der passive und aktive Bewegungsapparat einige Besonderheiten im Wachstum auf. Sie sind wegen ihrer **eingeschränkten Belastbarkeit** eine limitierte Größe in der Trainingsbelastung. Die Knochenstrukturen wachsen sehr schnell und sind daher noch nicht ausreichend stabil, wodurch mit Belastung die Verletzungsgefahr steigt. In den **kritischen Phasen des Längen- und Breitenwachstums** steigt sie sogar drastisch an. Nicht nur Verletzungen können entstehen, sondern auch dauerhaft orthopädische Fehlstellungen. Neben einer zu starken Belastung sollten auch einseitige Belastungen vermieden werden, die vor allem im Hochleistungssport auftreten können. Aus all diesen Gründen sollten **Belastungen im submaximalen Bereich** mit einer hohen Variation an Übungen durchgeführt werden. Die Übungen sollten so gewählt werden, dass speziell die Wirbelsäule natürlich belastet wird, um eventuellen Fehlstellungen der Wirbelgelenke vorzubeugen. Zur Stärkung des Bewegungsapparates reicht daher bei Kraftübungen das eigene Körpergewicht aus. Auf zusätzliche Gewichte sollte verzichtet werden.

In den Wachstumsphasen eines Kindes und Jugendlichen ändern sich vor allem die Proportionen zwischen Kopf und Körper stark. Der Kopf – und damit auch das Gehirn – sind schon im Alter von acht bis zehn Jahren fast vollständig ausgebildet. Der restliche Körper holt erst in späteren Jahren im Wachstum auf. Durch die schnelle Entwicklung des Gehirns sollten schon im Kleinkindalter genügend koordinative Reize gesetzt werden. Die Entwicklung der anderen sportmotorischen Grundeigenschaften (siehe Kapitel 12) sollte nebenbei stattfinden.

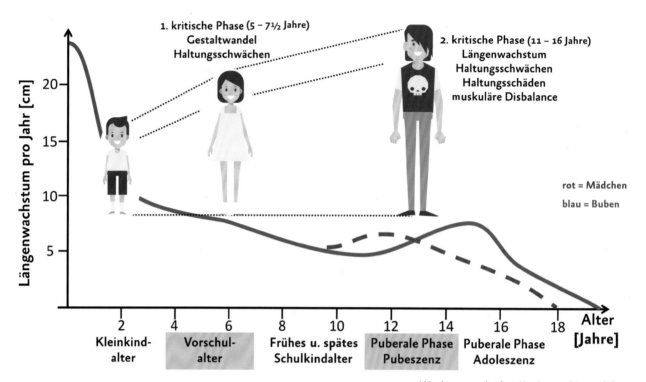

Wachstumsverlauf im Kindes- und Jugendalter

Die Grafik zeigt, dass es in der Entwicklung des menschlichen Körpers zwei besonders kritische Phasen gibt:

- Die **erste kritische Phase** tritt in der Regel im Alter von fünf bis sieben Jahren ein. In dieser Phase kommt es zu einer typischen Veränderung der Körperbauproportionen durch ein vorherrschendes Längenwachstum vor allem der Extremitäten. Bei falschen Belastungen des Bewegungsapparates kann es zu irreparablen Schwächen der Körperhaltung kommen. Neuere Untersuchungen gehen eher von einem konstanten und harmonischen Wachstumsverlauf im Vorschul- und Kindesalter aus.

- Die **zweite – etwas bekanntere – kritische Phase** findet zwischen elf und sechzehn Jahren statt. Sie fällt in die Zeit der Pubertät der Jugendlichen. In dieser Zeit kommt es erneut zu einem erhöhten, sehr oft unregelmäßigen Längenwachstum, was meist zu einer unausgeglichenen Koordination des Bewegungsapparates führt. Es besteht nicht nur die Gefahr der Entstehung von Haltungsschwächen, sondern es können sogar Schädigungen des Stützapparates auftreten. Nicht nur das unregelmäßige Wachstum, sondern auch die in der Pubertät auftretenden Unterschiede zwischen Burschen und Mädchen stellen Schwierigkeiten für ein geeignetes Training dar. Trotz dieser Probleme sind sportliche Aktivitäten sinnvoll und wichtig, denn ein Mangel an Bewegung in der Pubertät kann viele negative Auswirkungen auf die Entwicklung eines Athleten/einer Athletin haben.

RP-TRAINING 1

Anforderungsniveau 1

1. Skizzieren Sie den Verlauf des Längenwachstums eines/einer Jugendlichen.

2. Beschreiben Sie die Auswirkungen der beiden kritischen Phasen auf den Körperbau.

Anforderungsniveau 2

Erläutern Sie die Bedeutung der unterschiedlichen Stoffwechselprozesse für die Entwicklung eines/einer Jugendlichen.

Anforderungsniveau 3

„Ein Kinder- und Jugendtraining kann niemals ein vermindertes Erwachsenentraining sein."

Nehmen Sie zu dieser Aussage aus sportwissenschaftlicher Sicht Stellung.

2 Theoretische Grundlagen des Nachwuchstrainings

In der Sportwissenschaft wird die Entwicklung eines Kindes oder eines/einer Jugendlichen in mehrere unterschiedliche Phasen eingeteilt. Der Phase entsprechend werden Trainingsvorschläge erstellt. Da diese **Entwicklungsphasen** aufgrund der biologischen Unterschiede zeitlich individuell einsetzen, wird oftmals eine mittlere Entwicklungsgeschwindigkeit angenommen. Die Entwicklungsphasen können dadurch sinnvoll bestimmten Lebensjahren zugeordnet werden. Der Trainer/Die Trainerin muss sich jedoch bewusst sein, dass in einer Gruppe von Jugendlichen starke Unterschiede in der Entwicklung auftreten können. Die Kunst eines guten Trainers/einer guten Trainerin ist es, diese Unterschiede durch **geeignete Übungsauswahl und Trainingsmethoden** zu berücksichtigen. Nur so kann eine optimale individuelle Anpassung erreicht werden.

2.1 Entwicklungsphasen

Säuglings- und Kleinkindalter (0 – 3 Jahre)

In dieser Phase bilden sich die ersten Formen der selbstständigen Fortbewegung aus, bis hin zum aufrechten **Gehen**. Mit circa 12 Monaten erlernen die meisten Kinder das **Laufen**. Das Kind sollte auf keinen Fall zum Laufen gezwungen werden, da sich in dieser Phase die natürliche Krümmung der Wirbelsäule erst entwickelt. Zu früh gesetzte Reize können zu Haltungsschäden führen. Zusätzlich entdecken die Kinder immer mehr ihre Umwelt und beginnen mit anderen Kindern zu interagieren. In dieser Zeit ist es enorm wichtig, dem Kind genügend **Bewegungsanreize** in einem entspannten Umfeld zu bieten. Mangelnde Bewegungsreize können zu einer verminderten **Ausbildung der Motorik** führen. Ab einem Jahr können Kleinkinder sogenannte Kurse zur Wassergewöhnung besuchen. Sie sind eine besonders geeignete Methode, um Angst vor dem späteren Schwimmen und Tauchen vorzubeugen. Je nach individueller Entwicklung des Kleinkindes kann mit dem „Babyturnen" oder der „Eltern-Kind-Gymnastik" begonnen werden.

Vorschulalter (3 – 6/7 Jahre)

Die kindlichen Proportionen ändern sich und das Kind lernt unter anderem das **Fahrrad- und Rollschuhfahren**. Dieses Alter ist durch hohen **Spiel- und Bewegungsdrang** sowie **Neugier** charakterisiert. Die Interaktion in größeren Gruppen wird möglich. Am Ende dieser Phase wird das Spielen auch teilweise zum Wettbewerb unter Gleichaltrigen. Die Konzentrationsfähigkeit ist allerdings noch sehr gering und nur von kurzer Zeitspanne.

Das **Spielen** fördert auch die Denkprozesse, es sollte daher niemals unterbunden werden. Kinder im Vorschulalter brauchen **ausreichende Bewegungsmöglichkeiten**, die zum Laufen, Springen, Klettern, Hängen, Balancieren usw. herausfordern. Alle Wettspiele, spielerische Bewegungsformen und einfache Spielformen, die am Ende ein Erfolgserlebnis liefern, sind in dieser Phase besonders gut geeignet.

Die ausgeprägte Bewegungsfreude und Lernbereitschaft sollte dahingehend gelenkt werden, dass das Kind eine umfassende Basis an Fertigkeiten (Laufen, Springen, Klettern, Kriechen, Schwingen, Hängen, Werfen, Fangen und Balancieren) erlangt. Dies kann durch leichte **Elementarübungen** zum Erlernen grundlegender Bewegungsformen in einer passenden Lernumgebung erreicht werden. Sehr oft sind in dieser Phase die Eltern Vorbild für das Kind, deshalb sollten viele gemeinsame sportliche Aktivitäten unternommen werden. Über ein „Eltern-Kind-Turnen" kann das Kind zum Beispiel in weiterer Folge zum „Kinderturnen" gebracht werden. Dort wird nicht nur mit Geräten geturnt, sondern es werden über eine Vielzahl von Spielen und Geschicklichkeitsaufgaben die Körperbeherrschung, die Koordination und das Gleichgewicht geschult. Bei Sportarten mit sehr einseitigen Belastungen sollte für den notwendigen Ausgleich gesorgt werden.

THEORIE · · · · ■ ■ ■ ➡ PRAXIS

In diesem Praxisteil werden fünf Spiele vorgestellt, die Basisfertigkeiten von Kindern schulen. Zu diesem Thema gibt es zahlreiche Bücher. Vor allem im Vorschulalter sind die Bewegungsfreude und der Bewegungsdrang sehr hoch und die Faszination solcher Spiele ist ungebrochen.

Zirkusspiel: *zur Schulung der akustischen Aufmerksamkeit, der motorischen Geschicklichkeit und der Reaktionsfähigkeit*
Jedes Kind hat einen Reifen und einen Ball. Nun sind die Kinder Artisten/Artistinnen. Die Kinder bekommen Anweisungen vom Zirkusdirektor/von der Zirkusdirektorin:
- Alle Artisten/Artistinnen rollen den Ball mit der rechten/linken Hand vorwärts/rückwärts um den Reifen.
- Alle Artisten/Artistinnen rollen den Ball mit dem rechten/linken Fuß vorwärts/rückwärts um den Reifen.

Der Zirkusdirektor/Die Zirkusdirektorin muss nicht immer der Pädagoge/die Pädagogin sein, auch Kinder können diese Rolle übernehmen.

Schlangenspiel: *zur Schulung der akustischen Aufmerksamkeit und des sozialen Verhaltens*
Die Kinder stellen sich hintereinander auf und halten sich an den Schultern des jeweiligen davorstehenden Kindes fest. Sie bilden eine Schlange, die sich zur Musik durch den Turnsaal bewegt. – Keiner darf verloren gehen! Nach einer bestimmten Zeit hört die Musik ganz kurz zu spielen auf, danach übernimmt ein anderes Kind die Führung.

Aufgepasst: *zur Schulung der Intermodalität und Umsetzung von akustischen Signalen in Bewegungen*
Für verschiedene Körperhaltungen (z. B. sitzen, stehen, gehen) werden mit den Kindern verschiedene Klatschmotive ausgedacht: einmal klatschen bedeutet sitzen, zweimal klatschen bedeutet gehen. Es lassen sich damit auch Aufgabenketten zusammenstellen (zweimal – einmal – zweimal = gehen – sitzen – gehen). Als Variation können für verschiedene Körperhaltungen unterschiedliche akustische Signale vereinbart werden (z. B.: klatschen = sitzen, stampfen = gehen, klopfen = stehen).

Spiegelspiel: *zur Schulung der optischen Differenzierung*
Ein Kind steht vor der Gruppe wie vor einem „Spiegel". Alle seine Bewegungen sollen von der Gruppe nachgeahmt werden. Klare und einfache Bewegungen sind wichtig, z. B. das Heben beider Arme, das Hin- und Herdrehen des Kopfes, das Falten der Hände usw. Als Variation können die Kinder auch die Mimik des vorzeigenden Kindes nachahmen, z. B. heiter, traurig, ängstlich, enttäuscht usw.
Die Kinder können auch paarweise stehen und immer nur ein Kind stellt den Spiegel des anderen dar.

Schatzsuche: *zur Schulung der Raumorientierung, der Links-Rechts-Orientierung, der Reaktionsfähigkeit, gezielte Bewegungen im Raum durchzuführen*
Im Turnsaal wird eine Hindernisbahn aufgebaut. Einem Kind werden die Augen verbunden. Ein kleiner Schatz wird versteckt (Tuch, Ball oder Ähnliches). Ein anderes Kind muss das „blinde" Kind nur mit wörtlichen Anweisungen zum Schatz führen. „Gehe zwei Schritte vor, einen Schritt nach links usw."

Frühes Schulkindalter (6 – 9 Jahre)

In dieser Phase ist die Konzentrationsfähigkeit stark gestiegen, begleitet von höherer Kreativität und **komplexeren Denkprozessen**. Der Körperbau ist klein, leicht und grazil. Die Motorik ist stark verbessert. Ein Längenwachstum der Extremitäten setzt ein, das zu einer Veränderung der Körperproportionen führt. Der Bewegungsdrang ist sehr hoch und somit ist diese Phase gut geeignet, um **neue motorische Fertigkeiten** zu erlangen. Das Sportinteresse steigt und der Vergleich und das Messen mit anderen erhält immer mehr Bedeutung. Auch in dieser Phase ist es wichtig, möglichst **viele verschiedene Bewegungsreize** durch unterschiedliche Sportarten zu setzen. Ein ständiges Wiederholen von Übungen ist sehr zu empfehlen, weil diese sonst sehr schnell wieder vergessen werden.

Spätes Schulkindalter (9 – 11/12 Jahre)

In dieser Entwicklungsphase kommt es zu einem **starken Kraftzuwachs** bei geringer Massezunahme. Die angeeigneten Fertigkeiten der vorangegangenen Phasen können leicht verbessert werden. Das späte Schulkindalter wird in der Sportwissenschaft als die **Phase der besten motorischen Lernfähigkeit** beschrieben. Werden in dieser Phase zu wenig Bewegungsreize gesetzt, entstehen Bewegungsmängel. Die Auswirkungen auf die zu geringe Reizsetzung sind in den folgenden Entwicklungsphasen nur schwer zu beheben. Das Bewegungsbedürfnis ist weiterhin sehr hoch und der Mut und die **Risikobereitschaft** steigen.

Pubeszenz (11 – 14/15 Jahre)

Vor der Pubertät unterscheiden sich die Leistungen zwischen Burschen und Mädchen nicht auffallend. Dies ändert sich beim Eintritt in die **erste puberale Phase** gravierend. Ursache dafür ist ein viel stärkerer Anstieg des Hormonspiegels bei den Burschen. Das männliche Sexualhormon **Testosteron** sorgt in dieser Phase für einen starken Zuwachs der Muskelmasse. Durch diese Veränderungen nimmt die Koordination stark ab, die konditionellen Fähigkeiten wie Ausdauer, Kraft und Schnelligkeit sind aber sehr gut trainierbar. Auch bei den Mädchen steigt der Hormonspiegel an, vor allem des Geschlechtshormons **Östrogen**, das für die Steuerung der Menstruation mitverantwortlich ist. Der Testosteronspiegel ist bei Mädchen bedeutend niedriger als bei Burschen und dadurch auch die damit verbundene Kraftentwicklung. Durch die **starken hormonellen Schwankungen** sind die meisten Jugendlichen psychisch labil. Der Wunsch nach Selbstständigkeit und Eigenverantwortung führt häufig zu einer Distanzierung vom Trainer/von der Trainerin und den Eltern. Sport wird oft nur zum Knüpfen von sozialen Kontakten betrieben. Die Beachtung des jeweils anderen Geschlechts nimmt meistens zu. Dem mangelnden Interesse am Sport sollte durch ein abwechslungsreiches, zum Teil selbstbestimmtes Training entgegengesteuert werden.

Adoleszenz (14 – 19 Jahre)

In der **zweiten puberalen Phase** findet der Abschluss der Entwicklung zum/zur Erwachsenen statt. Das Längenwachstum wird von einem **Breitenwachstum** abgelöst. Die Körperproportionen harmonisieren sich und damit verbessern sich auch die koordinativen Fähigkeiten. Die Kraft nimmt stark zu. Bewegungsabläufe können sehr gut erlernt werden, da sich das Nervensystem vollständig entwickelt hat. Es bestehen optimale Bedingungen für **große Leistungszuwächse**. Diese Phase ist für das Erlernen von sportartspezifischen Techniken enorm wichtig. Es kann ein umfangreiches, intensives Training absolviert werden, das am Ende dieser Phase in ein **Höchstleistungstraining** übergeht.

In der Adoleszenz muss sich der Sport gegen viele andere Interessen behaupten, da das Sozialleben stark ausgeprägt ist. In dieser Phase gibt es die meisten Austritte aus Sportvereinen.

GET ACTIVE 1

Sie haben in den vorangegangenen Abschnitten über die verschiedenen Entwicklungsphasen eines Kleinkindes und eines/einer Jugendlichen gelernt. Analysieren Sie nun die verschiedene Phasen Ihrer eigenen Kindheit und bewerten Sie die Ähnlichkeiten zu den beschriebenen Phasen mit Schulnoten von Eins bis Fünf. Waren Ihre Aktivitäten in den einzelnen Phasen sehr ähnlich, so vergeben Sie gute Noten, waren sie anders als die beschriebenen Entwicklungsphasen, dann geben Sie schlechtere Noten.

Diskutieren Sie anschließend in Partnerarbeit über Ihre Bewertungen und finden Sie etwaige Auswirkungen auf die Trainingsgestaltung.

2.2 Trainingskonsequenzen

Das Kinder- und Jugendtraining muss an den jeweiligen **Entwicklungsstand** angepasst werden. Die folgende Übersicht zeigt alle Trainingskonsequenzen, die von den Trainern/Trainerinnen beachtet werden müssen.

	Frühes Schulkindalter 6 – 9 Jahre	Spätes Schulkindalter 9 – 11/12 Jahre	Pubeszenz 11 – 14/15 Jahre	Adoleszenz 14 – 19 Jahre
Aerobe Ausdauer	Gute Trainierbarkeit	Gute Trainierbarkeit	Gute Trainierbarkeit	Sehr gute Trainierbarkeit
Anaerobe Ausdauer	Nicht zu empfehlen	Erste vereinzelte Trainingssequenzen	Gute Trainierbarkeit	Sehr gute Trainierbarkeit
Maximalkraft	Nicht zu empfehlen	Nicht zu empfehlen	Keine Übungen über Kopf	Uneingeschränktes Training möglich
Kraftausdauer	Nur mit Körpergewicht	Nur mit Körpergewicht	Keine Übungen über Kopf	Uneingeschränktes Training möglich
Schnelligkeit	Sehr großes Augenmerk legen	Vor allem Wiederholfrequenz gut trainierbar	Leichte Verbesserung der Schnellkraft möglich	Verbesserungen mit hohem Trainingsaufwand möglich
Beweglichkeit	Nicht notwendig	Defizite im Hüft- und Schulterbereich	Umfangreiches Training notwendig	Uneingeschränktes Training möglich
Fertigkeit u. Technik	Ausgangsbasis schaffen	Extrem hohe Trainierbarkeit	Großer Trainingsaufwand für geringe Fortschritte	Uneingeschränktes Training notwendig
Koordination	Einfache Basisfertigkeiten festigen	Extrem hohe Trainierbarkeit	Neuanpassung wegen körperlicher Veränderungen	Phase der Stabilisierung

Nachfolgend werden die **Besonderheiten im Kinder- und Jugendtraining** in Bezug auf die unterschiedlichen sportmotorischen Grundeigenschaften erläutert.

Ausdauertraining

Das Ausdauertraining sollte im Kindesalter, wenn überhaupt, im **aeroben Bereich** stattfinden. Das Herz erfährt durch permanente Reizsetzungen eine harmonische Entwicklung und die Herzmuskelfasern werden dicker und länger. Durch die Vergrößerung des Herzinnenraumes wächst das Schlagvolumen des Herzens, wodurch die Herzfrequenz sinkt. Es ist bei der Durchführung eines aeroben Ausdauertrainings nicht mit Schädigung zu rechnen, vielmehr kommt es dadurch zu einer **Vielzahl von positiven Anpassungen**. Im **anaeroben Bereich** zeigt sich eine starke Erhöhung des Hormonspiegels, der zu einer **wesentlich höheren Belastung** des Körpers führt. In diesem Alter stellt ein wettkampfmäßiger 800-m-Lauf eine viel höhere Belastung dar als ein 3000-m-Lauf. Erst in und nach der ersten puberalen Phase kann das anaerobe Ausdauertraining forciert werden. In diesen beiden puberalen Phasen erfolgt auch der größte Fortschritt im Bereich des Ausdauertrainings.

Schnelligkeitstraining

Neben den **genetischen Voraussetzungen** spielt bei Kindern auch das **Schnelligkeitstraining** eine bedeutende Rolle bei der Ausbildung der Maximalgeschwindigkeit. In späteren Entwicklungsphasen kann man darauf nur mehr sehr schwer Einfluss nehmen. Das bedeutet, dass es ein vermehrtes Angebot von Schnelligkeitsübungen zwischen dem fünften und siebenten Lebensjahr geben sollte. Durch ein vielseitiges Übungsangebot sollten die koordinativen Grundlagen für später gelegt werden. Dabei sollte ausreichend auf die Entwicklung der Schnelligkeit geachtet werden. Kinder können im Vorschulalter bereits Kontaktzeiten bzw. Frequenzen erreichen, die denen der Spitzensportler/Spitzensportlerinnen nahekommen oder diese sogar übertreffen. Im Schulkindalter erfahren Frequenz und Geschwindigkeit den größten Entwicklungsschub. Das liegt an einer enormen Verbesserung der Reaktionsschnelligkeit, die durch die

Entwicklung des Nervensystems erheblich verbessert wird. Mit Hilfe von **Zirkeltraining, Laufspielen und Reaktionsübungen** können alle Komponenten der Schnelligkeit verbessert werden. Am Ende des Schulkindalters kommt es noch zu einer zusätzlichen Verbesserung der Schnellkraft. Dies liegt an der bereits beginnenden Anpassung der Kraftfähigkeiten.

In der Pubeszenz sollte das Training koordinativ und vielseitig sein, damit die sich noch verändernden körperlichen Proportionen und konditionellen Bedingungen nicht zu einer Verschlechterung der Schnelligkeit führen. In dieser Phase können sehr starke Verbesserungen im Bereich der Schnellkraft erzielt werden.

Krafttraining

Krafttraining im Kindesalter unterscheidet sich wesentlich vom Krafttraining im Erwachsenenalter. In etwa 50 % aller Kinder weisen eine schwache oder schlechte Haltung auf. Diese Defizite beruhen auf einem chronischen Bewegungsmangel. Nicht nur die Rumpfmuskulatur, sondern auch die Muskulatur der Extremitäten ist dabei stark unterentwickelt. Der Eintritt in die Schule verstärkt diesen Effekt und führt sehr oft auch zu Übergewicht. Ein **gezieltes, altersgemäßes Krafttraining** ist sowohl im Breitensport als auch im Hochleistungssport sinnvoll. Ein altersgemäßes Training wird ohne zusätzliche Gewichte durchgeführt, also nur mit eigenem Körpergewicht. Verpackt wird dieses Training in eine Vielzahl von koordinativen Übungen, die vor allem die stabilisierende Muskulatur stärken soll. Während kindlicher Wachstumsschübe reagiert der Bewegungsapparat besonders sensibel auf Krafttrainingsreize. Dies kann sehr gut für eine Verbesserung der allgemeinen Kraftentwicklung ausgenützt werden. Auf ein für Erwachsene ausgerichtetes Krafttraining ist in diesen Phasen auf jeden Fall zu verzichten. Die Effekte auf den aktiven und passiven Bewegungsapparat sind für eine positive Weiterentwicklung wichtig, indem **Reize für das Knochenwachstum und die Muskelentwicklung** gesetzt werden, wie das zum Beispiel beim **Zirkeltraining** der Fall ist.

In der Pubeszenz kommt es durch das starke Längenwachstum zu einer Verschiebung der Körperproportionen und damit auch zu einer Veränderung der Hebelwirkungen in den einzelnen Gelenken. Es ist deshalb darauf zu achten, dass in diesen Wachstumsphasen keine unnatürlichen Belastungen auf den Bewegungsapparat gesetzt werden. Das Krafttraining sollte mit weitgehender Entlastung der Wirbelsäule erfolgen. Das Training mit geführten Übungen sollte dem Training mit Scheibenhanteln vorgezogen werden. Im Großen und Ganzen reicht das eigene Körpergewicht völlig aus. In der Adoleszenz kann das Krafttraining immer mehr dem eines Erwachsenen angepasst werden.

Beweglichkeitstraining

Da der aktive und passive **Bewegungsapparat** im Kindesalter noch sehr elastisch und flexibel ist, sind gezielte Übungen zur Beweglichkeit nicht notwendig. Erst im **frühen Schulkindalter** zeigen sich erste Einschränkungen in der Beweglichkeit. Meistens sind diese Einschränkungen in der seitlichen Beugung der Hüfte und in der Beweglichkeit der Schulter nach hinten. Das ist der Zeitpunkt, an dem **entsprechende Beweglichkeitsübungen** angebracht wären. Dementsprechend sollte im Hochleistungssport mit dem sportartspezifischen Beweglichkeitstraining begonnen werden. Beginnt ein Kind im späten Schulkindalter mit einem Hochleistungssport, so muss ein vermehrtes Beweglichkeitstraining durchgeführt werden. Beweglichkeit wird in diesem Fall jedoch nur mehr in jenen Bewegungsrichtungen trainiert, in denen sie erhalten werden muss bzw. wo sie gebraucht wird.

In der **Pubeszenz** kann es zur Verschlechterung der Beweglichkeit kommen, deshalb ist ein **vielseitiges, allgemeines Beweglichkeitstraining** notwendig. Überforderungen des passiven Bewegungsapparates sollten vermieden werden. In der **Adoleszenz** kann das **Training wie bei Erwachsenen** durchgeführt werden, da gegen Ende der Phase das Skelett verknöchert und das Längenwachstum mit 18 bzw. 22 Jahren abgeschlossen ist.

Koordinationstraining

Das Koordinationstraining spielt sowohl in der Entwicklung im Kindesalters als auch in der Pubertät eine zentrale Rolle. Im Kleinkind- und Vorschulalter werden über eine Vielzahl von relativ einfachen Übungen **grundlegende Bewegungsfertigkeiten** erlernt, um eine gute Ausgangsbasis für die darauffolgenden Lernphasen zu haben.

So wird die spätere Lerneffektivität gesteigert. Das erreicht man durch vielseitige und variationsreiche Aufgabenstellung, die sehr oft und mit hohen Wiederholungszahlen durchgeführt werden. Das frühe Schulkindalter ist die Phase, in der die Reaktionsfähigkeit und die räumliche Orientierungsfähigkeit stark zunehmen. Im **späten Schulkindalter** sind hingegen die anderen koordinativen Fähigkeiten gut trainierbar. In diesem Alter sind die Kinder extrem leistungsbereit und leistungsfähig. Es ist das beste Alter zum Lernen von Bewegungen und somit der **Höhepunkt der motorischen Lernfähigkeit**, was in Hinblick auf die Entwicklung der koordinativen Fähigkeiten von großer Bedeutung ist.

Wegen der starken Veränderungen in der **Pubeszenz** tritt eine **Verschlechterung der koordinativen Fähigkeiten** ein. Übungen, die vorher sehr gut beherrscht wurden, können nicht mehr durchgeführt werden. Es muss also eine Neuanpassung stattfinden.

In der **Adoleszenz** sollte es zu einer **Stabilisierung der Bewegungsführung** kommen. Die koordinativen Fähigkeiten passen sich wieder den körperlichen Gegebenheiten an, wodurch sie sehr gut trainiert werden können.

GET ACTIVE 2

Sie erhalten in Ihrem Verein die Aufgabe, als Trainer/Trainerin eine Nachwuchsmannschaft zu leiten. Es handelt sich dabei um eine Gruppe von 11- bis 14-jährigen Jugendlichen. Überlegen Sie sich geeignete Maßnahmen, um aus sportwissenschaftlicher Sicht ein geeignetes Training zu gestalten.

Wie würden Sie mit dem Problem der unterschiedlichen Entwicklung der Jugendlichen umgehen und welche Maßnahmen könnten Sie setzen, um diesem Problem entgegenzuwirken? Diskutieren Sie anschließend in der Klasse die dabei auftretenden Probleme und suchen Sie gemeinsam mögliche Lösungsvorschläge.

Anforderungsniveau 1

Beschreiben Sie die Besonderheiten des Schnelligkeits- und Beweglichkeitstrainings im Kindes- und Jugendalter.

Anforderungsniveau 2

Erklären Sie anhand der Grafik rechts die wichtigsten Konsequenzen für ein altersgemäßes Training in folgenden Altersstufen:

- spätes Schulkindalter
- erste puberale Phase (Pubeszenz)
- zweite puberale Phase (Adoleszenz)

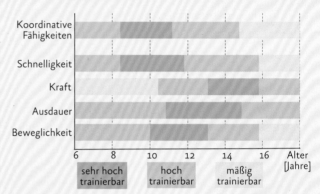

Anforderungsniveau 3

1. Bewerten Sie das nebenstehende Bild in Bezug auf altersgemäßes Krafttraining im Kindesalter.
2. Entwerfen Sie einen aus sportwissenschaftlicher Sicht sinnvollen Ablauf eines Stabilisierungstrainings des passiven Bewegungsapparates für Kinder.

KOMPETENZCHECK

Ich kann ...

... Besonderheiten des Nachwuchs- und Hochleistungstrainings darstellen.

... die einzelnen Entwicklungsphasen der Jugendlichen besser einordnen.

... ein altersgerechtes Kinder- und Jugendtraining erkennen und bewerten.

Sport-
veranstaltungen

Vienna Major 2018 © Florian Schrötter

Sportveranstaltungen haben eine lange Tradition und sind aus unserer Gesellschaft nicht mehr wegzuden-ken. Egal, ob es sich um ein regionales oder internationales Event handelt, die emotionale Anteilnahme ist nicht nur bei den Sportlern/Sportlerinnen, sondern auch beim Publikum hoch.

Aber es sind nicht nur Athleten/Athletinnen und Zuschauer/Zuschauerinnen, die sich monatelang auf das Event vorbereiten und sich darauf freuen, sondern auch das Organisationsteam und deren Mitarbeiter/Mitarbeiterinnen. In unzähligen, oft ehrenamtlichen Stunden organisieren sie das Sportereignis. Detail-lierte Planung und organisatorisches Geschick sind Voraussetzung, um die dafür notwendigen Ideen zu realisieren, damit ein Sportevent zu einem einmaligen Erlebnis für alle Beteiligten wird.

Ziel dieses Kapitels ist die Organisation und Durchführung einer eigenen Sportveranstaltung im Klassen-verband. Damit das Event reibungslos umgesetzt werden kann, ist einiges an Vorwissen notwendig. Daher werden im Vorfeld unterschiedliche Sportveranstaltungen, das Bewerben von Sportveranstaltungen und die Planungsprozesse genauer betrachtet.

Der Lernende/Die Lernende soll ...

- unterschiedliche Formen und Typen von Sportveranstaltungen kennen,
- diverse Werbestrategien erklären und effektiv einsetzen können,
- im Team eine Sportveranstaltung planen und umsetzen können.

WARM-UP

Hören Sie sich über den QR-Code oder www.hpt.at/195011 das Interview zum Thema „Organisation und Durchführung von Sportveranstaltungen" an und beantworten Sie die unten stehenden Fragen stichwortartig.

Vergleichen Sie anschließend Ihre Antworten mit einem Mitschüler/einer Mitschülerin und ergänzen Sie fehlende Informationen.

Interview

1. Welche Sportveranstaltungen werden von der interviewten Person organisiert?

2. Wie erreicht man einen möglichst reibungsfreien Ablauf des Events?

3. Was ist besonders wichtig im Vorfeld der Organisation?

4. Worauf gilt es am Tag der Durchführung der Sportveranstaltung zu achten?

5. Wie lange benötigt der Interviewte für den Vorbereitungsprozess?

6. Wie deckt man die Kosten für die Organisation und Durchführung?

7. Welche Probleme treten häufig vor/während der Veranstaltung auf?

8. Welche Werbekanäle werden in Anspruch genommen?

9. Wie schafft man es, eine gute Veranstaltung für die Besucher/Besucherinnen zu organisieren?

10. Welche Tipps gibt der Interviewte?

1 Größenordnungen von Sportveranstaltungen

Sportveranstaltungen werden als **Groß-, Mittel- oder Klein-Events** abgehalten. Als Beispiele für Sportveranstaltungen unterschiedlicher Größen sind folgende zu nennen:

Sportveranstaltungen			
Olympische Spiele	*Meisterschaften*	*Wettkämpfe, Turniere*	*Freizeitsport*

1.1 Sportgroßveranstaltungen

Sportliche Großveranstaltungen sind nicht nur für die Teilnehmer/ Teilnehmerinnen ein **Höhepunkt in ihrer Karriere**, sondern sie versetzen auch hunderttausende Sportbegeisterte in einen **emotionalen Ausnahmezustand**. Zu den größten Sportveranstaltungen weltweit zählen die FIFA Weltmeisterschaft, die Olympischen Spiele, die Tour de France, die UEFA Champions League, Wimbledon, die Formel 1 oder der Superbowl. Die Dimensionen dieser Sportevents verdeutlichen die Wichtigkeit von sportlichen Großereignissen in unserer Gesellschaft, vom **wirtschaftlichen Interesse** ganz abgesehen (siehe Kapitel 10 *Sport und Medien*). In Österreich finden ebenfalls jährlich beliebte Sportevents statt. Neben den Highlights im Fußball gilt es, den Vienna City Marathon, den Surf Worldcup am Neusiedler See, die Red Bull Formel 1, Beachvolleyball in Wien oder das Erste Bank Open zu nennen.

Surf Worldcup am Neusiedler See
© Martin Reiter

Neben Sportveranstaltungen, die eher einen traditionellen Charakter besitzen (Tennisturnier, Fußball etc.), gibt es viele sportliche Veranstaltungen, die sich von diesem Muster abheben. Zielsetzung ist, sich durch spektakuläre Austragungsorte und außergewöhnliche Bewegungsformen von der Masse abzuheben, wie zum Beispiel Red Bull Rampage oder Red Bull Jump and Freeze.

GET ACTIVE 1

Recherchieren Sie über eine Sportveranstaltung, die einen nicht traditionellen Charakter hat (siehe Beispiele im vorangegangenen Absatz).

In Ihrer dreiminütigen Präsentation

- erklären Sie die Aufgabe und die wichtigsten Regeln des sportlichen Bewerbes,
- nennen und begründen Sie die Zielgruppe des Events (Athleten/Athletinnen sowie Publikum),
- geben Sie Auskunft darüber, was diese Veranstaltung besonders macht.

Unterstützen Sie Ihre Präsentation mittels Bild- und Videomaterial, das Sie im Zuge Ihrer Recherche gefunden haben. Präsentieren Sie Ihre Ergebnisse in Dreiergruppen.

Wie eingangs erwähnt werden Sportveranstaltungen in unterschiedlichen Größen abgehalten. In der sportwissenschaftlichen Literatur finden sich unterschiedliche **Definitionen des Begriffs „Sportgroßveranstaltung"**.

Beispiel 1: Von einer Sportgroßveranstaltung spricht man, „[...] wenn es sich um ein geplantes, zeitlich begrenztes Ereignis handelt, das einen Wettkampf in einer oder mehreren olympischen Sportarten zum Inhalt hat und dieser Wettkampf eine herausragende Bedeutung innerhalb der jeweiligen Sportart besitzt (z. B. Deutsche Meisterschaften, Europa- oder Weltmeisterschaften)." *(Gans u. a. 2003: S. 21)*

Die wichtigsten Punkte dieser Definition beinhalten folgende Kriterien:

Sportgroßveranstaltungen		
hohe Wichtigkeit innerhalb der Sportart	*geplantes, zeitliches Ereignis*	*mindestens eine olympische Disziplin*

Beispiel 2: Von einer Sportgroßveranstaltung spricht man, wenn „[...] die Integration von ein oder mehreren sportlichen Ereignissen in eine geplante, einzigartige Gesamtinszenierung, deren hoher emotionaler Erlebniswert zur Aktivierung von Zuschauern und/oder Teilnehmern sowie zur Vermittlung von Werbebotschaften genutzt wird." *(Schmid 2006: S. 18)*

Ergänzend zu Beispiel 1 sind in Beispiel 2 die Punkte emotionaler Erlebniswert, Aktivierung von Zuschauern und/oder Teilnehmern und Vermittlung von Werbebotschaften hervorzuheben.

emotionaler Erlebniswert
Vermittlung von Werbebotschaften
Aktivierung von Zuschauern/Teilnehmern

Sportgroßveranstaltungen sind weiters gekennzeichnet durch folgende fünf Faktoren, von denen mindestens zwei erfüllt sein müssen:

Sportgroßveranstaltungen				
Anzahl der aktiven Sportler/innen: $\geq 10\,000$	*Anzahl der Betreuer/innen Helfer/innen Funktionäre/ Funktionärinnen:* $\geq 1\,000$	*Anzahl der Zuschauer/innen:* $\geq 20\,000$	*mediale Übertragung im Fernsehen*	*Veranstaltungs-budget: ca. 1 Mio. Euro*

(vgl. Müller/Stettler 1999: S. 11)

Trotz des enormen personellen und finanziellen Aufwandes werden Großveranstaltungen entgegen der Vermutung **häufig veranstaltet**. Das Internationale Olympische Komitee veranstaltet jährlich über 300 Sportgroßveranstaltungen. Es werden darüber hinaus jährlich über 70 Welt- und über 100 Europameisterschaften in der EU ausgetragen. Sportcal.com, ein Dienstleistungsanbieter, der sich auf Sport und Sportveranstaltungen spezialisiert hat, zählt 25 000 Veranstaltungen in über 140 Sportarten in einem Zeitraum von zehn Jahren auf. *(vgl. Schnitzer 2007)*

1.2 Kleine und mittlere Sportveranstaltungen

Der Sport in unserer Gesellschaft zeichnet sich aber nicht nur durch Sportgroßveranstaltungen aus. Kleinere Veranstaltungen werden als **„Medium Event"** und **„Mikro Event"** (Mittel- und Klein-Events) bezeichnet. Beide Veranstaltungstypen laufen auf einer **regionalen Ebene** ab. Das bedeutet, dass Besucher/Besucherinnen sowie Teilnehmer/Teilnehmerinnen aus der Region kommen. Aus medialer Sicht spielen Medium Events eine geringere Rolle und sind lediglich für regionale und nationale Medien interessant. Die Vorbereitungszeit für die Organisatoren beschränkt sich meist auf ein bis zwei Jahre.

Im weiteren Sinne beinhaltet der Begriff „Sportveranstaltung" auch Turniere im kleineren Rahmen (interne oder externe Turniere im schulischen Rahmen), Tage der offenen Tür/Kennenlerntage, Freundschaftsspiele, Turniere, bei denen Spenden gesammelt werden, Trainer-/Trainerinnen-Kurse, Abenteuersport, Sport Camps etc.

RP-TRAINING 1

Anforderungsniveau 1
Nennen Sie Merkmale, die eine Sportgroßveranstaltung beschreiben.

Anforderungsniveau 2
Erklären Sie den Unterschied zwischen traditionellen und nicht traditionellen Sportveranstaltungen und wenden Sie diese Definitionen für Beispiele am Standort Österreich an.

Anforderungsniveau 3
1. Beurteilen Sie die Wichtigkeit von Sportveranstaltungen in unserer Gesellschaft.
2. Nehmen Sie zur Bedeutung der sportlichen Leistung der Athleten/Athletinnen bei Sportgroßveranstaltungen Stellung.

2 Bewerben einer Sportveranstaltung

2.1 Marketingstrategie

Unabhängig von der Größe der Sportveranstaltung ist die **richtige Marketingstrategie** ein wichtiger Punkt, um genügend Teilnehmer/ Teilnehmerinnen und Besucher/Besucherinnen zu haben. Ein Event kann perfekt organisiert sein, doch ohne effektive Werbung wird niemand kommen. Somit wäre die gesamte Vorbereitung und investierte Energie die Mühe nicht wert gewesen.

Um auf eine Sportveranstaltung aufmerksam zu machen, gibt es unterschiedliche Wege. Je nach Zielsetzung, Größe der Veranstaltung und **Budget** stehen dem Organisationsteam unterschiedliche Möglichkeiten zur Verfügung. Damit die Olympischen Spiele stattfinden können, werden mehrere Milliarden Euro in die Infrastruktur und die Veranstaltung investiert. Aber auch verhältnismäßig kleinere Großveranstaltungen wie die Tour de France verschlingen Millionen Euro. Selbst für Medium- und Mikro-Events summieren sich die Ausgaben in den mehrstelligen Bereich.

2.2 Werbemöglichkeiten für Sportveranstaltungen

Waren früher die Werbemöglichkeiten auf die **klassischen Medien** (Print, Fernsehen und Radio) reduziert, eröffnet heute das **Internet** neue Werbekanäle. Die Bewerbung von Veranstaltungen durch Verwendung von **Social-Media-Plattformen** ist vergleichsweise kostengünstig. Ein wichtiger Faktor beim Promoten von Veranstaltungen ist das vorhandene Werbebudget, das in einem sinnvollen Verhältnis zum Gesamtbudget stehen sollte. Entsprechend der finanziellen Möglichkeiten gilt es, passende Kanäle auszuwählen, um die Veranstaltung beim gewünschten Publikum gezielt zu bewerben. Dafür stehen dem Organisationsteam unterschiedliche Möglichkeiten zur Verfügung.

Eigene Website

Eine eigene Website für die Sportveranstaltung bietet die Möglichkeit, alle notwendigen Inhalte der Öffentlichkeit jederzeit und übersichtlich aufbereitet zugänglich zu machen. Mittlerweile gibt es viele Anbieter, die eine einfache Gestaltung einer Website möglich machen. Alternativ kann auch die Vereinswebsite oder die Schulwebsite für eine Sportveranstaltung herangezogen werden.

Newsletter

Durch E-Mail-Newsletter können sehr einfach viele Menschen erreicht werden, die durch das Abonnieren des Newsletters Interesse für die Aktivitäten zeigen. Bis jedoch ausreichend Interessenten gewonnen werden können, vergeht sehr viel Zeit bzw. ist sehr viel Arbeit zu investieren. Um Newsletter attraktiver zu gestalten, ist es sinnvoll, Aussendungen mit einem Gewinnspiel zu verbinden. Besitzt der Verein oder die Schule bereits viele potentielle E-Mail-Adressen, gilt es zu prüfen, ob es der rechtliche Rahmen erlaubt, diese für die Bewerbung einer Veranstaltung zu nutzen.

Soziale Medien

Social-Media-Plattformen bieten oft kostenlose Möglichkeiten, ein Event zu erstellen und Freunde/Freundinnen, Followers etc. einzuladen. Diese können das Event wiederum mit ihren Freunden/Freundinnen teilen bzw. diese einladen, somit kann eine Vielzahl von Personen gratis erreicht werden. Die Erstellung eines eigenen #Hashtags auf Twitter oder Instagram kann zusätzlich für mehr Aufsehen der Sportveranstaltung sorgen. Wer keine eigene Website erstellen möchte, kann auch ein Profil auf einem Sozialen Netzwerk anlegen, um Informationen und Updates zu veröffentlichen.

Ticket-Vorverkauf/-Voranmeldung

Der Ticket-Vorverkauf erlaubt nicht nur den Besuchern/Besucherinnen einen garantierten Eintritt zur Sportveranstaltung, sondern gibt auch dem Veranstalter Auskunft darüber, wie viel Interesse daran besteht. Beim Verkauf gilt es zwischen Onlineverkauf, Privatpersonen (Vereinsmitglieder/Schüler/Schülerinnen) oder regionalen Shops richtig auszuwählen. Ähnlich läuft es auch bei der Voranmeldung zu einer Veranstaltung ab. Je nach Größe der Veranstaltung, muss die passende Variante gewählt werden.

Plakate und Flyer

Ansprechend gestaltete Plakate und Flyer wecken das Interesse für eine Sportveranstaltung und sollten Teil jeder Werbekampagne sein. Werden die Werbematerialien an den richtigen Orten ausgeteilt und platziert, erreicht man effektiv seine Zielgruppe.

Presse, Medien, Blogger und Vlogger

Auch Zeitungen im regionalen und überregionalen Bereich, Blogs und Vlogs sollten über die Veranstaltung informiert werden. Diese können die Veranstaltung aufnehmen und zusätzlich für eine größere Reichweite sorgen.

Online-Veranstaltungskalender

Viele Websites (z. B. www.events.at) erlauben das Eintragen von Veranstaltungen, ohne dafür Geld zu verlangen. Diese Kanäle sollten ebenfalls genützt werden. Ein Link zur eigenen Website oder zu einem Social-Media-Account ermöglicht es dem User/der Userin, mehr Information zu erhalten.

Werbeeinschaltung im Radio und Fernsehen

Durch die hohe Reichweite von Radiostationen und Fernsehsendern wird ein großes und breitgefächertes Publikum angesprochen. Fernsehsender-/Radiostationen-Auswahl, Uhrzeit der Ausstrahlung und Inhalt der Werbung müssen dem Zielpublikum angepasst werden. Die Kosten für die Ausstrahlung eines Werbespots pro Sekunde variieren je nach Sender und Tageszeit. Je nach Größe und Budget muss abgewogen werden, ob eine derartige Werbeeinschaltung, die sehr teuer sein kann, sinnvoll ist.

Kooperation und Partner

Kooperationen mit Geschäften, Lokalen, Vereinen und Fanclubs bieten Gelegenheit, Erfahrungen auszutauschen, von der Erfahrung anderer zu lernen und zusätzliche Werbequellen zu erreichen. Im Vorfeld muss klar ausgehandelt werden, in welchen Bereichen der Partner involviert ist und welche Gegenleistung dieser dafür erwartet (Logoplatzierung, Werbemöglichkeiten, Geld ...).

Sponsoren

Die Unterstützung von Sponsoren kann ein Sportevent aufwerten und somit für mehr Teilnehmer/Teilnehmerinnen und Besucher/Besucherinnen sorgen. Geld für eine Sportveranstaltung zu erhalten, ist nicht immer einfach. Je nach Größe des Events helfen dem Veranstalter auch Sachspenden und zusätzliche Werbung durch den Sponsor.

Welche Werbeeinschaltung am effektivsten ist, kann nur individuell entschieden werden. Eine **Kombination von mehreren Werbemöglichkeiten** ist sinnvoll, solange der **finanzielle Rahmen** nicht erschöpft wird. Für Mikroveranstaltungen sollte man auf Werbeeinschaltungen, die entweder kostenlos oder sehr günstig sind, zurückgreifen. Organisiert man eine **Benefizveranstaltung**, so ist es möglich, dass Werbepartner die Sportveranstaltung gerne unterstützen und dabei auf einen Großteil der Kosten oder gänzlich darauf verzichten. Ein weiterer wichtiger Aspekt bei Werbeeinschaltungen ist die gezielte Auswahl der Inhalte. Von unüberlegten Posts (Inhalt, Rechtschreibung) auf sozialen Netzwerken ist abzuraten, denn diese können der Sportveranstaltung schaden.

GET ACTIVE 2

Wählen Sie drei Werbemöglichkeiten, die bei Jugendlichen besonders effektiv sind. Beschreiben Sie diese im Detail und nennen Sie Werbemaßnahmen, die das Interesse Ihrer Zielgruppe besonders wecken (Art der Werbung, Gestaltung, Art des Events etc.).

Erstellen Sie in der untenstehenden Tabelle Ihr persönliches Ranking und vergleichen Sie es anschließend mit dem eines Mitschülers/einer Mitschülerin.

	Werbemöglichkeit	Beschreibung/Werbemaßnahmen
1.		
2.		
3.		

RP-TRAINING 2

Anforderungsniveau 1
Bringen Sie Beispiele von medialen Werbemaßnahmen für eine Sportveranstaltung.

Anforderungsniveau 2
Beschreiben Sie drei Werbemöglichkeiten im Detail.

Anforderungsniveau 3
Ihr Verein möchte eine Medium-Sportveranstaltung bewerben. Das Organisationsteam hat dafür nur ein limitiertes Budget von unter 10.000 €. Bewerten Sie unterschiedliche Werbemöglichkeiten hinsichtlich der Realisierbarkeit und sprechen Sie eine konkrete Empfehlung aus.

3 Planungsprozesse

Eine gelungene Sportveranstaltung zu organisieren, ist das Ziel jedes Organisationsteams. Damit dieses Vorhaben gelingt, ist eine **vorangehende detaillierte Planung** äußerst wichtig. Sie entscheidet über Erfolg oder Misserfolg. Die Organisation und Durchführung einer Veranstaltung erfordert viel Zeit und starke Nerven. Bei sorgfältiger Planung und effektiver Werbung kann das Sportevent erfolgreich werden. Im Idealfall erfreuen sich alle Beteiligten und behalten es in guter Erinnerung.

3.1 Zehn Punkte der Grobplanung

Im folgenden Abschnitt werden zehn Punkte vorgestellt, welche die Planung einer Sportveranstaltung erleichtern sollen.

10 Punkte der Grobplanung				
Zielsetzung	Kreative Phase	Projekt-planung	Veranstal-tungsort	Programm
Werbung	Zeit-planung	Finanz-plan	rechtlicher Rahmen	Sicherheit

1. Zielsetzung

Vor Beginn der Planung einer Veranstaltung ist herauszufinden, ob beim **Zielpublikum überhaupt Interesse** für ein solches Vorhaben besteht. Angenommen Sie möchten eine Schulsportveranstaltung organisieren, bei der Sie Cricket anbieten, jedoch weder das Können noch das Interesse seitens der Mitschüler/Mitschülerinnen besteht, dann ist dieses Vorhaben von Beginn an zum Scheitern verurteilt. Die erste Frage, der man nachgehen sollte, ist daher: „Wofür interessieren sich die Schüler/Schülerinnen Ihrer Schule?" Eine Möglichkeit der Interessenerhebung ist die stichprobenartige Befragung oder die Erstellung einer Online-Abstimmung (z. B. www.doodle.com).

2. Kreative Phase

Damit die Veranstaltung erfolgreich werden kann, sollte man sich in die Rolle des Teilnehmers/der Teilnehmerin bzw. des Besuchers/der Besucherin versetzen. In diesem **Brainstorming-Prozess** gilt es, möglichst viele unterschiedliche kreative Ideen zu sammeln und deren Umsetzbarkeit zu prüfen.

3. Projektplanung

Je detaillierter das Sportevent geplant ist, desto reibungsloser kann es ablaufen. Nachdem man sich eine **genaue Vorstellung** gemacht hat, wie das Event am Veranstaltungstag ablaufen soll, müssen alle Hebel in Bewegung gesetzt werden, um das Ziel zu erreichen. Damit die Vorstellung bestmöglich in die Realität umgesetzt werden kann, ist es notwendig, ein vertrauenswürdiges Team zu haben. Des Weiteren benötigt man entsprechendes **Equipment**, wie z. B. Spielfelder, Sportausrüstung, Abgrenzungen, Schiedsrichter, Verpflegung, Musik etc. Bereits in diesem Abschnitt muss genau auf das zur Verfügung stehende **Budget** geachtet werden.

4. Veranstaltungsort

In dieser Phase wird der optimale Veranstaltungsort gesucht. Vor der Suche muss festgehalten werden, welche **Anforderungen** der Veranstaltungsort erfüllen muss, z. B. die Anzahl der Besucher/Besucherinnen und Teilnehmer/Teilnehmerinnen, Parkmöglichkeiten, Spielfelder, Tribünen, sanitäre Einrichtungen, Verpflegung, Strom, Überdachung (falls notwendig) etc. Danach listet man die dafür in Frage kommenden Hallen/Sportanlagen auf und überprüft deren Tauglichkeit für die geplante Veranstaltung.

5. Programm

Bei der Erstellung des Veranstaltungsprogrammes ist es ratsam, sich wieder in die Rolle des Besuchers/der Besucherin bzw. des Teilnehmers/der Teilnehmerin zu versetzen und sich die Frage zu stellen: „Was muss mir geboten werden, damit ich die Veranstaltung mit einem **positiven Erlebnis** verbinde?" Ein gutes Programm zeichnet sich durch Aktivitäten/Inhalte aus, die einen positiven Einfluss auf alle Beteiligten haben, zum Veranstaltungsthema passen, ein Mix aus unterschiedlichen Aktivitäten sind und nicht zu lange dauern.

6. Werbung

Für die Werbung sollen jene **Werbekanäle** gewählt werden, für die sich die **Zielgruppen**, die bereits zu Beginn der Planung festgelegt wurden, interessieren. Das bedeutet z. B., wenn meine Zielgruppe besonders positiv auf soziale Netzwerke oder Plakate reagiert, sollte man diesen Kanälen vermehrt Beachtung schenken. Wenn es das Budget erlaubt, ist eine Mischung aus unterschiedlichen Werbekanälen sinnvoll. Um eine erfolgreiche **Werbekampagne** zu starten, ist es wichtig, einen Plan zu erstellen, wann, wo und wie möglichst effektiv Werbung für die Sportveranstaltung gemacht werden kann.

7. Zeitplanung

Dieser Teil der Planung bezieht sich auf den zeitlichen **Ablauf der Sportveranstaltung**. Um Hektik am Event-Tag zu vermeiden, ist ein gut durchdachter Zeitplan notwendig. Hilfreich dafür ist die Erstellung einer Liste, zu welchem Zeitpunkt z. B. welches Equipment angeliefert/aufgebaut werden muss oder wann die ersten Gäste eintreffen werden. Ein großes, gut organisiertes Team am Tag der Veranstaltung ermöglicht einen stressfreieren Ablauf.

8. Finanzplan

Ein Finanzplan ermöglicht den Organisatoren bereits im Vorfeld, die Kosten für das Event zu veranschlagen und abzusehen, ob die finanziellen **Ausgaben** durch die **Einnahmen** (Eintritte, Verkauf von Getränken und Speisen, Sponsoren) gedeckt werden können. In der Euphorie, die bei der Eventplanung und Vorbereitung oft entsteht, kann es leicht passieren, dass man den Überblick über die Finanzen verliert. Besonders bei den Ausgaben summieren sich viele Beträge, z. B. durch Getränkebecher, Musikanlage, Miete, Sanitäter/Sanitäterinnen, Arzt/Ärztin, behördliche Genehmigungen, Reinigung, Werbung etc. Die tatsächlichen Kosten weichen meist vom Finanzplan ab, er ist jedoch ein notwendiges **Kontrollinstrument** und hilft, wichtige Entscheidungen bei finanziellen Ausgaben zu treffen.

9. Rechtlicher Rahmen

Bei der Organisation eines Events ist abzuklären, ob eine **behördliche Genehmigung** zur Abhaltung benötigt wird. Die rechtliche Grundlage für Veranstaltungen bildet das **Veranstaltungsgesetz**. Die Bezirkshauptmannschaft erteilt die Genehmigungen. Anzumelden sind Veranstaltungen, die an allgemein zugänglichen Orten stattfinden oder bei denen Gäste erwartet werden, die keine persönliche Einladung haben. Mit der offiziellen Genehmigung der Veranstaltung ergeben sich bestimmte **behördliche Auflagen** (Sicherheit, Lautstärke, erlaubte Personenzahl etc.), die einzuhalten sind. Die **Sicherheit** der Menschen darf unter keinen Umständen gefährdet werden. Es ist sinnvoll, eine Haftpflichtversicherung für Veranstaltungen abzuschließen.

10. Sicherheit

Wie oben erwähnt ist die Sicherheit ein wichtiger Punkt bei Veranstaltungen. Mit der offiziellen Genehmigung werden **Verpflichtungen zur Einhaltung der Sicherheit** erteilt. Diese sogenannten **Sicherheitsaspekte** ermöglichen es, viele Gefahrenquellen (Brandquellen, gefährliche Gegenstände, unzureichende Befestigungen von Scheinwerfern etc.) im Vorhinein zu erkennen und dementsprechend zu reagieren. Besonders wichtig ist es, Zu- und Abfahrtsstraßen sowie freie Flächen vor dem Veranstaltungsort frei zu halten, um den Zugang für Einsatzkräfte jederzeit zu garantieren.

3.2 Drei Aspekte der Detailplanung

Neben den oben genannten zehn Punkten sind die folgenden drei zeitlichen Aspekte zu berücksichtigen, um eine Sportveranstaltung erfolgreich zu organisieren und zu planen. Nachdem das Eventkonzept und das **Datum** festgelegt wurden, ist eine **Zeitspanne** festzulegen, innerhalb dieser **unterschiedliche Planungspunkte** realisiert werden. Dafür sind drei Aspekte von Bedeutung:

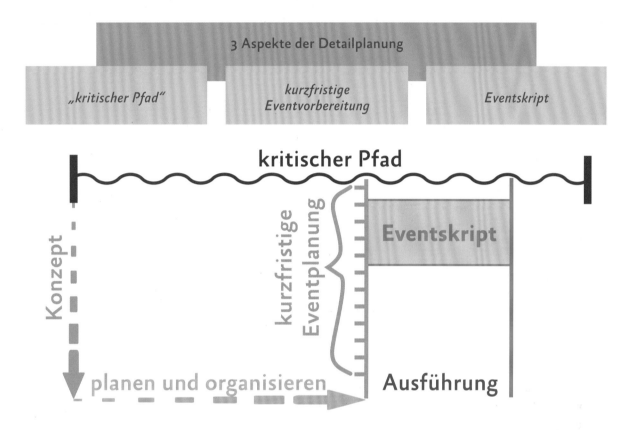

1. Der „kritische Pfad"

Der „kritische Pfad" bezieht sich auf alles, was erledigt werden muss, damit die Veranstaltung erfolgreich ablaufen kann. Er **beginnt mit der Erstellung des Konzepts und endet mit dem finalen Abschluss** der Veranstaltung (Abbau, Abrechnung etc.). Er geht somit über den Veranstaltungstag hinaus. Grob formuliert handelt es sich beim „kritischen Pfad" um eine **detaillierte To-do-Liste**. Bei der Festlegung von Dingen, die erledigt werden sollen, ist es sinnvoll, Deadlines (z. B. wöchentlich) festzulegen.

2. Die kurzfristige Event-Vorbereitung

Die kurzfristige Event-Vorbereitung beinhaltet alle **logistischen Aufgaben**, die **einige Tage vor und nach der Sportveranstaltung** wichtig sind. Die zeitliche Einteilung sollte stundenweise erfolgen, z. B. Anlieferung, Aufbau und Soundcheck der Musikanlage von 9:00 bis 11:00 Uhr am Vortag des Events.

3. Das Eventskript

Innerhalb dieses zeitlichen Ablaufes ist das Eventskript einzuordnen. Es koordiniert **im Minutentakt alle zeitlichen Abläufe am Veranstaltungstag**, z. B. Beginn, Einlass, Anmeldung, Begrüßungsrede, Turnierbeginn, Pausen, Siegerehrung, Beginn des Abspielens von Musik etc.

Die zeitliche Planung der vielzähligen Aufgaben gilt es einzuhalten. Die Verschiebung von Terminen hat einen negativen Einfluss auf den gesamten Planungsprozess.

Anforderungsniveau 1

Nennen Sie wesentliche Planungspunkte, die bei der Veranstaltung eines Sportevents beachtet werden müssen.

Anforderungsniveau 2

Sie möchten für eine Sportveranstaltung eine genaue Planung durchführen. Erklären Sie die drei wichtigen Aspekte, die Ihnen das ermöglichen.

Anforderungsniveau 3

Bewerten Sie die Schwierigkeit der Organisation von Sportveranstaltungen und begründen Sie Ihre Aussage.

GET ACTIVE 3: KLASSENPROJEKT

Eigenständige Planung einer Mikro-Sportveranstaltung

Ziel dieses Projekts ist die eigenständige Organisation einer Mikro-Sportveranstaltung, an dem Schüler/Schülerinnen Ihrer Schule teilnehmen. Um ein erfolgreiches Event zu veranstalten, werden alle Schüler/Schülerinnen der Klasse benötigt.

Phase 1:

Begeben Sie sich in Vierergruppen und brainstormen Sie mögliche Projektideen. In Ihrer dreiminütigen Präsentation

- erklären Sie, warum Sie sich für eine bestimmte Sportart/bestimmte Sportarten entschieden haben,
- beurteilen Sie, wie realistisch Ihr Vorhaben in der Umsetzbarkeit ist,
- argumentieren Sie, warum Ihre Idee erfolgreich sein könnte.

Hören Sie sich alle Präsentationen an und stimmen Sie danach für eine gemeinsame Projektidee ab. Beachten Sie schulinterne Regeln/Auflagen zur Abhaltung von Sportveranstaltungen. Einigen Sie sich anschließend auf folgende Punkte:

- Event-Name
- Datum
- Dauer
- Kosten/Eintritt/Startgeld
- möglicher Austragungsort
- Anzahl der Teilnehmer/Teilnehmerinnen bzw. Gruppen

Sobald diese Punkte geklärt sind, können Sie mit der Werbung beginnen.

Phase 2: Die unten angeführten Listen stehen Ihnen auf der Verlagswebsite unter www.hpt.at/195011 als Vorlage zur Verfügung.

Erstellen Sie in Ihren ursprünglichen Gruppen den „kritischen Pfad" und klären Sie ab, welche Aufgaben zu erledigen sind. Legen Sie für sämtliche Bereiche Deadlines fest. Präsentieren Sie anschließend Ihren „kritischen Pfad" (Organisation, Halle, Werbung, Buffet, Turnierablauf, Sicherheit etc.). Die anderen Gruppen sollen nach Ihrer Präsentation eigene Ideen einbringen. Als Endprodukt soll ein gemeinsamer „kritischer Pfad" entstehen, der möglichst alle Punkte beinhaltet. Jedem Punkt müssen eine Deadline und zuständige Personen zugeordnet werden.

Bedenken Sie dabei unter anderem folgende Punkte:

1. Turnierablauf:

- Austragungsort
- Anzahl der Mannschaften
- Anzahl der Schiedsrichter
- benötigtes Sportequipment
- Anzahl der Schiedsrichter/Schiedsrichterinnen, Pfeifen, Foul-Karten etc.
- Turnierplan/Turniersystem
- genauer Zeitplan für die Spiele (etc.)
- Spieldauer, Punktesystem bzw. Bewertung
- Pinnwand/Klebeflächen für Spielpläne
- Stifte
- Aufstellung der Turnierflächen inklusive Absperrungen
- Zuschauerbereich
- Musikanlage/Mikrofon und Musikanlage für Durchsagen
- Bekanntgabe und Aushang (vereinfachter) Spielregeln
- Stromanschlüsse
- Beginn/Anmeldung
- verantwortliche Personen
- Siegerehrung: Uhrzeit/Preise
- u. v. m.

2. Auswahl der Sporthalle

- Größe
- Kosten
- Parkplätze
- Anfahrt/Erreichbarkeit
- sanitäre Einrichtungen
- Garderoben
- Aufenthaltsbereiche für Sportler/Sportlerinnen und Besucher/Besucherinnen
- Erste-Hilfe-Raum und -Pakete
- Strom, Musikanlage etc.
- verantwortliche Personen

3. Werbung

o effektivste Werbekanäle

o Art der Werbung (Plakate, Flyer, soziale Netzwerke)

o Layout (Plakatgröße, Schriftart, Bilder)

o Text (auf Plakat und in sozialen Netzwerken)

o Kosten für die Erstellung der Werbung

o Platzierung der Werbung

o verantwortliche Personen

4. Buffet

o Stellplatz

o Essen (einfache und kostengünstige Herstellung)

o Getränke

o Verkaufspreise

o Wechselgeld

o Kassa

o Aushang Menü (Poster)

o Tische, Servietten, Besteck, Teller, Becher, Saucen, Brot etc.

o Strom

o Köche, Anlieferung, Einkauf

o Hygiene

o Mülltrennung

o verantwortliche Personen

o Abrechnungssystem (Vier-Augen-Prinzip)

o Aufbewahrung der Einnahmen

o Finanzierung

o verantwortliche Personen

5. Erste Hilfe

o gekennzeichnete Bereiche

o ausgebildete Personen

o Notfallnummern

o Erste-Hilfe-Koffer, Eisspray, Pflaster, Zucker, Getränke etc.

Eine Liste, die einen organisierten Ablauf ermöglicht, könnte wie folgt aussehen:

Aufgabengebiet Werbung	Verantwortliche Person(en)	Zwischenstand	Deadline	Erledigt (Datum/ Unterschrift)

Phase 3:

Geben Sie Feedback zum IST/SOLL-Zustand der zu erledigenden Aufgaben. Helfen Sie einander, wenn das notwendig ist.

Phase 4:

Erstellen Sie einen Plan für die kurzfristige Eventvorbereitung. Listen Sie dabei alle zu erledigenden Aufgaben auf und teilen Sie diese erneut Personen zu.

Phase 5:

Informieren Sie einander, wie weit die Planung/Organisation fortgeschritten ist. Unterstützen Sie einander bei Schwierigkeiten. Bitten Sie auch andere Lehrer/Lehrerinnen, den Schulwart/die Schulwartin, den Direktor/die Direktorin um Hilfe, falls notwendig.

Phase 6:

Erstellen Sie ein Eventskript, das Sie durch den Eventtag führt. Dieses Dokument sollte alle Abläufe/ Aktivitäten beinhalten und so genau wie möglich ausgearbeitet werden.

Phase 7:

Halten Sie das Event laut Planung im Eventskript ab. Sie werden während der Sportveranstaltung immer wieder mit Gästen und Teilnehmern/Teilnehmerinnen ins Gespräch kommen. Holen Sie sich bereits hier Ihr erstes Feedback.

Phase 8:

Halten Sie eine Nachbesprechung ab und führen Sie eine Dokumentation des Events durch. Diskutieren Sie dabei über generelle Eindrücke, Gelungenes und Punkte, die Sie in Zukunft verbessern könnten. Lassen Sie das Feedback von den Gästen und Teilnehmern/Teilnehmerinnen einfließen.

KOMPETENZCHECK

Ich kann ...			
... unterschiedliche nationale und internationale Sportgroßveranstaltungen nennen.			
... traditionelle und nichttraditionelle Sportevents beschreiben.			
... Sportveranstaltungen anhand ihrer Größe klassifizieren.			
... die Vor- und Nachteile diverser Werbemöglichkeiten für Sportveranstaltungen abwägen.			
... eine grobe und eine detaillierte Planung für Sportveranstaltungen vornehmen, medial aufbereiten und umsetzen.			

Glossar *(Wörterverzeichnis mit Erklärung)*

Einführung: Definition Bewegung und Sport

Endorphine
Endorphine sind körpereigene Stoffe, die im Gehirn produziert werden. Sie wirken schmerzstillend und können auch beitragen, Glück zu empfinden.

Kapitel 1: Merkmale von Bewegungen

Elektromyographie
Die Elektromyographie ist eine Methode zur Messung der elektrischen Muskelaktivität. Mittels Nadeln werden Schwankungen in einzelnen Muskelfasern ermittelt. Diese Methode dient zur Feststellung, ob eine Fehlfunktion der Muskeln muskuläre oder nervliche Ursachen hat.

Kraftstoß
Der Kraftstoß kennzeichnet die zeitliche Wirkung einer Kraft auf einen Körper. Er ist umso größer, je länger die Kraft auf das Objekt einwirkt und je höher die dabei aufgewandte Kraft ist.

Phasenstruktur
Jede Bewegung lässt sich in verschiedene Bewegungsabschnitte einteilen, die jeweils für das Gelingen der Bewegung eine unverzichtbare Funktion haben. Die Einteilung dieser Phasen erfolgt nach unterschiedlichen Modellen und dient als Unterstützung für das Erlernen von sportlichen Techniken.

Rezeptoren
Damit das Nervensystem auf bestimmte Situationen reagieren kann, werden äußere Einflüsse über Rezeptoren in Signale umgewandelt, die für das Nervensystem verwertbar sind. Diese Rezeptoren können auf Druck (z. B. Fuß), Berührung (z. B. Haut), Längenänderung (z. B. Muskelspindeln), Position und Lage (z. B. Gelenksspindeln) reagieren. Auch unsere Sinnesorgane, wie der Tastsinn, das Auge und das Ohr, funktionieren auf diese Weise.

Sportliche Leistungsfähigkeit
Die sportliche Leistungsfähigkeit ist die Fähigkeit eines Sportlers/einer Sportlerin bei höchster Belastung spezifische Aufgaben zu erfüllen. Diese Fähigkeit hängt von der Leistungsbereitschaft, dem Trainingszustand, der körperlichen Konstitution und vielen anderen Faktoren eines Sportlers/einer Sportlerin ab.

Kapitel 2: Taktische Fähigkeiten

Analysatoren
Analysatoren bestehen aus Sinneszellen, die äußere Reize in eine für das Nervensystem verwendbare Form umwandeln. Mechanische Rezeptoren wandeln mechanische Kräfte in Nervenerregung um. Sie sind in verschiedenen Sinnesorganen wie den Ohren, der Haut, bei den Muskeln und Sehnen oder den Arterien zu finden.

Antizipation
Im Sport versteht man unter Antizipation das (vorzeitige) Erahnen von Bewegungsabläufen und deren Auswirkungen.

emotional
gefühlsmäßig, vom Gefühl bestimmt

kognitiv
das Denken, Wahrnehmen und Erkennen betreffend

Motorisches Gedächtnis
Das motorische Gedächtnis ist jener Teil des Gehirns, in dem erlernte Bewegungsabläufe gespeichert sind. Ständig werden diese abgespeicherten Bewegungsabläufe mit den durchgeführten Bewegungen verglichen und verbessert.

Motorischer Cortex
Der motorische Cortex ist jener Bereich des Gehirns, der für die willkürliche Ansteuerung aller Muskeln verantwortlich ist. Im motorischen Cortex werden aus einfachen Bewegungsmustern komplexe Bewegungsabfolgen zusammengestellt.

Glossar

Kapitel 3: Sportliche Taktiken

Defensiv

verteidigend, abwehrend

Interaktion

aufeinander bezogenes Handeln von zwei oder mehreren Personen; Wechselbeziehung von miteinander handelnden Personen

Offensiv

angreifend

Kapitel 4: Berufsfelder im Sport

Kommerzialisierung

Kommerzialisierung bedeutet die Ausbreitung des Marktes, indem mit Dingen – auch ideellen – zunehmend Geschäfte gemacht werden.

Psychosomatische Störungen

Psychosomatische Störungen sind körperliche Krankheitssymptome, die durch psychische Störungen hervorgerufen wurden. Beispielsweise können Hauterkrankungen oder Asthma auch durch psychische Belastungen hervorgerufen werden.

Kapitel 5: Einrichtungen des organisierten Sports

Gemeinnützigkeit

Gemeinnützigkeit bedeutet, dass etwas der Allgemeinheit dient und nützlich ist und nicht einem Einzelnen.

Non-Profit-Organisation (NPO)

Eine NPO ist eine Organisation, die nicht gewinnorientiert handelt.

Statuten

Statuten sind Bestimmungen, Richtlinien, Vorschriften.

Kapitel 6: Erscheinungsformen von Diversität

Diversität

Diversität bedeutet Vielfalt/Vielfältigkeit. Diversität richtet den Blick auf Gemeinsamkeiten und Unterschiede zwischen Menschen.

Immigrant/Immigrantin

Immigrant/Immigrantin ist ein Zuwanderer/eine Zuwanderin bzw. ein Einwanderer/eine Einwanderin. (Im Gegensatz dazu ist der Emigrant/die Emigrantin ein Mensch, der aus einem Land auswandert.)

Informelle Sportgruppe

Eine informelle Sportgruppe betreibt Sport, ohne dabei an einen Verein gebunden zu sein.

Inklusion

Inklusion bezeichnet das Einbeziehen von Menschen in eine Gruppe/Gesellschaft, die vorher noch nicht Teil dieser Gruppe/Gesellschaft waren. Bei der Inklusion werden alle Menschen als gleichwertige Individuen gesehen. (Im Gegensatz dazu ist die Exklusion die Ausgrenzung/Ausschließung bestimmter Menschen.)

Integration

Integration bezeichnet das Zusammenführen von Einzelpersonen oder Gruppen zu einer einheitlichen Gesellschaft. Der Begriff wird häufig im Zusammenhang mit der Eingliederung von Migranten/Migrantinnen oder Menschen mit Behinderung/Beeinträchtigungen in eine Gruppe/Gesellschaft verwendet.

Selbstkonzept

Das Selbstkonzept ist die Gesamtheit aller Empfindungen (Emotionen) und Erkenntnisse (Kognitionen) über sich selbst als individuelle Persönlichkeit. Darin ist das Bewusstsein über seine eigenen Eigenschaften, Bedürfnisse, Stärken, Schwächen etc. eingeschlossen. Das Selbstkonzept ist eine Persönlichkeitseigenschaft,

die relativ stabil ist. Im Gegensatz zum Selbstkonzept, das die Kognitionen, d. h. die Wahrnehmungen und Erkenntnisse über sich selbst, umfasst, ist mit Selbstwert die affektive Komponente, d. h. die Bewertung seiner Kognitionen, gemeint.

Kapitel 7: Die kulturelle Bedeutung des Sports

Ehrenkodex

Ein Ehrenkodex umfasst alle Normen einer Gesellschaft oder Gruppe, die Ehre und ehrenhaftes Verhalten betreffen, z. B. gewisse Verhaltensregeln.

Kapitel 8: Bewegungsapparat und Organsysteme

Kniescheibenluxation

Bei der Kniescheibenluxation (Patellaluxation) springt die Kniescheibe aus dem Kniegelenk. In vielen Fällen springt die Kniescheibe wieder von selbst in ihre Rinne zurück (Selbstreposition).

Mineralische Knochenmatrix

Die Struktur des Knochens (Matrix) wird aus einer organischen Grundsubstanz gebildet, die nach und nach verhärtet. Diesen Vorgang nennt man „mineralisieren".

Motoneuron

Motoneuronen sind vom Gehirn wegführende Nervenzellen zur Ansteuerung eines Muskels.

pH-Wert

Zahl, die angibt, wie stark eine Lösung basisch oder sauer ist

Kapitel 9: Anpassungen des Körpers durch Sport

Anaerobe Schwelle

Die anaerobe Schwelle oder Laktatschwelle bezeichnet die höchstmögliche Belastungsintensität, die von einem Sportler/einer Sportlerin gerade noch unter Aufrechterhaltung eines Gleichgewichtszustandes zwischen der Bildung und dem Abbau von Laktat erbracht werden kann.

Dopamin

Dopamin ist ein wichtiger, überwiegend erregend wirkender Neurotransmitter des zentralen Nervensystems.

Hippocampus

Der Hippocampus verarbeitet Informationen verschiedener sensorischer Systeme und ist damit enorm wichtig für die Gedächtniskonsolidierung, d. h. für die Überführung von Gedächtnisinhalten aus dem Kurzzeit- in das Langzeitgedächtnis. Er wird als jene Struktur gesehen, die Erinnerungen hervorbringt, während die Gedächtnisinhalte an verschiedenen anderen Stellen in der Großhirnrinde gespeichert werden.

Präfrontaler Cortex

Der präfrontale Cortex ist ein Teil des Frontallappens der Großhirnrinde. Er befindet sich an der Stirnseite des Gehirns und ist bei der Einbindung von Gedächtnisinhalten und emotionalen Bewertungen beteiligt.

Respirationstrakt

Respiration (lat.) = Atmung. Der Respirations- oder Atmungstrakt bezeichnet das gesamte System der für die Atmung zuständigen Organe.

Kapitel 10: Sport und Medien

Emotion

Eine Emotion ist eine psychische Erregung, ein Gefühl, eine Gefühlsregung.

Kooperation

Eine Kooperation ist eine Zusammenarbeit, besonders auf politischem oder wirtschaftlichem Gebiet.

Rezipient/Rezipientin

Ein Rezipient/Eine Rezipientin ist jemand, der/die ein Bild, einen Text, einen Film, ein Kunstwerk u. Ä. sinnlich erfasst und aufnimmt – ein Betrachter/eine Betrachterin, ein Leser/eine Leserin, ein Hörer/eine Hörerin.

Kapitel 11: Technik und Sport

Innovationspotential

Das Innovationspotential ist die Möglichkeit, etwas Neues zu entwickeln oder eine bestehende Idee, ein Produkt etc. weiterzuentwickeln.

Kapitel 12: Grundlagen des Trainings

Flussrate

Als Flussrate wird jene Menge eines Stoffes bezeichnet, die in einem physiologischen System von einem Ort in den anderen gelangt.

Glykolyse

Unter der Glykolyse versteht man den schrittweisen Abbau von Einfachzucker zur Energiebereitstellung im menschlichen Körper. Der Abbau erfolgt in zehn Einzelschritten. Dabei entstehen zwei Moleküle Pyruvat und zwei Moleküle Adenosintriphosphat.

Glykose

Die Glykose ist ein Monosaccharid (Einfachzucker: $C_6H_{12}O_6$). Sie wird oft noch mit dem veralteten Begriff „Glucose" bezeichnet.

Homöostase

In der Physiologie ist mit dem Begriff „Homöostase" die Aufrechterhaltung eines erwünschten Zustandes gemeint. Der zu erhaltende Zustand kann physikalische, chemische oder anatomische Eigenschaften aufweisen.

Kapitel 13: Besonderheiten des Nachwuchstrainings

Intermodalität

Im medizinisch-psychologischen Bereich bezeichnet Intermodalität die Fähigkeit, Wahrnehmungsinhalte aus verschiedenen Sinnesgebieten miteinander zu verbinden, z. B. eine Person nur an ihrer Stimme zu erkennen oder Verkehrszeichen richtig zu deuten.

Kapitel 14: Sportveranstaltungen

Benefizveranstaltung

Wohltätigkeitsveranstaltung

Budget

Haushaltsplan über die veranschlagten Einnahmen und Ausgaben

Equipment

(technische) Ausrüstung

Stichwortverzeichnis

Stichwortverzeichnis

Literaturverzeichnis

Einführung: Definition von Sport und Bewegung

Dudenredaktion: „Sport". In: http://www.duden.de/suchen/dudenonline/sport (20. Aug. 2017).

IST – Studieninstitut (2005): Grundlagen der Bewegungslehre. In: https://www.ist.de/studieninfos/pdf/wellnesstraining_heftbeispiel.pdf (20. Jänner 2019).

Kornexl, Elmar (2010): Grundlagen der Sportpädagogik. Vorlesungsskript des Institutes für Sportwissenschaften der Universität Innsbruck.

Röthig, Peter u. a. (2003): Sport (sport[s]). In: Röthig, Peter u. a. (Hrsg.): Sportwissenschaftliches Lexikon. Schorndorf: Hofmann.

sportpädagogik-online.de (2018): Verschiedene Staffelformen. In: http://www.sportpaedagogik-online.de/leicht/staffelgrund1.html (20. Feb. 2019).

Voigt, Dieter (1992): Sportsoziologie, Soziologie des Sports. Frankfurt a. M. und Aarau: Diesterweg Verlag.

Kapitel 1: Merkmale von Bewegung

Dober, Rolf: Lernphasen des motorischen Lernens. In: http://www.sportunterricht.de/lksport/lernen2.html (25. Mai 2017).

Göhner, Ulrich (2008): Angewandte Bewegungslehre und Biomechanik des Sports. Tübingen: Eigenverlag.

Künzell, Stefan/Hossner, Ernst-Joachim (2016): Einführung in die Bewegungswissenschaften. Wiebelsheim: Limpert Verlag GmbH.

Meinel, Kurt/Schnabel, Günter (2014): Bewegungslehre Sportmotorik. Aachen: Meyer & Meyer Sport.

Motorisches Lernen (2. Okt. 2016). In: https://www.dr-gumpert.de/html/motorisches_lernen.html (17. April 2017)

Olivier, Norbert/Rockmann, Ulrike u. a. (2013): Grundlagen der Bewegungswissenschaften und -lehre. Schorndorf: Hofmann GmbH & Co. KG.

Scheid, Volker/Prohl, Robert (2016): Kursbuch Sport 3: Bewegungslehre. Wiebelsheim: Limpert Verlag GmbH.

Schnabel, Günter/Harre, Hans-Dietrich/Krug, Jürgen (2008): Trainingslehre – Trainingswissenschaften. Aachen: Meyer & Meyer Verlag.

Weineck, Jürgen (2010): Optimales Training. Balingen: Spita Verlag GmbH & Co. KG.

Wiemann, Klaus (1988): Physikalisches Wissen, neurophysiologische Einsichten und eigenmotorische Kompetenz – Voraussetzungen sportmethodischen Planens. In: Czwalina, C.: Methodisches Handeln im Sportunterricht. Schriftenreihe zur Praxis der Leibeserziehung und des Sports, Bd. 200. Schorndorf: Hofmann. S. 88 – 116.

Wollny, Rainer (2007): Bewegungswissenschaften – Ein Lehrbuch in 12 Kapitel. Aachen: Meyer & Meyer Verlag.

Kapitel 2: Taktische Fähigkeiten

Baumann, Sigurd (2015): Psychologie im Sport. Aachen: Meyer & Meyer Sport.

Güllich, Arne/Krüger, Michael (2013): Sport – Das Lehrbuch für das Sportstudium. Wiesbaden: Springer Spectrum.

Hottenrott, Kuno/Neumann, Georg (2010): Sportwissenschaften studieren – Trainingswissenschaften – Ein Lehrbuch in 14 Lektionen. Aachen: Meyer & Meyer Verlag.

Olivier, Norbert/Marschall, Franz u. a. (2016): Grundlagen der Trainingswissenschaft und -lehre. Traunreut: Hofmann GmbH & Co. KG.

Schnabel, Günter/Harre, Hans-Dietrich/Krug, Jürgen (2008): Trainingslehre – Trainingswissenschaften. Aachen: Meyer & Meyer Verlag.

Weineck, Jürgen (2010): Optimales Training. Balingen: Spita Verlag GmbH & Co. KG.

Kapitel 3: Sportliche Taktiken

Antoun, Rob (2013): Winning Tennis – Das Strategie- und Taktik-Buch: Wie Sie das Spiel Ihres Gegners lesen und mehr Matches gewinnen – egal auf welchem Level Sie spielen. Grünwald: Copress Sport.

Brinke, Margit/Kränzle, Peter (2018): American Football: Spielidee und Regeln, Teams und Akteure, die Szene in Deutschland und USA, mit ausführlichem Glossar. Grünwald: Copress Sport.

Güllich, Arne/Krüger, Michael (2013): Sport – Das Lehrbuch für das Sportstudium. Wiesbaden: Springer Spectrum.

Hottenrott, Kuno/Neumann, Georg (2010): Sportwissenschaften studieren – Trainingswissenschaften – Ein Lehrbuch in 14 Lektionen. Aachen: Meyer & Meyer Verlag.

Schnabel, Günter/Harre, Hans-Dietrich/Krug, Jürgen (2008): Trainingslehre – Trainingswissenschaften. Aachen: Meyer & Meyer Verlag.

Weineck, Jürgen (2010): Optimales Training. Balingen: Spita Verlag GmbH & Co. KG.

Kapitel 4: Berufsfelder im Sport

BFI Tirol Bildungs GmbH (2013). In: http://www.bfi.tirol/kursprogramm/gesundheit-wellness-und-soziales.html (23. Aug. 2017).

Bundessportakademie (2017): Über uns. In: http://www.bspa.at/organisation/ueber-uns/ (24. Aug. 2017).

Bundessportakademie (n. d.): Ausbildungsstruktur. In: https://www.bspa.at/organisation/ausbildungsstruktur/ (11. Nov. 2019).

Education Group GmbH (2017): Kursunterlagen. In: https://www.edugroup.at/praxis/portale/arge-bsp-ooe/materialien/kursunterlagen.html (23. Aug. 2017).

Kornexl, Elmar (2010): Grundlagen der Sportpädagogik. Vorlesungsskript des Institutes für Sportwissenschaften der Universität Innsbruck.

Wiesmeyer, Josef (2012): Sportwissenschaften studieren – im Sport arbeiten. In: http://www.sport.tu-darmstadt.de/media/institut_fuer_sportwissenschaften_1/download/hobit_1/Sportwissenschaft_2012.pdf (24. Aug. 2017).

Wirtschaftskammer Wien (2017): Berufsinfo Sport. In: https://www.wko.at/site/Biwi/sportberufe.pdf (20. Aug. 2017).

Zellmann, Peter & Mayrhofer, Sonja (2014): Sportmonitor 2014. In: http://www.freizeitforschung.at/data/forschungsarchiv/2014/134.%20FT%2011-2014_Sport.pdf (11. Nov. 2019).

Kapitel 5: Einrichtungen des organisierten Sports

ASKÖ (n. d.): Die Gründerzeit der Arbeitersportvereine – Vereine entstehen. In: http://www.arbeitersport.at/de/1892-1918-wurzeln/vereine-entstehen (23. Aug. 2017)

ASKÖ Bundesorganisation (2017): Der Verband. In: https://www.askoe.at/de/verband-vereine (23. Aug. 2017)

Allgemeiner Sportverband Österreichs (n. d.): Der ASVÖ. In: http://www.asvoe.at/de/asvoe (23. Aug. 2017)

ASVÖ Zugvögel (2017): Förderer. In: http://zugvogel.at/ueber-das-projekt/foerderer/ (23. Aug. 2017)

Balz, Eckart (2004): Zum informellen Sportengagement von Kindern und Jugendlichen: Einführung in die Thematik. In: Balz, Eckart/Kuhlmann, Detlef (Hrsg.): Sportengagements von Kindern und Jugendlichen. Grundlagen und Möglichkeiten informellen Sporttreibens. Aachen: Meyer & Meyer.

Barsuhn, Michael u. a.: Integrierte Stadtentwicklungsplanung für die Stadt Oranienburg. In: http://www.inspo-sportentwicklungsplanung.de/wp-content/uploads/2016/01/Sportentwicklungsplanung-Stadt-Oranienburg_2015.pdf (25. Aug. 2017).

Bindel, Tim (2010): Zur symbiotischen Handlungsstruktur informeller Sportengagements. In: Sportwissenschaft, 40, S. 254 – 261. Berlin: Springer Medizin Verlag.

BSO: Sport und Gesundheit. Die Auswirkungen des Sports auf die Gesundheit – eine sozio-ökonomische Analyse. Schlussbericht 08-2000. In: http://www.bso.or.at/fileadmin/Inhalte/Dokumente/Turnstunde/Studie_Sport_Gesundheit_Detail.pdf (24. Aug. 2017).

BSO: Sport und Gesundheit. Kooperation zwischen Sportvereinen und Schulen. In: https://www.bso.or.at/de/schwerpunkte/soziales-und-gesellschaftspolitik/sport-und-schule/kooperationen-zwischen-sportvereinen-und-schulen/ (11. Nov. 2019).

Bundesministerium für Inneres (2019): Organe des Vereins. In: https://www.oesterreich.gv.at/themen/freizeit_und_strassenverkehr/vereine/Seite.220100.html (11. Nov. 2019).

Bundesministerium für Digitalisierung und Wirtschaftsstandort. https://www.oesterreich.gv.at/themen/freizeit_und_strassenverkehr/vereine/Seite.220100.html (4. Mai 2019).

Bundesministerium für Finanzen. https://www.bmf.gv.at/services/publikationen/BMF-BR-ST_Vereine_und_Steuern_201608_12.pdf?5jp4c7 (9. Mai 2019).

Bundesministerium für Landesverteidigung: Förderleistung. http://www.bundesheer.at/sport/foerderleistung.shtml (28. Jänner 2019).

Fit Sport Austria Gmbh. https://www.fitsportaustria.at/main.asp?VID=1&kat1=87&kat2=690 (9. Mai 2019).

Gausmann, Kai (2011): Jugendclubs in Sportvereinen-Chancen respective informeller Szenebildungen. In: http://www.grin.com/de/e-book/191518/jugendclubs-in-sportvereinen-chancen-respektive-informeller-szenebildungen (24. Aug. 2017).

Österreichische Bundes-Sportorganisation. https://www.bso.or.at/de/schwerpunkte/soziales-und-gesellschaftspolitik/sport-und-schule/kooperationen-zwischen-sportvereinen-und-schulen/ (9. Mai 2019).

Rechtsinformationssystem des Bundes. https://www.ris.bka.gv.at/GeltendeFassung.wxe?Abfrage=Bundesnormen&Gesetzesnummer=20001917 (4. Mai 2019).

Schwark, Jürgen (2016): Handbuch Sporttourismus. München: UVK Verlagsgesellschaft mbH.

Sportunion Oberösterreich. https://www.sportunionooe.at/de/service/foerderungen (4. Mai 2019).

Sportunion Österreich (n. d. a): Alle Logos. In: http://sportunion.at/de/vereinsservice/intern:45/logos (23. Aug. 2018)

Sportunion Österreich (n. d. b): Das Leitbild der Sportunion. In: http://sportunion.at/de/wir-ueber-uns/leitbild (23. Aug. 2017)

Kapitel 6: Erscheinungsformen von Diversität

100% Sport: Strategiegruppe für Gender Equality im Sport. http://www.100sport.at/de/projekte/eu-strategiegruppe (9. Feb. 2019).

APA (2015): Seit 1945: Österreich nahm zwei Millionen Flüchtlinge auf. In: http://diepresse.com/home/innenpolitik/4789503/Seit-1945_Oesterreich-nahm-zwei-Mio-Fluechtlinge-auf (25. Aug. 2017).

Beer, Romana: Inklusion ist kein Selbstläufer. 18. Juli 2014. In: https://orf.at/v2/stories/2242385/2237864/ (4. Feb. 2019).

Bergmann, Inge/Kletterer, Irene (2013): Qualifizierungsoffensive zur interkulturellen Öffnung im organisierten Sport. München: Weber Offset Gmbh.

Bräunig, Ananda: Miteinander in Bewegung – Behindertensport in Deutschland. In: http://www.pasch-net.de/de/pas/cls/leh/unt/dst/20759671.html (23. Dez. 2017).

BSFG: Bundes-Sportförderungsgesetz 2017. In: https://www.ris.bka.gv.at/Dokumente/BgblAuth/BGBLA_2017_I_100/BGBLA_2017_I_100.pdf (25. Aug. 2017).

BSO: ARGE Sport & Integration. In: http://www.bso.or.at/de/schwerpunkte/soziales-und-gesellschaftspolitik/integration/arge-sport-integration/ (25. Aug. 2017).

BSO: Initiativen des Sports für Flüchtlinge und Menschen mit Migrationshintergrund. In: http://www.bso.or.at/de/schwerpunkte/soziales-und-gesellschaftspolitik/integration/initiativen-kooperationen/initiativen-des-sports-fuer-fluechtlinge-und-menschen-mit-migrationshintergrund/ (25. Aug. 2017).

Bundeszentrale für politische Bildung (2011): Inklusion von Menschen mit Behinderung im Sport. http://www.bpb.de/apuz/33347/inklusion-von-menschen-mit-behinderung-im-sport?p=all#footnode3-3 (25. Aug. 2017).

Deutsche Akademie für Fußballkultur: Champions kicken ohne Grenzen. In: http://www.fussball-kultur.org/veranstaltung/event/champions-kicken-ohne-grenzen/ (25. Aug. 2017).

Die Presse: Österreich nahm zwei Millionen Flüchtlinge auf. 30. Juli 2015. In: http://diepresse.com/home/innenpolitik/4789503/Seit-1945_Oesterreich-nahm-zwei-Mio-Fluechtlinge-auf (25. Aug. 2017).

Dimitriou, Minas: Sport zwischen Inklusion und Exklusion. 2011. In: https://www.researchgate.net/profile/Minas_Dimitriou/publication/265683259_Sport_zwischen_Inklusion_und_Exklusion/links/541843b00cf2218008bf31e4/Sport-zwischen-Inklusion-und-Exklusion.pdf (6. Feb. 2019).

Emrich, Eike u. a. (2013): Olympische Spiele – noch zeitgemäß? Saarbrücken: Universitätsverlag des Saarlandes.

Euroguidance Österreich (2014): Das österreichische Bildungssystem. In: https://www.bildungssystem.at (4. Feb. 2019).

Europäische Kommission (2010): Sport und körperliche Betätigung. In: http://ec.europa.eu/commfrontoffice/publicopinion/archives/ebs/ebs_334_de.pdf (6. Feb. 2019).

Hartmann-Tews, Ilse (2002): Frauensport in den Medien. In: https://www.bdwi.de/forum/archiv/archiv/441793.html (6. Feb. 2019).

Heckmann, Friedrich (2001): Integrationsforschung in europäischer Perspektive. Zeitschrift für Bevölkerungswissenschaft: Demographie, 26 (34), S. 341 – 356.

Hudelist, David (n. d.): fairplay-Kontaktbörse. In: http://www.fairplay.or.at/service/sport-welcomes-refugees/ (25. Aug.2017).

Jäger, Thomas (2015): Im Sport war Österreich erstmals kein fremdes Land mehr! In: bewegung und sport, 5, S. 14 – 20.

Kornexl, Elmar (2010): Grundlagen der Sportpädagogik. Vorlesungsskript des Institutes für Sportwissenschaften der Universität Innsbruck.

Mardini, Yusra (2016): DOSB und Jung von Matt/Sports zeigen Sport als Integrationsmotor. In: http://www.horizont.net/agenturen/nachrichten/

Social-Media-Kampagne-DOSB-und-Jung-von-MattSports-zeigen-Sport-als-Integrationsmotor-140314 (25. Aug. 2017).

ORF (2015): Integration durch Sport ist kein Selbstläufer. In: https://science.orf.at/stories/2783927/ (31. Jänner 2019).

Österreichische Behindertensportverband (2008): Golden Moments. 50 Jahre Österreichischer Behindertensportverband. Wien: Österreichischer Behindertensportverband.

Praetor Intermedia (n. d.): Inklusion. In: https://www.behindertenrechtskonvention.info/inklusion-3693/ (4. Feb. 2019).

Radtke, Sabine (2011): Inklusion von Menschen mit Behinderung im Sport. In: Politik und Zeitgeschichte 16 – 19/2011. Bundeszentrale für politische Bildung. http://www.bpb.de/apuz/33347/inklusion-von-menschen-mit-behinderung-im-sport?p=all#footnode3-3 (23. Apr. 2019).

Ribler, Angelika (2017): Möglichkeiten und Grenzen der Integration von Geflüchteten im und durch Sport. In: http://docplayer.org/79143380-Moeglichkeiten-und-grenzen-der-integration-von-gefluechteten-im-und-durch-sport-angelika-ribler.html (31. Jänner 2019).

Soeffner, Hans-Georg/Zifonun, Darius (2008): Integration und soziale Welten. In: Neckel, Sighard/Soeffner, Hans-Georg: Ethnische Gruppenbeziehungen im lokalen Kontext. Wiesbaden: VS Verlag. S. 115 – 132.

Sportsektion des Bundesministeriums für Landesverteidigung und Sport: Behindertensport. In: https://www.sportministerium.at/de/themen/behindertensport (23. Dez. 2017).

Sportsektion des Bundesministeriums für Öffentlichen Dienst und Sport (2018): Gleichstellung von Frauen und Männern im Sport. https://www.sportministerium.at/de/newsshow-gleichstellung-von-frauen-und-maennern-im-sport (9. Feb. 2019).

Steinacher, Markus (n. d.): Sport verbindet. In: https://www.sport-oesterreich.at/sport-verbindet (25. Aug. 2017)

Thiel, Ansgar u. a. (2013): Sportsoziologie – Ein Lehrbuch in 13 Lektionen. Aachen: Meyer & Meyer Verlag.

Thomann, Roland (2012): Mädchen und junge Frauen treiben weniger Sport als ihre männlichen Altersgenossen. In: https://www.laureus.ch/files/20120731-mm_studie_laureus_girls_in_sport.pdf (9. Feb. 2019).

Voigt, Benedikt (2014): Eine Frage der Gleichberechtigung. https://www.tagesspiegel.de/sport/frauen-und-maenner-im-sport-eine-frage-der-gleichberechtigung/11116906.html (4. Feb. 2019).

WHO (2019): Definition des Begriffes „geistige Behinderung". In: http://www.euro.who.int/de/health-topics/noncommunicable-diseases/mental-health/news/news/2010/15/childrens-right-to-family-life/definition-intellectual-disability (2. Feb. 2019).

Zeisler, Ole (2018): Sportclub. In: https://www.ndr.de/fernsehen/sendungen/sportclub/Die-Geschichte-des-Frauen-Marathons,sendung640714.html (6. Feb. 2019).

Kapitel 7: Die kulturelle Bedeutung des Sports

Bewegung & Sport (2009): Vom Schulturnen zur Bewegungserziehung. In: http://www.bewegung.ac.at/index.php?id=112&fsize=jzhpxqaasn%22%22#c25 (18. Feb. 2019).

Das Olympische Museum (2013): Die Olympischen Spiele der Neuzeit. In: https://stillmed.olympic.org/media/Document%20Library/OlympicOrg/Documents/Document-Set-Teachers-The-Main-Olympic-Topics/Dokumenten-Set-Lehrer-Die-grossen-Olympia-Themen/Die-Olympischen-Spiele-der-Neuzeit.pdf (30. März 2018).

Deutsche Sporthochschule Köln (2013): Schulsport im Nationalsozialismus. In: https://goo.gl/vGUKLa (29. März 2018).

Dober, Rolf (2019): Entstehung der Leibeserziehung an deutschen Schulen. In: http://www.sportpaedagogik-online.de/gutsmuths/geschichte.html (18. Feb. 2019).

Drögemüller, Dennis (2011): Turnvaters rechte Gedanken. In: http://www.taz.de/!5110266/ (18. Feb. 2019)

Francois, Etienne/Schulze, Hagen (2003): Deutsche Erinnerungsorte II. München: C. H. Beck.

Kornexl, Elmar (2011): Geschichte des Sports. Vorlesungsskript des Institutes für Sportwissenschaften der Universität Innsbruck. In: http://sport1.uibk.ac.at/lehre/Modulpr%FCfung%20-%20Pr%FCfungsunterlagen/Geschichte%20WS10-11.pdf (30. Aug. 2017).

Stegemann, Wolf (2014): Der Sport im Nationalsozialismus: Ziel war das „Heranzüchten gesunder Körper" – Die Leibeserziehung galt als das höchste Erziehungsgut". In: http://www.rothenburg-unterm-hakenkreuz.de/der-sport-im-nationalsozialismus-ziel-war-das-heranzuechten-gesunder-koerper-die-leibeserziehung-galt-als-das-hoechste-erziehungsgut/ (29. März 2018).

Strohmeyer, Hannes (n. d.): Das Natürliche Turnen. In: https://institut-schmelz.univie.ac.at/fileadmin/user_upload/i_sportwissenschaft/Diplompruefungsliteratur/Strohmeyer__1985_._Das_NatA1_4rliche_Turnen.pdf (13. Nov. 2019).

Zeitklicks (2013): Es lebe der Sport. In: http://www.zeitklicks.de/ddr/zeitklicks/zeit/alltag/freizeit/es-lebe-der-sport-1/ (29. März 2018).

Kapitel 8: Bewegungsapparat und Organsysteme

Appell, Hans-Joachim/Stang-Voss, Christiane (2008): Funktionelle Anatomie: Grundlagen sportlicher Leistung und Bewegung. Springer Verlag.

Gehrke, Thorsten (2009): Sportanatomie. Hamburg: Nikol Verlagsges.mbH.

Hottenrott, Kuno/Neumann, Georg (2010): Sportwissenschaften studieren – Trainingswissenschaften – Ein Lehrbuch in 14 Lektionen. Aachen: Meyer & Meyer Verlag.

Jäger, Jörg M./Krüger, Karsten (2011): Der Muskel im Sport: Anatomie, Physiologie, Training, Rehabilitation. Berlin: KVM Medizinerverlag.

Schnabel, Günter/Harre, Hans-Dietrich/Krug, Jürgen (2008): Trainingslehre – Trainingswissenschaften. Aachen: Meyer & Meyer Verlag.

Schünke, Michael/Schulte, Erik u. a. (2007): Prometheus – LernAtlas der Anatomie. Stuttgart: Georg Thieme Verlag.

Smith, Tony (2008): Der Körper des Menschen. München: Dorling Kindersley Verlag GmbH.

Tomasits, Josef/Haber, Paul (2016): Leistungsphysiologie Lehrbuch für Sport- und Physiotherapeuten und Trainer. Heidelberg: Springer Verlag GmbH.

Weineck, Jürgen (2010): Optimales Training. Balingen: Spita Verlag GmbH & Co. KG.

Kapitel 9: Anpassungen des Körpers durch Sport

Bachl, Norbert/Löllgen, Herbert u. a. (2017): Molekulare Sport- und Leistungsphysiologie. Heidelberg: Springer Verlag.

Baumann, Sigurd (2015): Psychologie im Sport. Aachen: Meyer & Meyer Sport.

Dickhuth, Hans-Hermann/Mayer, Frank u. a. (2010): Sportmedizin für Ärzte. Köln: Deutscher Ärzte Verlag GmbH.

Gehrke, Thorsten (2009): Sportanatomie. Hamburg: Nikol Verlagsges.mbH.

Jäger, Jörg M./Krüger, Karsten (2011): Der Muskel im Sport: Anatomie, Physiologie, Training, Rehabilitation. Berlin: KVM Medizinerverlag.

Renneberg, Babette/Hammelstein, Philipp (2006): Gesundheitspsychologie. Heidelberg: Springer Medizin Verlag.

Schünke, Michael/Schulte, Erik u. a. (2007): Prometheus – LernAtlas der Anatomie. Stuttgart: Georg Thieme Verlag.

Schweer, M. (2008): Sport in Deutschland: Bestandsaufnahmen und Perspektiven. Frankfurt am Main: Internationaler Verlag der Wissenschaften.

Smith, Tony (2008): Der Körper des Menschen. München: Dorling Kindersley Verlag GmbH.

Tomasits, Josef (n. d.): Laktat in der Sportmedizin. In: http://www.med4you.at/laborbefunde/lbef3/lbef_lactat_laktat_sportmedizin.htm (23. Apr. 2019).

Tomasits, Josef/Haber, Paul (2005): Leistungsphysiologie: Grundlagen für Trainer, Physiotherapeuten und Masseure. Wien: Springer Verlag.

Tomasits, Josef/Haber, Paul (2016): Leistungsphysiologie Lehrbuch für Sport- und Physiotherapeuten und Trainer. Heidelberg: Springer Verlag GmbH.

Weineck, Jürgen (2009): Sportbiologie. Tübingen: Spitta GmbH.

Weineck, Jürgen (2010): Optimales Training. Balingen: Spita Verlag GmbH & Co. KG.

Wolfarth, B./Blume, K.: Belastbarkeit und Trainierbarkeit aus internistischer Sicht unter besonderer Berücksichtigung des Immunsystems bei Nachwuchsleistungssportlerinnen und -sportlern. In: https://docplayer.org/56663013-Belastbarkeit-und-trainierbarkeit-aus-internistischer-sicht-unter-besonderer-beruecksichtigung-des-immunsystems-bei-nachwuchsleistungssportlerinnen.html (11. Dez. 2019)

Kapitel 10: Sport und Medien

APA (2015): Mediennutzung in Österreich: TV vor Radio und Internet. In: https://futurezone.at/digital-life/mediennutzung-in-oesterreich-tv-vor-radio-und-internet/164.557.246 (11. Sept. 2017).

Bieber, Christoph/Hebecker, Elke (2002): You'll never surf alone. Online-Inszenierung des Sports. In: Sports. In: Schwier, Jürgen (Hrsg.): Mediensport – Ein einführendes Handbuch. Baltmannsweiler: Schneider Hohengehren. S. 211 – 232.

BSO (2019): Die Bedeutung von Bewegung für Kinder und Jugendliche. In: http://www.bso.or.at/de/schwerpunkte/soziales-und-gesellschaftspolitik/sport-und-schule/die-bedeutung-von-bewegung-fuer-kinder-und-jugendliche/ (18. Feb. 2019).

Dubanowski, Melanie (2012): Vom Extremsport zum Trendsport – Faktoren, die diese Entwicklung begünstigen am Beispiel Kitesurfen. In: https://monami.hs-mittweida.de/frontdoor/deliver/index/docId/2647/file/BA_Final.pdf (9. Mai 2019).

EIMO (n. d.): Wie verändern Social-Media den Spitzensport? In: https://www.marketing.ch/wp-content/uploads/2018/02/Studie_20.pdf (9. Mai 2019).

Fidler, Harald (2016): Präsident und EM: Meistgesehene TV-Sendungen 2016 waren unentschieden. In: http://derstandard.at/2000049510528/Oesterreichs-meistgesehene-Sendungen-2016-waren-unentschiedenBundespraesident-und-Fussball-EM (11. Sept. 2017).

Geiler, Christoph (2013): Wie Facebook und Twitter den Sport und seine Stars verändern – Aufreger inklusive. In: https://kurier.at/sport/medienphaenomene-sportstars-im-social-media-rausch/9.752.564 (19. Sept. 2017).

Klenner, Jessika (2019): Was ist ein Influencer? – Definition. In: https://www.academy.blogfoster.com/definition-influencer (13. Nov. 2019).

Kornexl, Elmar (2010): Grundlagen der Sportpädagogik. Vorlesungsskript des Institutes für Sportwissenschaften der Universität Innsbruck 2010.

Krämer, Marcus (2016): Hier bestimmen die Fans, wer spielt. In: http://www.spiegel.de/sport/fussball/online-fussballmanager-kreisligist-tc-freisenbruch-wird-von-community-gesteuert-a-1123576.html (21. Feb. 2019).

Leo, Mario: Sport & Digitale Medien in 2016. In: Leo, Mario (Hrsg.): Digitale Sport Medien. Das Fachmagazin für Anwender und Entscheider der digitalen Medien im Sport. http://digitale-sport-medien.com/wp-content/uploads/2016/03/magazin.pdf (19. Sept. 2017), S. 10 – 29.

Marktmeinungmensch: Mangel an Bewegung und Sport bei Kindern und Jugendlichen durch Smartphone und Internet 2017. In: http://www.marktmeinungmensch.at/studien/mangel-an-bewegung-und-sport-bei-kindern-und-jugen/ (18. Feb. 2019)

Marschik, Matthias (2007): Sport und Medien – Mediensport. In: https://www.mediamanual.at/mediamanual/mm2/themen/diverse/62Marschik-Sport-und-Medien.pdf (18. Feb. 2019).

Müllner, Rudolf (2002): Sport und Mediatisierung – Österreich vor 1900. In: Krüger, Ann/Buss, Wolfgang (Hrsg.): Transformationen: Kontinuitäten und Brüche in der Sportgeschichte I. Hoya: Schriftenreihe des Niedersächsischen Instituts für Sportgeschichte. S. 84 – 92.

Penz, Otto (2009): Hyperrealität des Sports. In: Marschik, Matthias/Müllner, Rudolf/Penz, Otto/Spitaler, Georg (Hrsg.): Sport Studies. Wien: Facultas/UTB.

Statistik Austria (2010): Zeitverwendungserhebung der Statistik Austria – Freizeit in Österreich: Fernsehen vor Sport und Lesen. In: http://www.statistik.at/web_de/presse/052105.html (11. Sept. 2017).

Kapitel 11: Technik und Sport

Blaschke, Ronny (9. Sept. 2016): Paralympics. Wie Athleten dank moderner Technik zu Hightech-Sportlern werden. In: https://www.berliner-zeitung.de/wissen/paralympics-wie-athleten-dank-moderner-technik-zu-hightech-sportlern-werden-24714458 (2. Nov. 2017).

Blast Motion (2017): Analyze performance. In: https://blastmotion.com/products/baseball/ (4. Nov. 2017).

Datacom (2017): Virtuelle Realität. In: http://www.itwissen.info/Virtuelle-Realitaet-virtual-reality-VR.html (8. Nov. 2017).

Desjardins, Jeff (2015): The History of Wearable Technology. In: http://www.visualcapitalist.com/the-history-of-wearable-technology/ (4. Nov. 2017).

Dickson, Ben (2016): How virtual reality is transforming the sports industry. In: https://techcrunch.com/2016/09/15/how-virtual-reality-is-transforming-the-sports-industry/ (8. Nov. 2017).

FH Technikum Wien (2017a): Sports Equipment Technology. In: https://www.technikum-wien.at/studium/bachelor/sports_equipment_technology/ (30. Okt. 2017).

GraphicsPedia (2017): How Wearable Technology is transforming a coach's decision-making. In: https://graphicspedia.net/this-is-how-a-coachs-decision-making-is-being-affected-by-wearable-tech/ (13. Nov. 2019).

Humel, Albrecht (2001): Technik und Sport – ein vielschichtiger Zusammenhang. In: Hummel, Albrecht/ Rütten, Alfred (Hrsg.): Handbuch Technik und Sport. Schorndorf: Karl Hofmann.

Maslakovic, Marko (2017): How technology is changing the game of tennis. In: https://gadgetsandwearables.com/2018/06/21/technology-tennis/ (9. Mai 2019).

Pac-12 Networks (2015): Stanford football at the forefront of virtual reality quaterback training. In: https://pac-12.com/videos/stanford-football-forefront-virtual-reality-quarterback-training (13. Nov. 2019).

Schlund, Sebastian (2017): Behinderungen überwinden? Frankfurt: Campus Verlag.

Schulz, Christian (2010): Sport im 21. Jahrhundert – Mit Hightech zum Sieg. In: https://www.chs-film.de/home-chs-film-deutsch/filmographie/ (9. Mai 2019).

TED (2014): Are athletes really getting faster, better, stronger?. In: https://www.ted.com/talks/david_epstein_are_athletes_really_getting_faster_better_stronger (13. Nov. 2019).

Teyke, Thomas u. a. (2018): Wearables & Gesundheits-Apps – Motive, Konsequenzen und Herausforderungen. In: https://www.hs-fresenius.de/fileadmin/Pressemitteilungen/HS_Fresenius_Wearables_Studie_2018.pdf (21. Feb. 2019).

Kapitel 12: Grundlagen des Trainings

Apolin, Martin/Redl, Sepp (2010): Know How in Sportkunde 1 und 2. Wien: Hölder-Pichler-Tempsky.

Appell, Hans-Joachim/Stang-Voss, Christiane (2008): Funktionelle Anatomie: Grundlagen sportlicher Leistung und Bewegung. Springer Verlag.

Bachl, Norbert/Löllgen, Herbert u. a. (2017): Molekulare Sport- und Leistungsphysiologie. Heidelberg: Springer Verlag.

Bös, K./Brehm, W. (2006): Handbuch Gesundheitssport. Schorndorf: Hofmann-Verlag GmbH & Co. KG.

Groves, Derek/Thurgood, Glen u. a. (2012): Krafttraining: Muskelaufbau – Fitness – Gesundheit. München: Dorling Kindersley Verlag.

Güllich, Arne/Krüger, Michael (2013): Sport – Das Lehrbuch für das Sportstudium. Wiesbaden: Springer Spectrum.

Hottenrott, Kuno/Neumann, Georg (2010): Sportwissenschaften studieren – Trainingswissenschaften – Ein Lehrbuch in 14 Lektionen. Aachen: Meyer & Meyer Verlag.

Meinel, Kurt/Schnabel, Günter (2014): Bewegungslehre Sportmotorik. Aachen: Meyer & Meyer Sport.

Olivier, Norbert/Rockmann, Ulrike u. a. (2013): Grundlagen der Bewegungswissenschaften und -lehre. Schorndorf: Hofmann GmbH & Co. KG.

Olivier, Norbert/Marschall, Franz u. a. (2016): Grundlagen der Trainingswissenschaft und -lehre. Traunreut: Hofmann GmbH & Co. KG.

Petrik, Marco (2014): CrossFit Powerworkouts: Intensivtraining für Kraft & Ausdauer. München: BLV Buchverlag.

Scheid, Volker/Prohl, Robert (2016): Kursbuch Sport 3: Bewegungslehre. Wiebelsheim: Limpert Verlag GmbH.

Schnabel, Günter/Harre, Hans-Dietrich u. a. (2008): Trainingslehre – Trainingswissenschaften. Aachen: Meyer & Meyer Verlag.

Tomasits, Josef/Haber, Paul (2005): Leistungsphysiologie: Grundlagen für Trainer, Physiotherapeuten und Masseure. Wien: Springer Verlag.

Tomasits, Josef/Haber, Paul (2016): Leistungsphysiologie Lehrbuch für Sport- und Physiotherapeuten und Trainer. Heidelberg: Springer Verlag GmbH.

Weineck, Jürgen (2010): Optimales Training. Balingen: Spita Verlag GmbH & Co. KG.

Wollny, Rainer (2007): Bewegungswissenschaft – Ein Lehrbuch in 12 Lektionen. Aachen: Meyer & Meyer Verlag.

Kapitel 13: Besonderheiten des Nachwuchstrainings

BSPA – Bundessportakademie (2017): Angewandte Trainingslehre. Eine Expertise der Bundessportakademie. Hg. v. Bundesministerium für Bildung. Wien: BMB.

Dober, Rolf: Lernphasen des motorischen Lernens. In: http://www.sportunterricht.de/lksport/lernen2.html (25. Mai 2017).

Hottenrott, Kuno/Neumann, Georg (2010): Sportwissenschaften studieren – Trainingswissenschaften – Ein Lehrbuch in 14 Lektionen. Aachen: Meyer & Meyer Verlag.

Künzell, Stefan/Hossner, Ernst-Joachim (2016): Einführung in die Bewegungswissenschaften. Wiebelsheim: Limpert Verlag GmbH.

Meinel, Kurt/Schnabel, Günter (2014): Bewegungslehre Sportmotorik. Aachen: Meyer & Meyer Sport.

MSD-manual: https://www.msdmanuals.com/de-de/heim/gesundheitsprobleme-von-kindern/wachstum-und-entwicklung/wachstum-und-entwicklung-bei-s%C3%A4uglingen-und-kindern (30. Okt. 2019)

Olivier, Norbert/Rockmann, Ulrike u. a. (2013): Grundlagen der Bewegungswissenschaften und -lehre. Schorndorf: Hofmann GmbH & Co. KG.

Olivier, Norbert/Marschall, Franz u. a. (2016): Grundlagen der Trainingswissenschaft und -lehre. Traunreut: Hofmann GmbH & Co. KG.

Pauer, Thomas (2001): Die motorische Entwicklung leistungssportlich trainierender Jugendlicher. Schorndorf: Hofmann-Verlag GmbH & Co. KG.

Schnabel, Günter/Harre, Hans-Dietrich (2008): Trainingslehre – Trainingswissenschaften. Aachen: Meyer & Meyer Verlag.

Weineck, Jürgen (2009): Sportbiologie. Tübingen: Spitta GmbH.

Weineck, Jürgen (2010): Optimales Training. Balingen: Spita Verlag GmbH & Co. KG.

Kapitel 14: Sportveranstaltungen

FIFA.com (2015): FIFA-Fussball-WM 2014. TM: 3,2 Milliarden Zuschauer, 1 Milliarde beim Finale. In: http://de.fifa.com/worldcup/news/y=2015/m=12/news=fifa-fussball-wm-2014tm-3-2-milliarden-zuschauer-1-milliarde-beim-fina-2745551.html (15. Nov. 2017).

Gans, Paul/Horn, Michael u. a. (2003): Sportgroßveranstaltungen – ökonomische, ökologische und soziale Wirkungen. Ein Bewertungsverfahren zur Entscheidungsvorbereitung und Erfolgskontrolle. Bonn: Bundesinstitut für Sportwissenschaft.

OCR (2017): Sports and Physical Activity: Unit 8 Organisation of sports events. In: https://www.ocr.org.uk/Images/258731-organisation-of-sports-events.pdf (9. Mai 2019).

Powell, Chris (2013): How to organise successful events. The Event Expert Limited.

Müller, Hansruedi/Stettler, Jürg (1999): Ökonomische Bedeutung sportlicher Großveranstaltungen in der Schweiz. Vorschläge zur Klassifikation, Schlussbericht, Forschungsinstitut für Freizeit und Tourismus (FIF), Universität Bern. Bern. Zitiert in: Schnitzer, Martin: Effekte von Sportgroßveranstaltungen. 2009.

Schnitzer, Martin (2007): Organisation von Sportgroßveranstaltungen. http://sport1.uibk.ac.at/lehre/lehrbeauftragte/Schnitzer%20Martin/VO_Organisation%20von%20SGV_1_14.03.pdf (4. Dez. 2017)

Schnitzer, Martin (2009): Effekte von Sportgroßveranstaltungen. http://sport1.uibk.ac.at/lehre/lehrbeauftragte/Schnitzer%20Martin/VO_Organisation%20von%20SGV_1_14.03.pdf (4. Dez. 2017)

Thöni, Erich (2010): Sportökonomie. Vorlesungsskript: Universität Innsbruck

Quellennachweis

Bildquellenverzeichnis

Cover/U1: AdobeStock © Gorodenkoff; AdobeStock © vitaly_melnik
Cover/U4: AdobeStock © Dudarey Mikhail; AdobeStock © Satyrenka
Kopfzeilen: Fotolia © Salome
Kompetenzchecks: Fotolia © leedsn

Einführung:
S. 9: Fotolia © Michael Rosskothen
S. 10: Fotolia © fizkes
S. 12: AdobeStock © wavebreak3; AdobeStock © matimix

Kapitel 1:
S. 15: Fotolia © magmann
S. 16: Fotolia © undrey
S. 17: AdobeStock © www.ljsphotographyonline.com
S. 19: Michael Glantschnig/Sara Zweibrot
S. 20: Verlag hpt
S. 21: Verlag hpt; Fotolia © Vertigo Signs
S. 22: Fotolia © Africa Studio; Michael Glantschnig/Marie Zojer
S. 23: Michael Glantschnig/Viktoria Lederer/Nico Steinwender
S. 24: Michael Glantschnig/Sara Zweibrot

Kapitel 2:
S. 26: Fotolia © wavebreak3
S. 27: Fotolia © pongsakorn_jun26
S. 28: Fotolia © pattilabelle
S. 30: AdobeStock © maridav
S. 32: Michael Glantschnig/Viktoria Lederer/Simon Keuschnig

Kapitel 3:
S. 36: Fotolia © Jacob Lund Photography
S. 37: Fotolia © SolisImages
S. 38: Michael Glantschnig; Fotolia © Maxisport
S. 41: Foto: AdobeStock © Sirena Designs; Michael Glantschnig
S. 43 ff.: Michael Glantschnig

Kapitel 4:
S. 49: Fotolia © contrastwerkstatt
S. 50: Fotolia © Gianni Caito
S. 54: Fotolia © rawpixel.com; © SSLK – mit freundlicher Genehmigung
S. 55: Fotolia © Erwin Wodicka
S. 56: Fotolia © pololia; Fotolia © bojan; AdobeStock © Fiedels
S. 57: Fotolia © Werner
S. 58: Fotolia © Photographee.eu
S. 59: Fotolia © lenetsnikolai
S. 61: Fotolia © Delphine Poggianti

Kapitel 5:
S. 63: Fotolia © KirillS
S. 64: Fotolia © Thomas Reimer
S. 72: Bundesministerium für Landesverteidigung/Wolfgang Riedlsperger
S. 73: © BSO – mit freundlicher Genehmigung
S. 75: © ASKÖ; © Sportunion; © ASVÖ – mit freundlicher Genehmigung

Kapitel 6:
S. 78: www.fairplay.or.at © Christian König – mit freundlicher Genehmigung
S. 79: Fotolia © WavebreakMediaMicro; © sport-oesterreich.at; © www.fairplay.or.at; © www.kicken-ohne-grenzen.at –mit freundlicher Genehmigung

S. 80: © www.fairplay.or.at – mit freundlicher Genehmigung
S. 82: © www.fairplay.or.at – mit freundlicher Genehmigung
S. 84: AdobeStock © fovivafoto
S. 85: © Florian Gumpoltsberger – mit freundlicher Genehmigung
S. 86: In: Switzer, Kathrine (2011): Marathon Woman. Die Frau, die den Laufsport revolutionierte. Übersetzt von Gesine Strempel. Hamburg: spomedis.

Kapitel 7:
S. 89: Fotolia © Jag_cz
S. 90: Fotolia © kranidi; Abbildungen 1 – 4. In: Schöbel Heinz (2000): Olympia und seine Spiele. Berlin: Econ Ullstein List Verlag. Abb. 1: Langstreckenläufer. Schwarzfigurige Darstellung auf einer panathenäischen Preisamphore (griech. Antike); Abb. 2: Springer mit Trainer. Außenbild einer rotfigurigen Schale aus dem frühen 5. Jh. v. Chr.; Abb. 3: Speerwerfer. Rotfiguriges Innenbild einer Trinkschale aus der 2. Hälfte d. 5. Jh. v. Chr.; Abb. 4: Anschirren eines Viergespanns. Schwarzfigurige Darstellung auf einem Wasserkrug aus der 2. Hälfte des 6. Jh. v. Chr.
S. 93: Fotolia © jana_janina; Diskuswerfer u. Faustkämpfer. In: Schöbel Heinz (2000): Olympia und seine Spiele. Berlin: Econ Ullstein List Verlag.
S. 94: Pankratiasten. In: Schöbel, Heinz (2000): Olympia und seine Spiele. Berlin: Econ Ullstein List Verlag; Herakles: Wikimedia Commons © Marie-Lan Nguyen
S. 95: Fotolia © phant; Fotolia © vinicio tullio
S. 98: Fotolia © Robert Creigh
S. 99: Bohus, Julius (1986): Sportgeschichte. Gesellschaft und Sport von Mykene bis heute. München: BLV Verlagsgesellschaft.
S. 100: Fotolia © Georgios Kollidas; Turngeräte. In: Bohus, Julius (1986): Sportgeschichte. Gesellschaft und Sport von Mykene bis heute. München: BLV Verlagsgesellschaft.
S. 102: Fotolia © jro-grafik; Fotolia © laufer
S. 103: AdobeStock © miri1400; AdobeStock © Mary Evans Picture Library 2017

Kapitel 8:
S. 105: Fotolia © yodiyim
S. 106 ff.: In: Smith, T. (2008): Der Körper des Menschen. München: Dorling Kindersley Verlag.
S. 109: AdobeStock © BigBlueStudio
S. 110: AdobeStock © Bilderzwerg
S. 111: In: Smith, T. (2008): Der Körper des Menschen. München: Dorling Kindersley Verlag; AdobeStock © dissoid
S. 112: In: Smith, T. (2008): Der Körper des Menschen. München: Dorling Kindersley Verlag.
S. 113 – 116: Michael Glantschnig
S. 117: In: Smith, T. (2008): Der Körper des Menschen. München: Dorling Kindersley Verlag; Verlag hpt.
S. 118: Verlag hpt
S. 119: Verlag hpt
S. 120: Verlag hpt
S. 121: Michael Glantschnig
S. 122: In: Smith, T. (2008): Der Körper des Menschen. München: Dorling Kindersley Verlag.
S. 123: Verlag hpt

Kapitel 9:
S. 126: Fotolia © lucky business
S. 127: Fotolia © ikostudio
S. 129: In: Smith, T. (2008): Der Körper des Menschen. München: Dorling Kindersley Verlag.
S. 130: Michael Glantschnig
S. 132: Fotolia © yodiyim; Fotolia © abhijith3747
S. 134: Fotolia © hywards
S. 136: Wikimedia Commons

Kapitel 10:
S. 138: Fotolia © Sergey Nivens
S. 139: Fotolia © nikolaskus
S. 140: Fotolia © Monkey Business; Wikimedia Commons
S. 142: © KSC | JK – mit freundlicher Genehmigung
S. 143: Fotolia © alphaspirit
S. 147: Fotolia © DDB; Fotolia © Peter Atkins
S. 148: Fotolia © karepa

Kapitel 11:
S. 150: Fotolia © chombosan
S. 151: Fotolia © Lennartz
S. 153: Fotolia © Zarya Maxim
S. 154: Fotolia © sportpoint
S. 156: Fotolia © jrossphoto; Fotolia © sportpoint
S. 157: ÖPC/Diener
S. 159: Fotolia © Salome
S. 160: Fotolia © blackzheep
S. 161: Fotolia © Nirut Sangkeaw
S. 162: Fotolia © heatray

Kapitel 12:
S. 163: Fotolia © lucky business
S. 164: Fotolia © bernardbodo
S. 169: Fotolia © Halfpoint
S. 173: AdobeStock © kjekol
S. 174: AdobeStock © kirill_makarov
S. 175: Fotolia © Rido
S. 178: AdobeStock © master1305
S. 179: AdobeStock © Dmitry; AdobeStock © Sanja; AdobeStock © Thomas Söllner
S. 180: AdobeStock © peterschreiber
S. 181: AdobeStock © 4th Life Photography

Kapitel 13:
S. 185: Fotolia © Sergey Novikov
S. 186: Fotolia © Sergey Novikov
S. 188: AdobeStock © Oksana
S. 190: Fotolia © yuliyatrukhan; AdobeStock © 2xSamara.com
S. 191: Fotolia © grafikplusfoto; AdobeStock © Sergey Ryzhov
S. 192: AdobeStock © Bergringfoto; Fotolia © lev dolgachov
S. 194: Fotolia © gstockstudio; Fotolia © fizkes
S. 195: AdobeStock © satyrenko
S. 196: Fotolia © Paul Moore

Kapitel 14:
S. 197: © Florian Schrötter | www.florianschroetter.com – mit freundlicher Genehmigung
S. 198: Fotolia © GioRez
S. 199: KGP Events GmbH © Martin Reiter – mit freundlicher Genehmigung
S. 200: AdobeStock © Vitaly Krivosheev
S. 201: Fotolia © matimix
S. 202: Fotolia © patpitchaya
S. 203: Fotolia © Tierney; Fotolia © Coloures-Pic